MYKONOS
PAROS·NAXOS

Klaus Bötig und Marion Steinhoff

MYKONOS PAROS·NAXOS

Inhalt

LAND & LEUTE

Erste Begegnung mit den Inseln

Drei Inseln – drei Charaktere	14
Steckbrief der drei Inseln	15
Landschaften und Naturraum	17
Klare Linien	17
Blumen und Kräuter	17
Bedrohte Tierwelt	17
Wirtschaft und Umwelt	18
Landwirtschaft, Fischerei und Bergbau	18
Umweltschutz	18
Thema: Marmorbergbau in der Antike	20
Geschichte im Überblick	21

Kultur und Leben

Die Griechen im 21. Jahrhundert	26
Hellas und Europa	26
Orthodoxes Christentum	28
Die schönsten Feste	30
Musik und Tanz	31
Kunst und Architektur	32
Essen und Trinken	36
Neue Vielfalt	36
Immer gesellig	36
Píttes statt Brötchen	38
Eine Nebensache: Das Mittagessen	39
Ganz ohne Hast: Das Abendessen	39

Inhalt

Griff nach den Sternen	40
Begriffsvielfalt	40
Mut zum Ungewöhnlichen	41
Was man trinkt	41

Tipps für Ihren Urlaub

Mykonos, Páros und Náxos als Reiseziel	44
Pauschal oder individuell?	44
Welche Insel für wen?	44
Hotels mit Flair	44
Die schönsten Strände	45
Sport	46
Urlaub mit Kindern	46
Was ist sehenswert?	47
Organisierte Touren	47
Alles gratis	47
Inselhüpfen – leicht gemacht	48
Wohin am Abend?	48
Reisezeit und Kleidung	50

UNTERWEGS AUF DEN INSELN

Mykonos – liberal rund um die Uhr

Insel der Kosmopoliten und Paradiesvögel	56
Mykonos – die Inselhauptstadt	58
Mykonos maritim: Vom Fähranleger zu den Mühlen	58
Thema: Karolina – ein Inseloriginal	64
Die Altstadt	68
Zur Bonis Windmühle	70

Inhalt

Unterwegs auf der Insel	77
Der Nordwesten – zum Kap Armenistís und zur Pánormos-Bucht: Toúrlos – Ágios Stéfanos – Choulákia und Kap Armenistís – Vom Kap zurück zur Stadt	77
Die Pánormos-Bucht: Pánormos und Ágios Sóstis – Fteliá	80
Ornós und die Diakófti-Halbinsel: Ornós und Ágios Ioánnis	82
Zu den Traumstränden an der Südküste: Kirche Lázaros – Pórtes – Psaroú – Platís Gialós – Nach Agía Ánna und Paránga – Paradise Beach – Super Paradise Beach – Agrári Beach – Eliá Beach – Kaló Livádi Beach – Agía Ánna und Kalafáti – Liá Beach	84
Thema: Gays in Griechenland	87
Áno Merá	92
Kloster Paleókastro	93
Der Inselosten	94
Delos	96
Rundgang	96
Thema: Delos – Mythos und Wirklichkeit	97

Páros – die Marmorinsel

Im Zentrum der Ägäis	106
Parikiá (Páros-Stadt)	108
Stadtrundgang	108
Thema: Die Retter von Páros und Antíparos	112
Der antike Friedhof	116
Archäologisches links und rechts der Umgehungsstraße	116
Das Delion	122
Náoussa und der Inselnorden	123
Von Parikiá nach Náoussa	123
Náoussa	124
Thema: Ein Krankenhaus für Wildtiere	124
Im Westen der Bucht von Náoussa: Límnes Beach und Mykenische Akrópolis – Kolimbíthres Beach – Monastíri und Kap Kórakas	130

Inhalt

Thema: Heiraten auf Páros	131
Halbinsel Santa María: Ágii Anárgiri Beach, Xifarás Beach, Zoodóchos Pigí und Lángeri Beach – Filítzi Beach, Alikí Beach, Aristófanes Beach, Santa María Beach und Platiá Ámmos Beach	132
Inselinneres und Inselsüden	**134**
Ambelás	134
Die Marmorstollen von Maráthi und das Kloster Ágios Minás	134
Kóstos	135
Léfkes	137
Wanderung: Von Léfkes nach Pródromos und zu den Buchten der Ostküste	138
Wanderung: Von Kamári über Ágios Geórgios und das Kloster Ágios Ioánnis Káparos nach Léfkes	139
Wanderung: Von Léfkes über das Kloster Ágios Ioánnis Káparos nach Driós	141
Thema: Archilóchos – mehr Poet als Krieger	142
Pródromos, Mármara und Mólos Beach	143
Márpissa	143
Píso Livádi	144
Von Píso Livádi nach Alikí: Poúnda Beach – Mesáda Beach und Tsardákia Beach – Chrissí Aktí/Golden Beach – Driós – Lolandóni Beach, Glifá Beach und Fáranga Beach – Alikí – Museum Benétos Skiádas (Museum Cycladic Traditional Art of Benétos Skiádas)	145
Die Westküste zwischen Alikí und Poúnda	150
Agía Iríni	151
Parásporos	151
Schmetterlingstal Petaloúdes und Kloster Christoú Dásous	152
Die kleine Schwester: Antíparos	**153**
Kástro (Antíparos-Ort)	153
Insel Sáliagos	156
Sifnéiko Beach und Diapóri Beach	156
Entlang der Ostküste zur Tropfsteinhöhle und nach Ágios Geórgios	156
Die Westküste	157

Inhalt

Náxos – tolle Strände, viel Ursprünglichkeit

Die größte und vielfältigste der Kykladen 160

Náxos-Stadt (Chóra) 162
Stadtrundgang 162
Thema: Das Leben im Herzogtum 166
Spaziergang zum Kloster Ágios Chrisóstomos 169

Strände zwischen Náxos-Stadt und Psilí Ámmos 175
Ágios Prokópios 175
Agía Ánna und Márangas 176
Pláka Beach und Orkós 177
Mikrí Vígla 178
Kastráki, Pirgáki und Psilí Ámmos 180

Náxos kreuz und quer 181
Von Náxos-Stadt über Sangrí nach Agiassós und Psilí Ámmos:
 Galanádo – Pírgos Belonías – Ágios Mámas – Sangrí und der
 Demeter-Tempel – Weiter nach Agiassós und Psilí Ámmos 181
Von Sangrí nach Chalkí 183
Von Náxos-Stadt über Potamiá (und Apáno Kástro) nach Chalkí 184
Thema: Ein Dorf bleibt am Leben 185
Von Chalkí über Moní nach Kourounochóri und zurück in die Chóra:
 Panagía Drossianí – Garínou Spring – Koúros von Flério 185
Filóti 188
Wanderung: Von Chalkí über das Apáno Kástro zum Koúros von
 Flerió – Abstecher zur Zeus-Höhle, zum Pírgos Chimárrou und
 nach Kaladós 188
Wanderung: Besteigung des Zas 192
Von Filóti nach Danakós und Apíranthos: Kloster Fotodótis –
 Danakós – Apíranthos 193
Moutsoúna 195
Von Moutsoúna zum Strand von Pánermos 196
Kóronos und Umgebung: Panagía i Agrokoiliótissa und Atsipápi –
 Schmirgelabbau-Region und Liónas 196
Von Kóronos nach Apóllonas 198

Inhalt

Agiá	200
Ambrám	200
Kloster Faneroménis, Engarés und Galíni	200

REISEINFOS VON A BIS Z

Übersicht	204
Glossar	218
Sprachführer	220
Speiselexikon	223
Register	225

REISEATLAS

Abbildungsnachweis/Impressum	240

LAND & LEUTE

»Was in diesem Licht lebt, das lebt wirklich: ohne Hoffnung, ohne Sehnsucht, ohne Grandezza: es lebt. ›Im Lichte leben‹, das ist's.«

Hugo von Hofmannsthal

Erste Begegnung mit den Inseln

Kástro auf Antíparos

Einführung

DREI INSELN - DREI CHARAKTERE

Auf Mykonos, Páros und Náxos werden die Fotos für Griechenland-Kalender geschossen. Sie lassen Traumbilder wahr werden, erfüllen jedes Hellas-Klischee. Die Häuser in den Dörfern sind strahlend weiß gekalkt, Türen, Fensterläden und -rahmen, Außengeländer und Außenklotürchen kräftig blau, rot oder grün gestrichen. Die Kuppeln hunderter kleiner, weißer Kirchen sind in Rot oder Blau gehalten, Windmühlen stehen wie Schimären aus vorindustrieller Zeit über den Dörfern oder direkt am Hafen. Die Gassen der Stadtkerne und alten Dörfer sind so eng und stufenreich, dass kein Auto hindurchpasst; Maultiere haben hier gegenüber Traktoren und Pick-ups durchaus noch eine Chance. Vor langen Sandstränden gleiten Surfboards mit bunten Riggs über die Wogen, in kleinen Buchten zwischen farbintensiven Felsen liegen ungestört Pärchen unter der stets scheinenden Sonne.

Mykonos, Páros und Náxos – neben Santorin die touristisch bedeutsamsten Inseln im Archipel der Kykladen – haben ihre natürlichen und historischen Ressourcen zu nutzen gewusst. Die Mykonioten waren die ersten, die ihr Heil im Fremdenverkehr suchten. Ihre Insel ist die kargste von allen. Den Menschen blieb die Wahl: auswandern oder in die Tourismusbranche einsteigen. Andere Alternativen gab es kaum. Ihr Inselstädtchen war das schönste, wenn es auch nur deswegen so intakt geblieben war, weil seinen Bewohnern

das Geld für hässliche Neubauten fehlte. Außerdem besaß Mykonos früher als die anderen einen Flugplatz, so dass es schnell zu erreichen war. Mykonos hatte Glück: Unter den ersten Urlaubern, die in den 1960er Jahren kamen, war bereits viel Prominenz und Geldadel. Schnell gewann das kleine Eiland in diesen Kreisen einen guten Ruf als Refugium für Reiche. Zudem zeigten die Mykonioten eine ansonsten in Griechenland seltene Liberalität: Sie störten sich weder an rauschenden Partys, die oft Orgien gleich kamen, noch an den tiefen Dekolletés und der freizügigen Badebekeidung der Fremden. Ihnen war es auch egal, wer wen liebte – Heterosexualität war für sie keine Grundbedingung zur Akzeptanz von Menschen mit gut gefüllten Portemonnaies.

Mykonos hat sich diesen liberalen Charakter bis heute bewahrt, obwohl jetzt auch immer mehr Pauschalurlauber und darunter auch etliche Familien mit Kindern kommen. In den Bars von Klein-Venedig halten Männer- und Frauenpärchen beim Sonnenuntergang Händchen, in exklusiven Luxushotels feiert der Geldadel mit russischen Edel-Prostituierten. Paparazzi finden ein einträgliches Arbeitsfeld – und trotzdem kann man hier einen ganz normalen, wenn auch überdurchschnittlich teuren Strand- und Badeurlaub verbringen. Eins hat Mykonos heute auf jeden Fall vielen anderen Inseln voraus: Seine Bewohner sind mit dem Tourismus groß geworden, sind echte *professionals*.

STECKBRIEF DER DREI INSELN

Lage und Größe: Mykonos, Páros und Náxos gehören zur Inselgruppe der Kykladen, die aus insgesamt 27 bewohnten Inseln besteht. Náxos ist mit einer Fläche von 428 km² die größte Insel des Archipels und trägt mit dem 1004 m hohen Zas auch dessen höchsten Berg. Páros ist mit 186 km² nicht einmal halb so groß, Mykonos mit nur 85 km² Fläche schon fast ein Inselzwerg (zum Vergleich: Griechenlands größte Insel, Kreta, misst 8259 km²).

Bevölkerung: Alle drei Inseln zählen zusammen gut 40 000 Bewohner. Am bevölkerungsreichsten ist Náxos (18 200 Ew.). Auf Páros leben 12 850 Menschen, auf Mykonos 9320. Die Bevölkerungsdichte ist auf Mykonos am höchsten.

Religion: 99 % der Inselbevölkerung gehört dem griechisch-orthodoxen Glauben an. Auf Náxos lebt eine geringe Zahl römisch-katholischer Griechen.

Die größten Orte: Náxos-Stadt (6530 Ew.), Mykonos-Stadt (6470 Ew.), Parikiá/Páros (4520 Ew.).

Staat und Verwaltung: Im griechischen Parlament verfügt die konservative Partei Néa Dimokratía (ND) über die absolute Mehrheit. Bei den Wahlen vom 7. März 2004 fielen ihr unter Führung des jetzigen Ministerpräsidenten Kóstas Karamanlís 165 der insgesamt 300 Sitze zu. Zweitstärkste Partei wurde die von Geórgios Papandréou geleitete sozialdemokratische PASOK mit 117 Sitzen. Die kommunistische KKE erhielt 12 Sitze, das Linksbündnis Synaspismós (SYN) kam auf 6 Sitze. Eine den deutschen Grünen vergleichbare Partei gibt es in Griechenland nicht. Staatspräsident Griechenlands, der wie der deutsche Bundespräsident überwiegend repräsentative Aufgaben hat, ist seit dem 12. März 2005 Karólos Papouliás. Verwaltungshauptstadt des Archipels der Kykladen ist Ermoúpolis auf Sýros, das zugleich auch die größte Stadt der Inselgruppe ist (11 800 Ew.).

Wirtschaft und Tourismus: Industrie gibt es nicht. Auf Mykonos ist der Tourismus nahezu die einzige Einnahmequelle. Allein aus Deutschland landen auf dem Flughafen der Insel jährlich etwa 20 000 Chartertouristen. Auch auf Páros spielt der Tourismus eine sehr bedeutende Rolle; die Landwirtschaft dient ausschließlich der Eigenversorgung. Auf Náxos ist die Landwirtschaft noch von größerer Bedeutung; vor allem Kartoffeln und Käse werden auch in andere Teile Griechenlands geliefert. Außerdem werden Marmor und Kalk gewonnen, sporadisch findet noch Schmirgelabbau statt.

Einführung

Sonne, Strand und Meer: Ágios Ioánnis, Mykonos

Entsprechend hoch ist das Niveau von Gastronomie und Einkaufsmöglichkeiten, Hotels und Service.

Páros war noch bis in die späten 1970er Jahre hinein vor allem eine Insel der Fischer und Bauern. Hier brachte der Rucksacktourismus der 1970er und 1980er Jahre die Wende. Páros lag günstig im Schnittpunkt mehrerer Schifffahrtslinien, Unterkünfte und Tavernen waren einfach und preiswert. Und im Gegensatz zu Mykonos gab es nicht nur einen, sondern mehrere Küstenorte, so dass man das Gefühl genießen konnte, noch etwas selbst entdeckt zu haben – wenn auch schon hunderte anderer Entdecker am gleichen Ort waren.

Inzwischen hat der Pauschaltourismus auch Páros entdeckt. Es gibt eine Reihe größerer und besserer Hotels – aber anders als auf Mykonos keine Luxusherbergen oder Häuser internationaler Ketten. Die Auswahl an Tavernen und Küstensiedlungen ist gestiegen, die Preise sind im normalen Rahmen geblieben. Die Zahl der Schiffsverbindungen ist noch sehr viel größer geworden – Páros ist heute das Fährendrehkreuz der Ägäis.

Náxos ist als fruchtbarste und wasserreichste der Kykladen auch noch heute eine stark bäuerlich geprägte Insel. Der Tourismus konzentriert sich auf eine kleine Region zwischen dem Süden der Inselhauptstadt und den sich anschließenden Stränden; nirgend sonst dominiert er das Leben. Durch die Vielfalt seiner Binnendörfer ist der ländliche Charakter von Náxos auch für die nächsten Jahrzehnte garantiert – wer die Kykladen von Gestern sucht, wird sie hier auch Übermorgen noch finden.

LANDSCHAFTEN UND NATURRAUM

Klare Linien

Das hervorstechendste Merkmal der Kykladen ist ihre karstige Kargheit, die im Sommer und Herbst naturgemäß viel deutlicher zu Tage tritt als im Frühjahr, wenn die Wiesen grün sind und das Getreide goldgelb auf den Äckern steht. Wälder gibt es nirgends, nur auf Náxos wird die Tragéa-Ebene von uralten Olivenhainen geprägt. Der Mensch hat sich in seinem Bauen den klaren Linien der Natur angepasst. Die kykladischen Häuser sind meist einfache, blendend weiß verputzte Kuben mit flachen Dächern, die das spärliche Regenwasser sammeln und in Zisternen leiten. Alle Inseln sind mit einer Vielzahl kleiner Kapellen übersät, die mit roten oder blauen Kuppeln Farbakzente setzen. Weil die schmalen Küstenebenen zur Ernährung der Insulaner nicht ausreichten, hat man früher viele Berghänge terrassiert und landwirtschaftlich genutzt. Heute verfallen die meisten der Terrassenmauern, legen dem suchenden Auge aber ein Zeugnis davon ab, dass die Inseln noch bis Mitte des 20. Jh. ohne Tourismus ihre Bewohner ernähren konnten.

Blumen und Kräuter

Am blütenreichsten sind die Inseln zwischen März und Mai. Dann bedecken Blütenteppiche Wiesen, Felder und Straßenränder. Wilde Tulpen, Anemonen, Kalla und Klatschmohn blühen in großer Zahl; auch Iris und sogar Orchideen sind zu finden. Bis in den Juni hinein zieht sich der blühende Ginster in gelben Flecken und Bändern durch die Landschaft. In Trockenbachtälern blüht der Oleander; in den Orten schmücken Hibiskus und Bougainvilleen, Magnolien und Glyzinien Mauern und Häuser.

Eine für ganz Griechenland typische und weit verbreitete Pflanzengesellschaft ist die hier Phrygána genannte Garrique. Diese Dornbuschsteppe wird von Wolfsmilchgewächsen, Dornbibernelle, Thymian, Rosmarin, Salbei, Oregano, Lavendel, Ginster und Erika gebildet; langstielige Asphodelien und weiße, rosa oder violette Zistrosen mit ihren klebrigen Blättern schmücken sie im April und Mai mit auffälligen Blüten.

Bedrohte Tierwelt

Die griechische Fauna ist artenärmer als die Flora. Außer Hasen und Kaninchen, Wieseln und Füchsen sind keine größeren Säugetiere mehr in freier Wildbahn anzutreffen. Adler und Geier sind ausgerottet; nur kleinere Greifvögel sieht man noch in größerer Zahl. Wachteln und Rebhühner sind etwas häufiger, da ihr Bestand von Jagdvereinen gepflegt wird. Eidechsen sind zahlreich; Schlangen hingegen begegnet der Wanderer immer seltener. Auch das Meer ist weitgehend leer gefischt – ein Grund für die hohen Fischpreise in den Tavernen.

Wirtschaft & Umwelt

WIRTSCHAFT UND UMWELT

Landwirtschaft, Fischerei und Bergbau

Die drei Inseln waren nicht immer vom Tourismus abhängig. Neben der Landwirtschaft und der Fischerei war vor allem der Bergbau für viele Familien eine wesentliche Einnahmequelle. Der Marmor, der Páros und Náxos im Altertum reich gemacht hatte, wurde dort seit dem späten 19. Jh. wieder gebrochen und exportiert; auf Náxos gewinnt man ihn noch heute. Auf Mykonos gibt es Baryt-Vorkommen. Das übrigens auch in Deutschland reichlich vorhandene, hier auch Schwerspat genannte Mineral wird u.a. zur Herstellung von Atomreaktor-Beton, als Zusatz in Gesteinsbohr-Spülungen und für hochwertige Fotopapiere verwendet. Das amerikanische Unternehmen Mikobar Mining baute es noch bis in die frühen 1970er Jahre im Nordosten der Insel ab.

Náxos besitzt reiche Schmirgel-Vorkommen in den Bergen entlang der Ostküste. Das sehr harte, schwere Gestein, dass als Schleifmittel begehrt war, ernährte dort ganze Dörfer (deren Bewohner dann im Zweiten Weltkrieg teilweise verhungerten, weil sie überhaupt keine Landwirtschaft mehr betrieben). Die Kontrolle über den Schmirgel-Abbau übte ein Staatsunternehmen aus; der Staat ist auch heute noch dafür zuständig. Der Abbau wird jetzt aber nicht mehr aus ökonomischen Gründen weiterbetrieben, sondern aus sozialen: Jüngere Bergbauarbeiter erlangen ihre Rentenansprüche nach einer Mindestanzahl von Beschäftigungsjahren. Deshalb wird jedes Jahr ein paar Wochen lang wieder Schmirgel gewonnen.

Die Landwirtschaft trägt auf Mykonos nur noch Hobby-Charakter, auf Páros dient sie überwiegend als Nebenerwerb. Nur auf Náxos gibt es noch zahlreiche Bauern und Viehzüchter. In der Ebene um die Inselhauptstadt gedeihen auf bewässerten Feldern Kartoffeln, die auch in andere Regionen Griechenlands exportiert werden; die Milch von Schafen und Ziegen verwerten mehrere moderne Käsereien. Zwei kleine Destillerien stellen aus den Blättern des Kítro-Baums Liköre her, die vor allem auf der Insel selbst vertrieben werden. Weinanbau wird auf allen drei Inseln in geringem Umfang betrieben. Kleine Weinkellereien gibt es in Náoussa auf Páros sowie bei Áno Merá auf Mykonos. Auf Páros und Náxos werden Oliven angebaut; das Öl wird zum größten Teil auf der Insel selbst verbraucht. Auf Mykonos und Páros dienen je zwei mit EU-Fördermitteln angelegte Staubecken zur Bewässerung von Gemüsefeldern und Obsthainen.

Umweltschutz

Um das Umweltbewusstsein der Insulaner ist es noch immer schlecht bestellt. Wasser und Luft sind zwar sauber, da es ja an Industriebetrieben fehlt,

Umweltschutz

Müll wird aber immer noch bedenkenlos auf die Straße geworfen. In Geschäften erhält man für jeden noch so kleinen Einkauf eine Plastiktüte. Dosen und Plastikflaschen werden Glasflaschen vorgezogen, um den teuren Rücktransport von Leergut nach Piräus zu sparen.

Öffentliche Müllverbrennungsanlagen gibt es noch nirgends, alle Abfälle werden auf riesigen Halden abseits der Siedlungen unter freiem Himmel verbrannt. Besser geregelt ist die Abwasserentsorgung. Alle drei Inselstädte und mehrere größere Hotels sind an Kläranlagen angeschlossen. Gering ist die Bereitschaft der Griechen Geld in Umweltschutzmaßnahmen zu stecken: Solarzellen zur Heißwasserbereitung fehlen auf den meisten Hausdächern noch immer, obwohl die Sonnenstunden zum Aufladen ausreichen würden. Ein Problem ist schließlich auch die Jagdleidenschaft: Zwischen Oktober und März sind auf Páros und Náxos viele Hobby-Jäger unterwegs, die auch noch die letzten Hasen, Kaninchen, Wachteln und Rebühner ins Visier nehmen. Dass sie die Plastikhülsen ihrer Patronen achtlos im Gelände liegen lassen, verwundert den Griechenlandkenner nicht weiter.

Die Fischerei spielt auf den Inseln nur noch eine untergeordnete Rolle

Geschichte

MARMORBERGBAU IN DER ANTIKE

Der weiße Marmor aus Náxos und Páros hat die beiden Inseln in der Antike wohlhabend gemacht. Im 7. Jh. war er noch vorrangig zur Schaffung von Skultpuren begehrt; im 6. Jh. begann man auch, mit ihm zu bauen. Vorher waren die Tempel aus Holz errichtet worden; jetzt musste man die Häuser der Götter zumindest teilweise aus dem kristallinen Kalkstein errichten, um im Vergleich mit den Nachbarstaaten und -inseln nicht an Ansehen zu verlieren. Die Nachfrage steigerte sich enorm.

Außer auf Páros wurde der Mamor überall im Tagebau gewonnen. Noch in den Steinbrüchen brach man die Quader in ihrer gewünschten Größe. Zunächst wurde der Block an den Seiten durch hineingesägte und -gemeißelte Schrotgräben vom anstehen Gestein gelöst. Dann bohrte man Löcher an der Unterseite und trieb hölzerne Keile hinein. Sie waren mit Wasser getränkt, so dass sie sich ausdehnten und den Block heraussprengten. Danach erhielten die einzelnen Architekturteile ebenso wie Statuen – z.B. die riesigen Koúroi von Náxos – noch im Steinbruch ihre grobe Form: als Quader, Architrave, Kapitelle, Säulen oder Säulentrommeln zum Beispiel. Um sie mit Kränen heben zu können, ließ man an den Seiten der Blöcke und Säulentrommeln breite Hebebossen im Marmor stehen, um die die Seile zur Befestigung am Flaschenzug geschlungen werden konnten. In manchen Fällen brachte man auf den später nicht mehr sichtbaren Oberseiten Löcher an, durch die Taue geführt werden konnten. Dann wurde der Marmor entweder zur Baustelle oder für den Export zum Hafen transportiert. Dafür gab es bereits hölzerne Hilfsvorrichtungen, wie z.B. Holräder, in die der Marmorblock wie eine Achse eingeschoben wurde.

Die Marmorsteinbrüche gehörten in der Regel dem Staat, wurden zur Nutzung jedoch an Privatunternehmer verpachtet. Sie setzten meist Sklaven, manchmal auch Tagelöhner als Arbeiter ein. Die Marmorsteinbrüche sorgten für weitere, zum Teil hochqualifizierte Arbeitsplätze. In den Werkstätten arbeiteten Steinmetze und Künstler. Der Export verlangte Reeder und gute Seeleute, für die wiederum Boote gebaut werden mussten. Steuern und Zölle kassierte der Staat nicht selbst ein, sondern über Steuerpächter, die der Stadt eine Pauschale zahlten. So hielt der Marmorabbau die Wirtschaft in Gang.

Über das Schicksal der Sklaven, die in den Mamorsteinbrüchen und auf Páros in den unterirdischen Marmorstollen eingesetzt wurden, liegen keine Informationen vor. Aus den Silberbergwerken von Lávrio bei Athen weiß man allerdings, dass die Lebensbedingungen der Bergwerkssklaven erbärmlich waren: Sie waren selbst bei der Arbeit oft aneinander gekettet, mussten zum Teil sogar in den Stollen schlafen und waren schutzlos allen Gefahren ausgesetzt. Auch Kinderarbeit war an der Tagesordnung, denn für den Vortrieb der Stollen benötigte man kleine Arbeitskräfte. So steckt hinter der marmornen Pracht viel menschliches Leid.

Geschichte

GESCHICHTE IM ÜBERBLICK

Prähistorische Zeit

Um 5000 v. Chr.	beginnt die Geschichte der menschlichen Besiedlung der Kykladen. Die ältesten Funde stammen von der kleinen Insel Sáliagos zwischen Páros und Antíparos sowie aus der Zeus-Höhle auf Náxos.
Um 3200 v. Chr.	entwickelt sich auf den Kykladen eine erste Hochkultur, zu deren Zentren neben dem an Obsidian reichen Mílos auch Náxos gehört.
Um 2000 v. Chr.	erblüht auf Kreta die Minoische Kultur. Die Minoer, deren Herkunft unbekannt ist, pflegen weitreichende Handelsbeziehungen bis nach Ägypten und in den Vorderen Orient hinein, gründen aber auch auf den Kykladen Handelsniederlassungen.
Um 1450 v. Chr.	verdrängen die griechischen Mykener vom Peloponnes die Minoer; auch sie gründen Siedlungen auf den Kykladen. Spätestens jetzt wird Delos zu einem bedeutenden kultischen Zentrum. Um 1200 v. Chr. beginnt dann die umfassende Besiedlung der Inseln durch vom Festland einwandernde Griechen. Auf Mykonos, Páros und Náxos lassen sich Hellenen vom Stamme der Ionier nieder.

Antike

Um 700 v. Chr.	haben sich die Inseln zu gut organisierten Stadtstaaten entwickelt, die miteinander Handel treiben, aber auch gegeneinander Kriege führen. Das fruchtbare Náxos erringt eine Vorrangstellung, Páros gründet eine Kolonie auf der nordgriechischen Insel Thássos, die reich an Silber-, Gold-, Kupfer- und Bleivorkommen ist. Delos wird zu einem der bedeutendsten Kultzentren in der Ägäis.
Nach 600 v. Chr.	gewinnt Athen zunehmend an politischer und wirtschaftlicher Bedeutung. Es versucht erfolgreich, die Macht über Delos zu erlangen. 490–479 v. Chr. muss sich Griechenland zweier persischer Eroberungsversuche erwehren. Unter Athener Führung gelingt der Sieg; alle Inseln müssen danach Mitglieder im von Athen beherrschten Attisch-Delischen Seebund werden und eine Art Tribut an Athen entrichten. Delos wird zum Sitz des Rats dieses Bundes; die Bundeskasse wird jedoch 454 v. Chr. nach Athen verlegt, das damit im Wesentlichen den Bau der Akropolis finanziert. 426 v. Chr. werden die Inseln vollends degradiert, als Athen ein Dekret erlässt, dass auf Delos weder Kinder geboren noch Tote beigesetzt werden dürfen.
337 v. Chr.	vereint der makedonische König Philipp II. erstmals in der Geschichte alle griechischen Stadt- und Inselstaaten unter einer Herrschaft.
336 v. Chr.	übernimmt sein Sohn Alexander II. den Thron und erobert in den folgenden 13 Jahren den gesamten östlichen Mittelmeerraum, Klein-

21

Geschichte

asien und Persien, dringt sogar bis nach Indien vor. Die Kykladen verlieren an Bedeutung, Delos aber wird 314 v. Chr. wieder frei.

166 v. Chr. übernehmen die Römer die Macht in Griechenland. Sie erklären Delos zum Freihafen, der nun zum Umschlagplatz für Waren aller Art und insbesondere auch für Sklaven wird.

88 v. Chr. zerstört das Heer des mit den Römern verbündeten Königs Mithridiates VI. von Pontos Delos und tötet 20 000 seiner Bewohner; 19 Jahre später geben Piraten der Insel den Rest. Delos verödet; Páros, Náxos und Mykonos sind nur noch unbedeutende Eilande.

393 n. Chr. kommt mit dem Verbot aller heidnischen Kulte durch den oströmischen Kaiser Theodosios das Aus für die antike Welt; das Christentum wird zur Staatsreligion.

Mittelalter

395 wird das Römische Reich geteilt; die Kykladen gehören fortan wie ganz Griechenland zum Oströmisch-Byzantinischen Reich, dessen Hauptstadt Konstantinopel ist.

632 stirbt der Prophet Mohammed, seine Anhänger erobern weite Teile des Mittelmeerraums und überfallen auch immer wieder die Ägäischen Inseln.

1204 lenken die Venezianer den 4. Kreuzzug, den sie finanziert haben, nach Konstantinopel um. Die Kreuzfahrer erobern und plündern die Stadt, der byzantinische Kaiser flieht. Griechenland und die Ägäischen Inseln werden unter Venezianern und Kreuzrittern aufgeteilt. Der venezianische Edelmann Marco de Sanudo erhält Náxos und die meisten anderen Kykladen zum Lehen und gründet 1207 das Herzogtum von Náxos. Mykonos gehört nicht dazu, sondern wird Lehen der ebenfalls venezianischen Adelsfamilie Ghyzi. 1397 wird es direkt der Republik Venedig unterstellt, Páros wechselt zwischen 1389 und 1537 noch dreimal den venezianischen Besitzer.

1453 erobern die Osmanen Konstantinopel, das heutige Istanbul. Das Byzantinische Reich zerbricht, im Laufe der folgenden Jahrzehnte erobern die Türken ganz Griechenland mit Ausnahme Kretas – das erst 1669 türkisch wird – und der Ionischen Inseln, die die Türken abgesehen von Léfkas nie in Besitz nehmen können.

Neuzeit

1537/38 Osmanische Truppen erobern unter Führung ihres Admirals Haireddin Barbarossa die Kykladen, besetzen sie jedoch nicht.

1564 Der letzte christliche Herzog von Náxos, Giacomo IV., muss seinen Thron für den aus Portugal stammenden jüdischen Günstling des Sultans Selim I., Joseph Nassi, räumen.

Geschichte

1579	Die Kykladen werden direkt der Hohen Pforte unterstellt.
1768–74	Während des russisch-türkischen Krieges besetzen russische Truppen unter Führung des Fürsten Alexej Grigorjewitsch Orlow die meisten Kykladeninseln; Páros wird zum Hauptstützpunkt ihrer Marine.
1821–27	Griechischer Freiheitskampf gegen die Türken. Zu seinen Finanziers gehört die aus Páros stammende, auf Mykonos lebende Mantó Mavrogénous.
1830	werden die Kykladen Teil des befreiten Griechenlands. Auf Wunsch der Großmächte wird der Wittelsbacher Otto, ein Sohn Ludwig I., aus Bayern zum König gekrönt.

20./21. Jh.

1898–1912	In mehreren Kriegen gegen das Osmanische Reich und gegen Bulgarien erweitert Griechenland sein Staatsgebiet zu den heutigen Grenzen (mit Ausnahme der Inseln des Dodekanes, die 1912 an Italien fallen und erst 1947 griechisch werden).
1941–44	Im Zweiten Weltkrieg werden die Inseln von deutschen Truppen besetzt.
1944/45 und 1946–49	Griechischer Bürgerkrieg zwischen den von Amerikanern und Briten unterstützten königstreuen Truppen und kommunistischen Partisanen. Er fordert in Griechenland mehr Opfer als der Zweite Weltkrieg.
1967–74	Militärdiktatur in Griechenland. Nach dem Sturz der Junta über den Zypernkonflikt wird die schon von den Diktatoren de facto abgeschaffte Monarchie auch de jure abgeschafft und die Republik (Ellinikí Dimokratía) ausgerufen. Erstmals entsteht in Griechenland eine stabile Demokratie westlicher Prägung.
1981	Griechenland wird Vollmitglied in der Europäischen Gemeinschaft (EG). Die sozialdemokratische Partei (PASOK) unter Andréas Papandréou übernimmt die Regierung von der konservativen Néa Dimokratía (ND) und leitet zahlreiche Reformen ein.
1990	Nach dem Sturz von Papandréou wegen eines Bankenskandals erreicht die ND eine hauchdünne Mehrheit.
1993	Bei vorzeitigen Neuwahlen erringt die PASOK die absolute Mehrheit im Parlament, Papandréou wird erneut Ministerpräsident.
1996	Kurz vor seinem Tod tritt Papandréou zurück; Nachfolger im Amt wird sein Parteifreund Kóstas Simítis.
2000	Der Untergang des Fährschiffs ›Express Samina‹ kurz vor der Hafeneinfahrt von Parikiá auf Páros fordert 82 Tote.
2002	Der Euro ersetzt die Drachme als Landeswährung.
2004	In Griechenland finden zum zweiten Mal nach 1896 Olympische Sommerspiele statt.
2006	Patras auf dem Peloponnes ist Europäische Kulturhauptstadt.

Kultur und Leben

Hier ist Geschick gefragt:
Korbflechter auf Páros

DIE GRIECHEN IM 21. JAHRHUNDERT

Hellas und Europa

Am 1. Januar 2002 haben die Griechen mit der Einführung des Euro und der Aufgabe der Drachme einen Teil ihrer nationalen Identität preisgegeben. Schließlich war die Drachme schon vor über 2500 Jahren in Gebrauch und damit die älteste Währungseinheit Europas. Gleichzeitig haben sie damit aber auch eine Chance ergriffen, ihre Eigenarten den anderen Europäern und der Welt zu offenbaren: Jede Euro-Note macht den übrigen Europäern klar, dass es da ganz im Südosten Europas ein kleines Volk gibt, dass für seine knapp 11 Mio. Einwohner auf einer eigenen Schrift beharrt, deren Buchstaben viele Menschen heutzutage bestenfalls noch für mathematische Sonderzeichen halten.

Kristallisationspunkte griechischer Identität sind außer eigener Sprache und Schrift vor allem auch die Religion (s. S. 28ff.) und die Musik. 98 % aller Hellenen sind griechisch-orthodox, Kirchenaustritte gibt es nicht. Weil in den neuen, europäisch standardisierten Personalausweisen die Religionszugehörigkeit nicht mehr erwähnt werden soll, gingen Millionen von Griechen in den letzten Jahren auf die Barrikaden – gegen Brüssel freilich ohne Erfolg. Griechische Musik ist in Hellas keine Angelegenheit von ›Musikantenstadl‹, sondern wird von allen Radiosendern und in vielen Diskotheken bevorzugt gespielt – und dann nicht nur Oldies à la Míkis Theodorákis und Mélina Mercoúri, sondern viel griechischer Pop und Rock.

Wie sehr sich Griechenlands Jugend dennoch in Richtung europäischer Durchschnitt bewegt, beweisen Umfrageergebnisse immer wieder. So zeigt das bei 15- bis 24-jährigen Europäern erhobene ›Eurobarometer‹ auf, dass 79 % aller Griechen mindestens einmal wöchentlich per Handy telefonieren

Heute selten:
traditionelles Kafeníon

Hellas und Europa

(Europa: 80,3 %), dass 40 % der jungen Griechen die Währungsunion für die bedeutendste politische Errungenschaft des letzten Jahrzehnts halten (Europa: 46 %) und dass 21,2 % aller jungen Griechen Mitglieder in Sportvereinen sind (Europa: 27 %). 79 % finden Sex vor der Ehe normal (Europa: 88 %). Andererseits zeigt aber auch das noch immer sehr konservative Erziehungssystem seine Wirkungen: Nur 38 % der junger Griechen begrüßen die Möglichkeit homosexueller Ehen (EU: 60 %) – und fast die Hälfte von ihnen ist der Meinung, dass zu viele Ausländer in Griechenland leben (EU: 29,1 %).

Der Staat ist beim gesellschaftlichen Wandel keine treibende Kraft. Wenn er regulierend eingreift, dann meist sehr spät und als Folge gesellschaftlichen Drucks. Erst 1975 wurde die Gleichberechtigung von Mann und Frau in der Verfassung verankert. Der gesetzliche Zwang zur Mitgift *(príka)* für Bräute wurde erst 1983 abgeschafft. Im gleichen Jahr wurde das Heiratsalter für Mädchen von 14 auf 18 Jahre heraufgesetzt. 1986 folgte dann ein Abtreibungsgesetz mit Fristenlösung. Die Abtreibung ist in Hellas heute – legal und illegal praktiziert – die gängigste Form der ›Verhütung‹: Ihre Zahl wird auf

Die Griechen im 21. Jahrhundert

Der orthodoxe Kalender

Die beweglichen Feiertage werden in Griechenland noch nach dem alten Julianischen Kalender berechnet und liegen daher meist an späteren Terminen als bei uns. Beachten Sie die Daten auf S. 208.

mindestens 200 000 im Jahr geschätzt – bei jährlich nur 100 000 Geburten. Dabei sind Kondome an jedem Kiosk und die Pille rezeptfrei in jeder Apotheke erhältlich. Gleichzeitig ist man aber stolz darauf, dass in Hellas nur 3 % der Kinder außerehelich geboren werden, während es in Deutschland 17 % und in Schweden gar 54 % sind. Abtreiben oder heiraten, lautet in Griechenland noch immer die Devise.

Orthodoxes Christentum

Für die meisten Griechen steht fest: Nur orthodoxe Christen kommen in den Himmel – wenn es ihn denn gibt. Denn nur die orthodoxe Kirche hat nach ihrem eigenen Selbstverständnis immer am Glauben der frühen Christen, der Apostel, Märtyrer und Kirchenväter festgehalten. Evangelische Reformatoren und der Papst haben Glaubensaussagen und Riten eigenmächtig verändert und damit den gemeinsamen Boden verlassen. Die orthodoxe Kirche hat den Glaubensaussagen seit dem 8. Konzil im Jahre 869

hingegen keine neuen Dogmen mehr hinzugefügt, sie ist den Ursprüngen des Christentums nahe geblieben. Neue Dogmen könnte nur eine Vollversammlung aller christlichen Bischöfe beschliessen – die aber hat seit 869 nicht mehr stattgefunden. Der römisch-katholische Papst Leo XIII. hat ihr 1870 den allentscheidenden Riegel vorgeschoben, als er das Unfehlbarkeitsdogma verkünden ließ. Die orthodoxe Kirche ist hingegen eine demokratische Kirche geblieben. Die Bischöfe werden hier noch gewählt (teils von der Bischofsversammlung der Nationalkirche, teils direkt vom Volk); Erzbischöfe und Patriarchen haben eine Ehrenstellung, jedoch keine Weisungsrechte gegenüber den einfachen Bischöfen. Weil es keine neuen Dogmen mehr geben kann, hat die Kirche auch einen sehr viel geringeren Einfluss in aktuellen Moralfragen: So können die Bischöfe zwar ihre Meinung zu Abtreibungsgesetzen und Verhütung kund tun, aber die Gläubigen nicht per Dogma zu einem bestimmten Sexualverhalten zwingen.

Zum offiziellen Bruch mit der römisch-katholischen Kirche, dem Schisma, kam es bereits im Jahre 1054. Den theologischen Hintergrund bildete der Filioque-Streit: Während für die Orthodoxen der Heilige Geist nur von Gottvater ausgeht, behaupteten die römischen Katholiken im 11. Jh., er ginge auch von Gottsohn aus. Machtpolitische Hintergründe dürften beim Schisma jedoch eine Rolle gespielt haben; es war zugleich der endgültige Bruch zwischen den aufseiten der Päpste stehenden westlichen Kaisern und den

Orthodoxes Christentum

In griechischen Städten und Dörfern allgegenwärtig: der *Papás*

von den orthodoxen Patriarchen unterstützten byzantinischen Kaisern.

In Gesprächen mit einfachen gläubigen Griechen hört man heute einige Kritikpunkte immer wieder. Sie können nicht verstehen, dass römische Katholiken und Protestanten keine Ikonen verehren. In der Verehrung des Papstes sehen sie einen Götzendienst, der sich zum Beispiel auch in der Form manifestiert, wie römische Katholiken sich bekreuzigen: während die Orthodoxen das Kreuz nur mit drei Fingern schlagen, nehmen die Katholiken dafür fünf – drei wie die Orthodoxen für die Heilige Dreifaltigkeit, einen weiteren für den Papst und den fünften schließlich noch für Maria. Obwohl die Marienverehrung in der Orthodoxie eine ebenso große Rolle spielt wie im Katholizismus, sehen sie darin einen Frevel: der Finger für Maria bedeutet eine ungerechtfertigte Gleichstellung der Heiligen Jungfrau mit der Heiligen Dreifaltigkeit. Der Unterschied in der Bedeutung Mariens zeigt sich auch darin, dass sie laut einem 1952 vom Papst verkündeten unfehlbaren Dogma am Tage ihres Todes leibhaftig gen Himmel fuhr – während die Orthodoxen nur glauben, dass ihre Seele sogleich von Christus in den Himmel erhoben wurde, ihr Leib aber den Weg alles Irdischen ging.

Seit 1850 ist die griechisch-orthodoxe Kirche autokephal und untersteht damit nicht mehr dem Patriarchen von Konstantinopel. Ausnahmen bilden nur die Kirchen Kretas und des Dodekanes, die weiterhin seiner Jurisdiktion unterliegen. Die griechische Nationalkirche aber wird von zwölf Bischöfen unter Vorsitz des Erzbischofs von Athen verwaltet. Sie sind an die Beschlüsse und Entscheidungen der Synode gebunden, einer jährlich stattfindenden Versammlung aller 82 Bischö-

Die Griechen im 21. Jahrhundert

fe Griechenlands, die keinerlei irdische Instanz über sich hat.

Ökumenische Bemühungen gibt es in der orthodoxen Kirche kaum. Zu tief sitzt wohl das Bewusstsein, dass man selbst Christus am nächsten steht, während die anderen ihren Glauben ja immer wieder Zeit- und Machtströmungen angepasst haben.

Der orthodoxe Klerus hat zudem nie Probleme mit den jeweiligen Herren des neugriechischen Staats gehabt: sogar die Militärjunta (1967–74) wurde von vielen Priestern und Bischöfen kritiklos hingenommen und unter den Segen der Kirche gestellt. Bis heute ist die griechisch-orthodoxe Kirche eng mit dem Staat verbunden. Jeder griechische Staatspräsident muss orthodox sein; kein Staatsakt, keine Einweihung einer neuen Schule oder auch nur eines Parteilokals findet ohne den Segen eines Priesters statt. Schulgebete sind Pflicht; zivile Trauungen und Ehescheidungen zwar seit Papandréou gestattet, doch bislang noch kaum üblich.

Die schönsten Feste

Fast jedes griechische Dorf feiert zumindest einmal im Jahr sein Kirchweihfest, sein *panigíri*. Das Datum bestimmt der Kirchenkalender. Termin ist jeweils der Patronatstag des Heiligen. Ein Vespergottesdienst am Vorabend und ein Frühgottesdienst am Festtag gehören immer dazu, und häufig auch eine *gléndi* am Vorabend, also ein fröhliches Fest mit Musik und Tanz, ausgiebigem Essen und Trinken. Im Jahreslauf ist der Karneval die erste bedeutende Festzeit – insbesondere auf Mykonos, wo an den drei Wochenenden vor Rosenmontag viele Athener zu Gast sind. Die Tavernen sind in der letzten Karnevalswoche geschmückt, in manchen Bars auf Mykonos finden Faschingspartys statt. Am Rosenmontag ist dann alles vorbei. Man fährt zum Picknick ans Meer und lässt Drachen steigen.

Ostern

Auf Karneval folgt die Fastenzeit, an deren Regeln sich freilich nur noch wenige halten. Ihren Höhepunkt erreicht sie am Karfreitag. Morgens wird in den Kirchen das symbolische Grab Christi aufgebaut und mit Blumen geschmückt, am Abend (meist gegen 21 Uhr) wird es in feierlicher Prozession durch den Pfarrbezirk getragen.

Zum Ostergottesdienst, der am Ostersamstag gegen 23 Uhr beginnt, gehen nahezu alle Griechen in die Kirche. Da drinnen selten Platz genug für alle ist, wird der Gottesdienst über Lautsprecher auf den Kirchplatz übertragen. Die Stimmung ist gedämpft und gespannt zugleich: Noch ist Christus tot, aber jeder weiß, dass seine Auferstehung unmittelbar bevorsteht. Kurz vor Mitternacht treten Sekunden des Schweigens ein. Alle Lichter, Öllampen und Kerzen bis auf das Ewige Licht werden gelöscht. Dann verkündet der Priester die Auferstehung: ›Christós anésti‹. Am Ewigen Licht werden die ersten, von den Gläubigen mitgebrachten Kerzen entzündet. Schnell wandert die Flamme von Kerze zu Kerze. Raketen steigen in die Luft, Böller explodieren. Insbesondere auf Myko-

Musik und Tanz

nos ist der Lärm gewaltig; so manchem wird in den engen Gassen angesichts des Feuerwerks oder der Menschenmenge der Angstschweiß ausbrechen. Noch bevor der Gottesdienst beendet ist, gehen die Einheimischen nach Hause, die Urlauber in die Tavernen. Man isst *magirítsa,* eine leicht säuerlich schmeckende Suppe mit Innereien von Lamm oder Zicklein, schlägt rote Ostereier aneinander und verzehrt die *flaoúna,* ein Ostergebäck. Am Ostersonntag drehen sich schon vormittags überall auf den Inseln Lämmer und Zicklein am Spieß; nach dem Essen wird mit Musik und Tanz gefeiert.

Der einzige große Festtag im Sommer ist der 15. August. Es ist der Tag, an dem Maria starb und Christus ihre Seele in den Himmel erhob. Da die Mehrzahl der griechischen Kirchen Maria geweiht ist, findet fast überall ein Fest statt. Am größten ist das Marienfest von Parikiá auf Páros, zu dem Pilger aus ganz Griechenland anreisen.

Musik und Tanz

Vicky Leándros und Nána Moúskouri sind auch in Griechenland bekannte Stars. Ihre Lieder aber bewegen die Griechen nur wenig. Und auch der Syrtáki wird als ›Touristentanz‹ nur milde belächelt oder zum Anbändeln mit Urlauberinnen eingesetzt. Mehr Anklang finden da schon die großen Komponisten des 20. Jh.: Míkis Theodorákis, Mános Loízos und Mános Chatzidákis. In Hellas mindestens ebenso populär sind aber auch die echte griechische Volksmusik und die Volkstänze, in de-

> ## Musik zum mit nach Hause nehmen
>
> CDs mit aktueller griechischer Musik sind immer ein gutes Souvenir. Hört man in einem Café oder einer Bar Stücke, die einem gefallen, kann man getrost den Wirt nach dem Titel der CD fragen. Zu den Interpreten, die gerade besonders ›in‹ sind, gehören z. B. Háris Alexíou, Déspina Vándi, Nótis Sfakianákis, Hélena Paparízou, Roúvas Sákis und Ánna Víssi.

nen byzantinische Traditionen fortleben, aber auch orientalische Einflüsse nicht zu überhören sind. Sie werden in staatlichen Schulen und privaten Vereinen gefördert, erklingen auf fast allen Radiosendern und werden auch bei Folklore-Festivals gepflegt, die im Sommer im ganzen Land veranstaltet werden. Ein Revival hat seit den 1980er Jahren der *rembétiko* erlebt: Die Musik einer städtischen Subkultur, die in den 1920er und 1930er Jahren vor allem durch aus Kleinasien vertriebene Griechen in den Flüchtlingsvierteln der Großstädte geprägt wurde.

Internationalen Trends hat sich die griechische Musikszene dabei keineswegs verschlossen. In Musik-Clubs und Diskos werden alle Richtungen moderner Rock- und Popmusik griechischer Interpreten gespielt. Und auch im Bereich der Klassik waren Griechen tätig: als zumindest in Fachkreisen bekanntester Komponist sei Manólis Kalomíris (1883–1962) genannt.

KUNST UND ARCHITEKTUR

Die Grundlinien der kykladischen Kunstgeschichte lassen sich am besten im Archäologischen Nationalmuseum und im Gouládris-Museum für Kykladische Kultur in Athen verfolgen. In den Inselmuseen verblieben meist nur die kleineren, weniger bedeutenden Funde. Trotzdem helfen auch sie, ein Bild der jeweiligen Epochen zu gewinnen.

Kykladenkultur
(ca. 3200–2000 v. Chr.)

Die Kunst wird durch Keramik- und Marmorgefäße, vor allem aber durch die Kykladenidole repräsentiert: Statuetten aus zumeist weißem Marmor, 10–150 cm hoch, die mit Bronzesägen aus Marmorblöcken herausgeschnitten und dann mit naxischem Schmirgel poliert wurden. Sie stellen die Große Göttliche Mutter dar, eine Göttin des Lebens und des Todes, aus deren Körper alles Leben entspringt und in den es nach dem Tod wieder zurückkehrt, um erneut geboren zu werden. Da die meisten dieser Idole in Gräbern gefunden wurden, sollten sie offenbar den Toten zur Wiedergeburt verhelfen. Statuetten, die Musikanten darstellen, gehören zu den göttlichen Begleitern der Großen Göttin. In der Spätzeit der Kykladenkultur vorkommende männliche Kriegerfiguren zeigen einen Kriegsgott, der die in jener Zeit beginnende äußere Bedrohung von der Großen Mutter fernhalten sollte.

Die Archäologen haben drei Entwicklungsstufen der Kykladenkultur festgestellt:

Grótta-Pélos-Kultur
(ca. 3200–2700 v. Chr.)
Die Bezeichnung geht auf die Fundorte Grótta auf Náxos und Pélos auf Mílos zurück. Die Idole sind violinförmig und ohne Kopf oder haben Menschengestalt mit kurzen, fetten, auseinandergestellten Beinen und einem ovalen, auf einem überlangen Hals aufsitzenden Kopf, der zusammen mit dem Hals an einen Phallus erinnert.

Kéros-Sýros-Kultur
(ca. 2700–2400 v. Chr.)
Zwei Inseln gaben der Entwicklungsstufe ihren Namen. Die Idole sind relativ flach, haben rechtwinklig vor die Brust gelegte Arme, stehen auf den Zehenspitzen. Der Kopf sitzt einem überlangen Hals auf und ist U- oder V-förmig, die lange gerade Nase ist oft die einzige plastische Gliederung des Gesichts, das im Übrigen oft angemalt war. Die Brüste sind schwach angedeutet, das Schamdreieck ist groß und deutlich eingeritzt. In dieser Zeit entstehen auch die ersten Musikantenfiguren.

Filakópi-Kultur
(ca. 2400–2000 v. Chr.)
Der Fundort auf Mílos stand hier Pate. Zu den bisher üblichen Idolen treten jetzt auch Kriegerstatuetten, oft mit Dolch und Schulterband.

Kunstgeschichte

Mittelkykladikum – Zeit der minoischen Einflüsse (2000–1500 v. Chr.)

Auf vielen Inseln entstehen minoische Handelsniederlassungen. Die Minoische Kunst Kretas wird importiert und in örtlichen Werkstätten in einem provinziell wirkenden Stil nachgeahmt. In der Gefäßmalerei herrschen Meerestiere, Spiralen und Palmetten als Motive vor.

Spätkykladikum (1500–1100 v. Chr.)

Zeit der mykenischen Einflüsse. Der Mégaron-Typ setzt sich im Haus- und Tempelbau durch, nachzuweisen z.B. auch im Mitrópolis-Museum auf Náxos (s. S. 167ff.). Auch die Keramik folgt dem mykenischen Vorbild vom Peloponnes. Die minoischen Motive werden bis zur Unkenntlichkeit vereinfacht, werden linear; gegen Ende der Epoche treten dann auch einfache Darstellungen von Menschen, Tieren und Wagen auf.

Geometrische Zeit (1100–700 v. Chr.)

In der Keramik herrschen geometrische Motive wie Dreiecke, Rauten, Kreise, Striche und Mäander als Dekor vor. Hinzu treten fast strichartige Zeichnungen von Menschen und Tieren, die auf ihre wesentlichen Merkmale reduziert sind. In der spätgeometrischen Zeit (ab 750 v. Chr.) entwickeln sich die Anfänge des griechischen Tempels.

Archaische Zeit (700–480 v. Chr.)

Die Gründung zahlreicher Kolonien außerhalb des griechischen Kernlandes, neue wirtschaftliche Aktivitäten und wieder angeknüpfte Handelsbeziehungen zum Orient bewirken einen neuen Aufschwung. Für den Transport von Öl, Getreide und Wein werden große Mengen keramischer Gefäße benötigt; zugleich bringen die neuen Wirtschaftskontakte vielfältige fremde, vor allem orientalische Einflüsse ins Land. Bevorzugte Themen der Vasenmaler sind nun mythische Szenen (z.B. die erste Darstellung des Trojanischen Pferdes auf einer Vase im Museum von Mykonos) und Darstellungen fremdar-

Steinerner Wächter auf Delos

Kunst & Architektur

tiger Tier- und Fabelwesen. Die Monumentalskulptur, in Ägypten und im Orient längst meisterhaft entwickelt, hält nun auch auf den Inseln Einzug (z.B. die naxischen Löwen auf Delos). Da die Skulptur noch dem Kult geweiht bleibt, überwiegend als Typus die Koúroi und Koren, nackte Jünglings- und Mädchenstatuen ohne individuell ausgeprägte Merkmale (zu sehen z.B. auf Delos und Náxos). Im Lauf von zwei Jahrhunderten verlieren die Figuren ihre anfängliche Steifheit, die Gesichtszüge lockern sich, ein leichtes Lächeln, eine Fußbewegung, eine geringe Gliederspannung erweitern die Ausdrucksmöglichkeiten des Bildhauers.

Klassik (480–330 v. Chr.)

Nach den Perserkriegen war Athen das unbestrittene Machtzentrum in der Ägäis, dementsprechend groß war auch der attische Einfluss auf die Kunst der Kykladen. Bestes Beispiel dafür ist Delos, die Nachbarinsel von Mykonos. Mensch und göttliches Wesen wurden nun deutlich unterschieden, von den Figuren weicht alles Schematisierte und Starre. In den Reliefs der Tempel und in der Vasenmalerei sind mythologische Szenen, aber auch Darstellungen von Festen und Alltagsszenen beliebt; in der Architektur bildet sich der Formenkanon des klassischen griechischen Tempels heraus. Als dann nach dem für Athen verlorenen Peloponnesischen Krieg um 400 v. Chr. der Staat als finanzkräftiger Auftraggeber ausfällt, widmen sich die Bildhauer verstärkt der individuellen Kundschaft, fertigen Porträtbüsten, Gemmen und Grabstelen. Die Körperlichkeit der Menschen und Götter wird betont, zum ersten Mal wird ein weiblicher Körper in völliger Nacktheit dargestellt (meist die Liebesgöttin Aphrodite).

Hellenistische Zeit (330–146 v. Chr.)

Charakteristisch für die hellenistische Kunst ist die Spannung zwischen Figur und Raum. In der Architektur werden die einzelnen Gebäude bewusst miteinander und zur Landschaft in Beziehung gesetzt. Ein gewisser Hang zum Pathos und ein Realismus, der oft schon naturalistisch wirkt, prägen die Skulptur.

Römische Zeit (146 v. Chr.–395 n. Chr.)

Eine eigenständige Kunstentwicklung nimmt Griechenland unter römischer Herrschaft nicht. Mit Ausnahme von Delos rücken die Inseln an den Rand des Weltgeschehens; viele frühe Kunstwerke werden nach Rom verschleppt oder kopiert. Auf Delos erlebt die Mosaikkunst eine Blütezeit, die aber nur gut 100 Jahre lang anhält.

Byzantinische und fränkische Zeit (395–ca. 1537)

In frühbyzantinischer Zeit (bis etwa 750) entstehen viele Basiliken und prächtige Kirchen wie die Ekatontapilianí auf Páros, in mittelbyzantinischer Zeit (bis 1204) zahlreiche Klöster. Von

Kunstgeschichte

Ein sicheres Zuhause: Venezianischer Turm Agiá an der Nordküste von Náxos

der Kirchenmalerei jener Epoche ist so gut wie nichts mehr erhalten.

Die Venezianer erbauen Burgen und legen befestigte Dörfer wie auf Antíparos an. Da die Venezianer in religiösen Belangen tolerant sind, werden weiterhin byzantinische Kirchen erbaut und mit Malereien getreu der byzantinischen Ikonographie ausgestattet.

Zeit der Türkenherrschaft (ca. 1537–1830)

Das Kunstschaffen kommt weitgehend zum Erliegen; die osmanische Kunst erreicht die Inseln, auf der kaum Türken leben, nicht.

Freies Griechenland (ab 1830)

In den letzten 170 Jahren haben die Kykladen kaum noch einen Beitrag zur griechischen Kunst geleistet. Seit den 1990er Jahren wird jedoch viel alte Bausubstanz sorgfältig restauriert statt abgerissen. Der vor allem durch den Tourismus geförderte Wohlstand der Insulaner drückt sich seit den 1990er Jahren im Neubau vieler Kirchen und Kapellen aus. Dabei folgt man traditionellen Vorbildern; auch die Innenausschmückung des Kirchenraums mit großflächigen Wandmalereien bleibt byzantinischen Traditionen treu.

35

ESSEN UND TRINKEN

Neue Vielfalt

Seit einigen Jahren haben auch viele Griechen den Reiz fremdartiger Gaumengenüsse schätzen gelernt. In den Tiefkühltruhen der Markthallen warten Straußenfilets und Kängurugulasch auf mutige Käufer, in exotischen Restaurants werden Japans, Chinas und Indiens Kochkünste mehr oder minder erfolgreich nachgeahmt. Pizza und Nudelgerichte sind überall zu finden, wirkliche Feinschmeckerlokale aber konzentrieren sich immer noch auf die Großstädte – und auf Mykonos. Dominiert wird die Gastroszene weiterhin von der traditionellen Taverne.

Immer gesellig

In die Taverne gehen Griechen nur ungern allein oder zu zweit. Ebenso wichtig wie ein gutes Mahl ist ihnen eine gute und möglichst große Tischgemeinschaft. Die Griechen haben für sie ein eigenes Wort: *paréa*.

Nur in der *paréa* kann man wirklich richtig griechisch essen. Und das heißt: statt eines mehrgängigen Menüs viele einzelne Gerichte zu bestellen, von denen jeder isst, was er mag und soviel er mag. Zunächst wird eine große Auswahl von Vorspeisen geordert, so genannten *mezedákia* (sprich: mee-seedakja). Der Kellner verteilt sie auf der Tafel; jeder nimmt entweder direkt von den Gemeinschaftstellern oder neuerdings auch über die Zwischenstation eines eigenen Tellers. Dazu stehen Salate und Brot auf dem Tisch.

Speisekarten besitzen heutzutage fast alle griechischen Tavernen. Meist sind sie in Griechisch und Englisch verfasst, manchmal auch in Deutsch und anderen Sprachen. Sie sind jedoch weder vollständig noch eine Garantie dafür, dass die angegebenen Gerichte auch tatsächlich vorhanden sind. Griechen schauen ohnehin selten hinein. Sie lassen sich lieber vom Kellner aufzählen, was es gerade frisch gibt, oder fragen konkret nach bestimmten Spezialitäten. Wer mag, kann sich die Gerichte auch am Kühl- oder Warmhaltetresen zeigen lassen. Wie früher in die Küche zu gehen und einfach in die Töpfe zu schauen, ist hingegen längst nicht mehr überall gestattet.

Nach den Vorspeisen (und manchmal auch gleichzeitig mit ihnen) bringt der Kellner Fleisch und Fisch. Eine richtige *paréa* bestellt auch die Hauptgerichte meistens gemeinsam: 1 kg Lammkoteletts zum Beispiel, dazu 2 kg Schweinekoteletts oder einige Kilo diverser Fische und Meeresfrüchte. Frischer Fisch wird immer, Grillfleisch häufig nach Gewicht verkauft. Um späteren Ärger zu vermeiden, schaut man am besten beim Abwiegen zu und überschlägt den Preis schon einmal.

Der Kellner bringt zwar im Laufe des Abends immer neue Teller und Platten, räumt zwischendurch aber in traditionellen Tavernen nie ohne spezielle Aufforderung ab. Das wäre nämlich grob unhöflich: Die *paréa* will schließlich am

In Gesellschaft

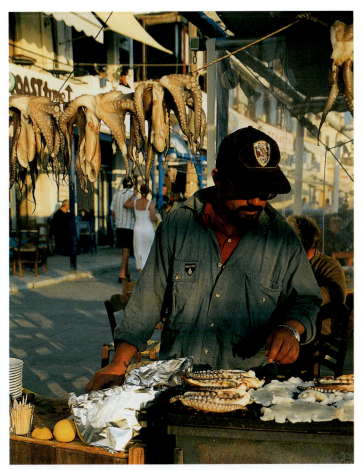

Frisch auf den Tisch: Kraken in einer Ouzerí in Náxos-Stadt

Ende des Abends sehen, wie gut sie getafelt hat. Deswegen bleiben auch alle leer getrunkenen Flaschen stehen. Keine Reste auf Tellern und Platten zu lassen, wäre wiederum ein Fehler der Gäste: Es hieße ja, dass man nicht genug hat auffahren lassen.

Wenn es dann nach vielen Stunden ans Bezahlen geht, entsteht innerhalb der *paréa* meist eine heftige Diskussion

Essen & Trinken

Pause unter Tamarisken: Taverne Michaloúkos in Moutsoúna, Náxos

darum, wer die gesamte Rechnung bezahlen darf: Das gilt als Ehre und verpflichtet die anderen, wieder einmal Teil der *paréa* zu sein. Meist handelt es sich aber um einen Scheinstreit, denn in der Regel steht ohnehin fest, wer einen besonderen Anlass hat oder an der Reihe ist. Ausländer, die gemeinsam am Tisch sitzen, aber nicht zusammen bezahlen wollen, sollten das dem Kellner schon bei der Bestellung mitteilen, da er sonst automatisch die gesamte Bestellung auf einem Bon verbucht.

Píttes statt Brötchen

Zum Frühstück reicht den meisten Griechen ein Tässchen Mokka oder auf dem Lande auch ein Glas heißer Ziegenmilch, ein harter Zwieback und ein paar Oliven oder eine Scheibe Käse. Etwas mehr wird erst im Laufe des Vormittags verzehrt. Bauern und Alte löffeln eine kräftige Suppe aus Weizenschrot, eine Kuttelsuppe oder eine Fleischbrühe. Städter und jüngere Leute bevorzugen neuerdings Croissants mit diversen Füllungen oder die landestypischeren *píttes,* die es bei vielen Bäckern, in Kaffeehäusern und Supermärkten gibt. In diesen Blätterteigtaschen können sich je nach Wunsch Wiener Würstchen *(loukanikópittes),* Spinat *(spanakópittes),* Käse *(tirópittes)* oder Fleisch *(kreatópittes)* verbergen.

Urlauber haben unter griechischen Frühstücksbräuchen immer weniger zu leiden. In vielen einfachen Hotels fällt die erste Mahlzeit des Tages zwar noch

Abendessen

immer erbärmlich aus; in besseren Hotels erwartet den Gast jedoch ein üppiges Frühstücksbuffet. Wer einfach wohnt, bucht am besten ohne Frühstück, besorgt sich beim Bäcker eine *pítta* oder geht in eine der Tavernen, die ein englisches Frühstück anbieten.

Eine Nebensache: Das Mittagessen

Die meisten Geschäfte in Griechenland schließen mittags gegen 14 Uhr – an manchen Tagen für eine Pause, an anderen für den Rest des Tages. Deswegen wird das Mittagessen zu Hause und in Tavernen erst nach diesem Zeitpunkt eingenommen. Weil man dann auch schon etwas müde ist und ja ohnehin noch ein üppiges Abendessen auf dem Programm steht, gibt man sich meist mit wenig zufrieden. Vorgekochte und -gebackene Gerichte sowie Salate machen werktags den Großteil des Angebots aus.

Als Urlauber muss man freilich nicht so lange aufs Essen warten. Wer mag, bekommt in den meisten Tavernen auch schon mittags um 12 Uhr sein Mahl – zumindest in Strandnähe.

Ganz ohne Hast: Das Abendessen

Nach dem späten Mittagessen und einer ausgedehnten Mittagspause steht für die meisten Griechen, die nicht mehr arbeiten müssen, auf dem Lande erst einmal ein ausgiebiger Besuch im Kaffeehaus und in der Stadt die *vólta* auf dem Programm. Jung und Alt flanieren in Gruppen, aber oft nach Geschlechtern getrennt, über die wichtigsten Plätze und die bedeutendsten Straßen, sehen und gesehen werden, lassen sich vielleicht zwischendurch auch einmal auf einen Kaffee oder Oúzo nieder. Zum Abendessen geht man – siehe oben – in der Regel erst nach 21 Uhr. Sich abends erst um 22 oder 23 Uhr zu Tisch zu begeben, ist für Griechen durchaus normal.

Die Wirte in den Städten und Urlaubsorten freut's. Ihr Lokal füllt sich drei Mal am Abend. Zuerst kommen Deutsche, Holländer und Skandinavier. Sind die fertig, füllen Italiener und Briten die Tische auf – und ganz zum Schluss sorgen dann die eigenen Landsleute für den höchsten Pro-Kopf-Umsatz. Tischreservierungen sind in Hellas unüblich. Man nimmt sie nur für ausgesprochene Luxusrestaurants vor oder dann, wenn man mit großer *paréa* in eine besonders kleine Taverne gehen will. Auf Mykonos jedoch sind sie in der Hauptsaison dringend erforderlich, wenn man nicht in langen Schlangen auf einen freien Tisch warten will.

Das Angebot an gekochten Gerichten ist in vielen Tavernen abends das gleiche wie mittags – und besteht häufig auch nur aus dem, was mittags übrig blieb. Abends bevorzugen viele Hellenen Gerichte vom Holzkohlengrill – man sollte es ihnen gleich tun. Wer nach Art einer griechischen *paréa* auch eine Auswahl von Vorspeisen verkosten will, aber keine große Tischgemeinschaft hat, kann in manchen Lokalen als Vorspeise einen Teller *pikilíes* in unterschiedlicher Größe bestellen.

Essen & Trinken

Wie man Kaffee bestellt

Die Kaffee-Bestellung ist in Griechenland eine Wissenschaft für sich. Filterkaffee *(kafé fíltro)* gibt es nur gelegentlich. Statt dessen trinkt man löslichen Kaffee, der grundsätzlich *ness* genannt wird. Man bekommt ihn heiß *(sestó)* oder kalt und schaumig geschlagen *(frappé)*. Häufig muss man auch noch angeben, ob man ihn mit oder ohne Milch wünscht *(mä gála/chorís gála)*.

Den griechischen Kaffee *(kafés ellinikós)* trinkt man ohne Milch. Das Kaffeepulver wird zusammen mit Wasser und Zucker in einem Stielkännchen aufgekocht, der Kaffee dann in Mokkatassen oder in einem kleinen Wasserglas mitsamt Satz serviert. Schon bei der Bestellung muss man – wie auch beim *frappé* – den gewünschten Süßegrad angeben: *skétto* (ohne Zucker), *métrio* (mittelsüß) oder *glikó* (sehr süß).

Da hat man dann von jedem etwas in angemessener Menge.

Griff nach den Sternen

Gourmet-Tempel hat man in Griechenland lange vergeblich gesucht – und auch heute sind sie in den meisten Regionen nur schwer zu finden. Mykonos ist da eine wohltuende Ausnahme.

Internationale Gourmet-Guides strafen die Griechen für ihre früheren Versäumnisse noch immer mit Missachtung. Die Griechen selbst können aber seit dem Jahr 2000 auf ihren eigenen kulinarischen Führer vertrauen: den jährlich neu erscheinenden Alpha Guide. Bisher ist er allerdings nur auf Griechisch erhältlich. Er belegt deutlich einen Wandel zum Besseren – der sich zumindest auf Mykonos auch mit dem eigenen Gaumen nachvollziehen lässt. Die meisten Sterneköche lassen sich bei ihren Kochkünsten von traditionellen griechischen Rezepten inspirieren, verfeinern sie aber nach französisch-italienischer Manier. In Gourmet-Tempeln zu essen, ist auch in Griechenland sehr teuer. Ohne Wein zahlt man dort leicht für ein Menü 40 € und mehr – während man in einfachen Grillstuben durchaus schon für 5 € satt werden kann.

Begriffsvielfalt

Speiselokale tragen in Griechenland viele verschiedene Bezeichnungen. Neben der eher traditionellen *tavérna* gibt es das relativ moderne *estiatório* (Restaurant) und die fast immer sehr einfache *psistariá,* eine Art Grillstube mit Außer-Haus-Verkauf. Die *pizzaría* hat sich meist auf Pizza und Pasta spezialisiert, im *oinomageirío* trinkt man traditionell einfachen Landwein und isst dazu Gekochtes. *Psarotavérna* und *psarestiatório* bieten frischen Fisch, im *kafezacharoplastío* bekommt man Kuchen, Torten und allerlei orientalisches Gebäck.

Getränke

Mut zum Ungewöhnlichen

Souvláki, moussaká und *tzaziki* kann man auch in griechischen Restaurants daheim essen. In der Ägäis sollte man die ungewöhnlicheren Gerichte bevorzugen. Aufläufe und gefüllte Gemüse werden traditionell hoch geschätzt; in den letzten Jahren sind aus den verschiedensten Gemüsen und Fleischsorten zubereitete Kroketten immer beliebter geworden. Standardgerichte der echt griechischen Küche sind immer noch das *juvétsi,* in der Tonform gebackenes Lamm- oder Rindfleisch mit Nudeln, und *stifádo,* ein Rindfleischoder Kaninchengulasch mit Zwiebelgemüse in einer würzigen Tomaten-Zimt-Sauce. Eine deftige Köstlichkeit sind *revithokeftédes,* eine Art Reibekuchen aus Kichererbsenmehl; etwas Mut erfordert das *kokorétsi,* in Darm gewickelte, am Spieß gegrillte Innereien.

Was man trinkt

Das Standardgetränk zum griechischen Essen ist gekühltes Wasser *(neró).* Manchmal wird noch kostenlos gekühltes Leitungswasser auf den Tisch gestellt; immer häufiger muss man jedoch in Flaschen abgefülltes Mineral- oder Tafelwasser ordern. Wer Wasser mit Kohlensäure wünscht, muss *sóda* (mit scharfem ›S‹ gesprochen) bestellen. Limonaden- und Colagetränke gibt es überall, frisch gepresste Säfte hingegen selten und zu überhöhten Preisen. Bier ist vor allem im Sommer ein beliebtes Getränk. Vie-

> ### Wein für Kenner
>
> Als einzige Weinkellerei der drei Inseln genießt die Kellerei Moraitis bei Náoussa auf Páros in ganz Griechenland unter Kennern einen exzellenten Ruf. Sie produziert jährlich nur etwa 600 000 Flaschen ausschließlich aus parischen Trauben. Besonders geschätzt wird der weiße Sillogi Moraiti aus nur sanft gepressten Monemvassía-Trauben, die in Höhen zwischen 400 und 500 m gedeihen. Er erinnert an einen Pinot Gris aus dem Elsass.

le ausländische Brauereien haben Lizenzen nach Hellas vergeben. Als genuin griechische Biere gelten Mythos, Fix und Ellas, aber auch auf Weizenbier muss man auf keiner Insel verzichten. Fassbier wird in der Regel nur in Cafés und Bars ausgeschenkt.

Obwohl die Griechen mehr Whisky als Oúzo konsumieren, gilt der Anisschnaps noch immer als Nationalgetränk. Man trinkt ihn entweder als Aperitiv oder mit Wasser verdünnt zum Essen, insbesondere zu Meeresfrüchten, Schnecken oder Innereien.

Das Spektrum griechischer Weine hat sich erfreulich vergrößert. Wein vom Fass ist noch weit verbreitet, aber Flaschenweine erobern einen immer größeren Marktanteil. Die traditionsreichste Weinspezialität ist der Retsina, ein mit Harz versetzter Weißwein. Na denn, Prost! – oder wie die Griechen sagen: *Yámmas,* auf unser Wohl!

Tipps für Ihren Urlaub

Venétia-Viertel in Mykonos-Stadt

MYKONOS, PAROS UND NAXOS ALS REISEZIEL

Pauschal oder individuell?

Urlaub auf Mykonos kann man bei vielen Reiseveranstaltern pauschal buchen; einige Veranstalter haben auch Páros und Náxos im Programm. Will man die ganze Zeit über an einem Ort bleiben und in einem teuren Hotel wohnen, kann die Pauschalreise preislich durchaus sehr viel günstiger sein als eine individuelle Buchung von zu Hause aus oder direkt vor Ort. Ein Preisvergleich lohnt.

Welche Insel für wen?

Dem Schubladendenken soll hier keineswegs gehuldigt werden. Die Zuordnung der einzelnen Inseln zu bestimmten Urlaubsgewohnheiten und -interessen gilt nur einer groben Orientierung.

Mykonos wird dem gefallen, der nicht auf den Cent achten muss, gern gut essen geht, sich an Kykladenarchitektur berauschen möchte, am Shopping Freude findet und abends ungern um Zehn im Bett liegt. Wanderer, Naturenthusiasten, Liebhaber des einfachen Lebens und alle, die griechische Ursprünglichkeit suchen, sind hier in der Hauptsaison fehl am Platz. Genau richtig ist auf Mykonos hingegen, wer auch am Strand nicht auf musikalische Unterhaltung verzichtet, immer gern eine Bar oder Taverne in der Nähe hat, gerne Leute und ihr Outfit kommentiert und am liebsten in Luxushotels wohnt. Wer nach dieser Beschreibung auf keinen Fall nach Mykonos will, sollte die Insel zumindest für einen Tag besuchen: Der Inselhauptort bezaubert jeden.

Páros ist eine Insel ohne Extreme. Hier fühlen sich junge Leute ebenso wohl wie Senioren, Familien ebenso wie Singles. Es gibt zwei schöne Küstenorte und ein paar stille Dörfer im Binnenland, durchschnittlich gute Strände, ein bescheidenes Nachtleben, viele Hotels der mittleren Kategorie und ideale Spots für Windsurfer.

Náxos ist die ursprünglichste der drei Inseln, hat die extremste Landschaft, die längsten und breitesten Sandstrände, ist aber touristisch weniger perfekt organisiert als seine Schwestern. Wer hier Urlaub macht, sollte entweder die Ruhe schätzen oder unternehmungslustig sein: Es gibt viel zu erkunden. Ein bescheidenes Nachtleben bietet die Inselhauptstadt; die Wandermöglichkeiten sind ideal.

Hotels mit Flair

Stimmungsvolle Hotels in historischen Gemäuern findet man vor allem in der Chóra von Náxos. Dort sind es insbesondere das Chateau Zevgóli und das

Strände

DIE SCHÖNSTEN STRÄNDE

Strände sind Geschmackssache. Wir haben hier eine kleine Auswahl unserer Favoriten zusammengestellt und dabei zumeist unbekanntere, weniger häufig besuchte Strände genannt.

Auf Mykonos:
Eliá Beach (s. S. 90): 500 m langer, heller, von Felsen eingerahmter Sandstrand. Nicht mehr ganz unberührt, im Hochsommer auch Wassersportmöglichkeiten, aber keine Musik-Beschallung. Westwärts kleine, traumhaft schöne, von Klippen umschlossene Badebuchten ohne Liegestuhlverleih.
Pánormos Beach (s. S. 80f.): 600 m langer, von niedrigen Dünen gesäumter Sandstrand ohne Liegestuhlverleih, aber mit Tavernen im weniger besuchten Norden der Insel; weder mit Badebooten noch mit öffentlichen Verkehrsmitteln zu erreichen.
Káto Tigáni (s. S. 94): 100 m langer, weit abseits der touristischen Routen gelegener dunkler Kiesstrand – ein sehr verschwiegenes Plätzchen!

Auf Páros:
Agía Iríni Beach (s. S. 151): Schmaler, von den Gästen des angrenzenden Campingplatzes stark frequentierter Sandstrand, der durch den romantischen Anblick hoher Palmen für seine gelegentliche Fülle entschädigt.
Fáranga Beach (s. S. 148): Ein etwa 150 m langer, nahezu unverbauter Sandstrand im Inselsüden. Besonders exotisch wirkt hier die Ouzerí und Strandbar, deren Tische und Stühle unter Tamarisken direkt auf dem Sand stehen.
Kolimbíthres (s. S. 131f.): Einer der bekanntesten Küstenabschnitte der Kykladen – zwar häufig überlaufen, aber mit solch optisch reizvollen Sandflecken zwischen Felsschollen, dass man hier unbedingt einmal gebadet haben sollte.
Mesáda (s. S. 145f.): Traumhafte kleine Sandbucht mit etwas natürlichem Schatten. Hier wird überwiegend hüllenlos gebadet. Zwei urige Tavernen oberhalb der Bucht laden zur Rast, ansonsten gibt es hier weder Bars noch Pensionen.

Auf Náxos:
Glifáda Beach (s. S. 180): Kilometerlanger Sandstrand, von hohen Dünen gesäumt, mit Blick auf Páros. FKK möglich.
Pirgáki Beach (s. S. 180): Über 100 m breiter Feinsandstrand mit einem ausgedehnten Dünenfeld dahinter, schon fast afrikanisch anmutend. Badeschuhe oder Sandalen sind hier unabdingbar, denn von der Kuhle in den Dünen bis zum Meeressaum sind viele heiße Schritte hinzulegen.

Tipps für Ihren Urlaub

Hotel Venétiko (s. S. 170). Hotelkästen wie an spanischen, kretischen oder rhodischen Küsten fehlen – Zeus sei Dank – vollständig. Wirklichen Luxus bieten nur mehrere Hotels auf Mykonos; die originellste Inneneinrichtung findet man im kleinen Hotel Danái auf Náxos (s. S. 176). Wer möglichst weit weg von jedem touristischen Trubel wohnt, quartiert sich komfortabel im Hotel Léfkes Village auf Páros ein (s. S. 137) oder sehr viel einfacher in der Pension Efthímios auf Náxos (s. S. 200).

Urlaub auf dem Lande, bei dem man auch bei bäuerlichen Arbeiten zusehen oder helfen kann, wird auf Páros, Antíparos und Náxos von www.guestinn.com angeboten.

Sport

Reiten

Das beste Reitzentrum der Kykladen liegt bei Náoussa/Páros: Thanássis Farm, Tel. 69 98 41 38 13, www.parosriding.com.

Wassersport

Für **Windsurfer** sind Mykonos, Páros und Náxos mit fast ständig wehenden Winden ein exzellentes Revier. Surfstationen und -schulen gibt es auf allen drei Inseln, als Top-Revier für Könner gilt die Ostküste von Páros. Dort werden alljährlich auch Weltcup-Rennen ausgetragen. Gute Infos unter www.parosurf.gr

Für **Taucher** ist Mykonos das interessanteste Ziel in der ganzen Ägäis.

Für **Segler** sind die Kykladen mit vielen nahe beieinander gelegenen Inseln und den guten Windverhältnissen ein ideales Revier. Yachten kann man vor allem in Piräus und Athen chartern. Ein vollständiges Verzeichnis der dortigen Yacht-Anbieter ist bei der Griechischen Zentrale für Fremdenverkehr kostenlos erhältlich. Yachten mit und ohne Skipper – auch für Tagestouren – vermittelt außerdem Náoussa Sailing Center, Náoussa/Páros, Tel./Fax 22 84 05 26 46, www.paros-sailing.com.

Wandern und Biken

Mykonos ist zum Wandern wenig geeignet. Páros und vor allem Náxos zählen hingegen für Wanderer zu den schönsten Zielen in der Ägäis. Gut markierte Wanderwege fehlen zwar, doch durch die Übersichtlichkeit der Inseln läuft man nie Gefahr, sich wirklich rettungslos zu verlaufen. Ausgesprochene Wanderkarten gibt es nicht; als Orientierungshilfe noch am besten geeignet sind die auch bei uns über den Buchhandel erhältlichen Inselkarten im Maßstab 1:50 000 aus den Verlagen Road Edition (www.road.gr) und Anávasis (www.mountain.gr).

Urlaub mit Kindern

Für Kinder werden in Griechenland kaum Extrawürste gebraten. Sie sind ganz einfach dabei, wo die Erwachsenen auch sind – und das oft bis weit nach Mitternacht. Mykonos bildet hier wieder einmal eine Ausnahme: Dort

Sehenswertes

werden in vielen der Szene-Bars und -Restaurants Kinder eher ungern gesehen.

Spezielle Kindermenüs und Kinderstühle in Restaurants sind äußerst selten, über gute Kindersitze für Mietwagen verfügen nur wenige Verleiher. Babynahrung ist außer in Apotheken auch in vielen Supermärkten erhältlich; Windeln erhält man ebenfalls dort. Die Preise sind allerdings wesentlich höher als bei uns.

Besondere Attraktionen für Kinder hat man sich auf den drei Inseln nicht einfallen lassen. Was Kinderherzen höher schlagen lassen könnte, sind vielleicht der Besuch des Water Parks auf Mykonos mit seinen Riesenrutschen (s. S. 90) und ein Abstieg in die Tropfsteinhöhle Ágios Ioánnis auf Antíparos (s. S. 156f.).

Organisierte Touren

Organisierte Ausflüge werden auf den drei Inseln kaum angeboten. Lohnenswert ist eventuell die Teilnahme an einem Bootsausflug von Mykonos nach Delos mit fachkundiger Führung. Auf Náxos kann man eine ganztägige Bustour nach Apóllonas mit Stopp in Apíranthos buchen.

Alles gratis

Studenten sollten auf jeden Fall einen Internationalen Studentenausweis mit sich führen, der ihnen kostenlosen Eintritt zu allen archäologischen Stätten und staatlichen Museen gewährt. Jour-

Was ist sehenswert?

Mykonos
  Klein-Venedig (S. 66)
  Windmühlen (S. 68)
  Archäologisches Museum (S. 59ff.)
  Kap Armenistís (S. 79f.)
  Paradise Beach (S. 88f.)
  Kloster Tourlianí (S. 92)
  Baryt-Minen (S. 94)
  Insel Delos (S. 96ff.)

Páros
  Ekatontapilianí (S. 109ff.)
  Kástro-Viertel (S. 115f.)
  Kloster Longovárdas (S. 123f.)
  Hafen von Náoussa (S. 124f.)
  Kolimbíthres Beach (S. 131f.)
  Byzantinischer Weg (S. 138f.)
  Márpissa (S. 143f.)
  Petaloúdes (S. 152)
  Museum Skiádas (S. 150)
  Berggipfel Ágii Pándes (S. 142)

Náxos
  Tempeltor (S. 169)
  Domus della Rocca (S. 163)
  Küstenebene von Engarés und Galíni (S. 200f.)
  Archäologisches Museum (S. 164f.)
  Mitrópolis-Museum (S. 167f.)
  Dünen von Mikrí Vígla (S. 178f.)
  Demeter-Tempel (S. 182f.)
  Áno Potamiá (S. 185)
  Chalkí (S. 183ff.)
  Apíranthos (S. 194f.)
  Moutsoúna (S. 195f.)
  Apóllonas (S. 198ff.)

Tipps für Ihren Urlaub

Ein feucht-fröhliches Vergnügen ...

nalisten erhalten dort gegen Vorlage ihres Presseausweises ebenfalls freien Eintritt, Senioren ab 65 Jahren gegen Vorlage ihres Personalausweises eine Ermäßigung. Gratis-Zugang wird außerdem Schülern unter 18 Jahren aus EU-Ländern gewährt. Manchmal müssen sie einen nationalen Schülerausweis vorweisen, meist reicht aber schon die Zusicherung aus, Schüler zu sein.

Inselhüpfen – leicht gemacht

Für Inselhüpfer sind die Kykladen neben dem Dodekanes das beste Zielgebiet in Griechenland. Zwischen Mykonos und den Zwillingsinseln Páros und Náxos fahren das ganze Sommerhalbjahr über mehrmals täglich Schiffe; Páros und Náxos sind sogar im Winter mehrmals täglich durch große Autofähren miteinander verbunden. Am Hafen von Mykonos gibt es eine sehr gut organisierte Vermittlung für Hotel- und Privatzimmer; am Kai von Páros und Náxos warten immer Dutzende von Zimmer- und Apartmentanbietern auf die Neuankömmlinge.

Wohin am Abend?

Ägäische Sonnenuntergänge sind oft traumhaft schön. In Cafés und Bars, von denen aus man sie beobachten kann, haben die Wirte oft ihr Musikprogramm darauf abgestellt, mal mit Klassik, mal mit Jazz oder Rock. Und den passenden Sundowner dazu findet man fast immer auf den Cocktail-Karten, die häufig mehr als 30 verschiedene Drinks zur Auswahl bieten.

Einen Großteil des Abends nimmt in Hellas das Abendessen ein – am liebs-

Nachtleben

ten zwischen 21 und 24 Uhr. Erst danach beginnt das Nachtleben.

Auf Páros und Mykonos sind **Beach Clubs** en vogue, in denen man vom Sundowner übers Abendessen und die Disco bis zum Frühstück die Nacht verbringen kann. Wer müde wird, legt sich an den Strand; gegen ein nächtliches Bad hat niemand etwas einzuwenden.

In Discos geht man auch in Hellas kaum vor Mitternacht. Ist schon vorher geöffnet, versüßen die Wirte die gähnende Leere oft mit Happy-Hour-Sonderpreisen. Sehr viel zahlreicher als Discos sind **Musik-Clubs,** meist kleinere Bars mit DJ, der die Musik mixt, in denen aber nur gelegentlich getanzt wird.

Tipps für Ihren Urlaub

Frühaufsteher werden belohnt: Sonnenaufgang in der Ägäis

Immer beliebter werden *ellinádika,* Musik-Clubs, in denen nur moderne griechische Musik gespielt wird – also kein Theodorákis, sondern Pop, House, Rap, Techno etc.

Wer es gern beschaulicher mag, geht in eins der **Sommerkinos,** in denen zumeist englischsprachige Filme unterm Sternenhimmel gezeigt werden. Eine Bar ist dort immer vorhanden, an der man sich mit Getränken und Snacks versorgen kann.

Reisezeit und Kleidung

Zwischen Mai und September sind die Inseln sonnensicher und badewarm. Im April und in den ersten 20 Oktobertagen ist es meist schön, es kann aber auch noch bzw. schon zu heftigen Regenfällen kommen. Die Zeit zwischen November und März ist hartgesottenen Insel-Fans vorbehalten, die zwar auch mit schönen Tagen rechnen dürfen, aber auch längere Perioden mit

Reisezeit & Kleidung

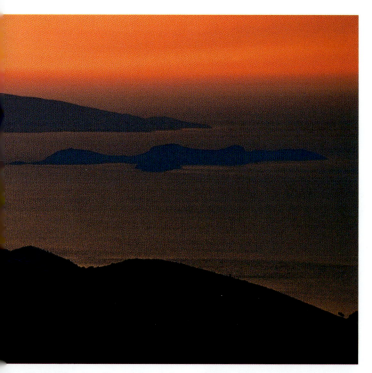

wolkenbruchartigen Regenfällen, kalten Winden und Temperaturen unter 10 °C in Kauf nehmen müssen. Zudem sind auf allen drei Inseln im Winter die sonst so lebhaften Badeorte wie ausgestorben, haben viele Hotels, Pensionen, Restaurants und Geschäfte geschlossen. Nur Parikiá und die Stadt Náxos sind auch in dieser Zeit für ein paar ruhige Tage unter Einheimischen geeignet. Mykonos erwacht im Winter vor allem an Wochenenden zu bescheidenem Leben, wenn viele wohlhabende Athener für einen Wochenendausflug herüber kommen.

Lange Hosen und Socken sollte man auch im Hochsommer immer dabei haben. Sie schützen nicht nur bei Wanderungen vor dornigem Gebüsch, sondern abends auch vor Mückenstichen. Außerdem gehören selbst im Juli und August ein leichter Pullover oder eine leichte Jacke ins Gepäck, da es am Meer durchaus frisch werden kann. Im April und Oktober benötigt man Übergangskleidung; in den Wintermonaten muss man sich vor allem vor feuchter Kälte und Wolkenbrüchen gut schützen können.

UNTERWEGS
AUF DEN INSELN

Ein Leitfaden für die Reise und viele Tipps für unterwegs.

Genaue Beschreibungen von Städten und Dörfern, Sehenswürdigkeiten und Stränden, Ausflugszielen und Wandermöglichkeiten.

Mykonos, Páros und Náxos erleben: ausgesuchte Hotels und Pensionen für jeden Geldbeutel, Tavernen und Kaffeehäuser, Bars und Bootstouren

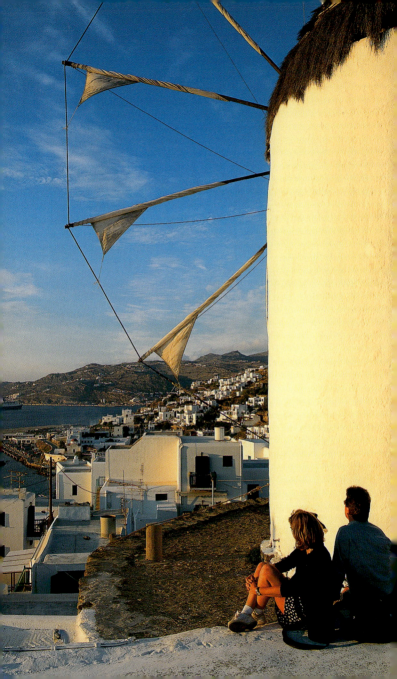

Mykonos – liberal rund um die Uhr

Mykonos-Stadt

Reiseatlas S. 230/231

Mykonos

Reiseatlas: S. 230/231

INSEL DER KOSMOPOLITEN UND PARADIESVÖGEL

Mykonos ist eine karge Schönheit, deren nahezu baumloser Körper erst auf den zweiten Blick seine Reize offenbart. Landschaftsprägend sind die beiden fast gleich hohen Berge, der Profítis Ilías Vorniótis im Nordwesten und der Profítis Ilías Anomerítis im Nordosten. Ihre Beliebtheit bei den Touristen verdankt die Insel vor allem zwei Umständen: Sie hat hervorragende Strände und besitzt die vielleicht schönste Stadt der gesamten Ägäis. Mit verwinkelten Gassen, Häusern in reinster kykladischer Architektur ohne störende Neubauten dazwischen, vielen kleinen Plätzen, Kirchen und Kapellen ist sie zum Inbegriff einer Kykladensiedlung schlechthin geworden.

Die Mykonioten haben die Schönheit der Stadt und die herrlichen Strände zu nutzen verstanden. Nach ›ursprünglichem Leben‹ muss man in den Gassen lange suchen; die Touristen beherrschen die Szene. In Dutzenden von Gassen reihen sich Bars, Restaurants und Souvenirgeschäfte fast lückenlos aneinander, lärmende Musik dringt noch spät in der Nacht durch die Stadt. Da werden um 2 Uhr morgens Champagnerpartys in den Gassen gefeiert, da trifft man sich zum Sonnenuntergang in der Cocktail-Bar, da ist nur ›in‹, wer weiß, wo ›man‹ sich trifft – oder ›Mann‹, denn Mykonos ist das Dorado der Gays aus aller Welt.

Aufgrund der Touristen und der kurzen Entfernungen auf Mykonos entstand auf der Insel eine ausgezeichnete Infrastruktur. Busse und Boote pendeln zwischen der Stadt und den

In-Treff: Super Paradise Beach

Ständen hin und her und erhöhen so noch ihre Attraktivität für Badeurlauber.

Die große Nachfrage hat neue Küstensiedlungen entstehen lassen, die fast ausnahmslos aus Feriendomizilen aller Art bestehen. Im Inselinnern aber gibt es nur ein einziges Dorf: Áno Merá. Ansonsten prägen freistehende, schneeweiße Bauerngehöfte, die *choriá,* das Bild der Insel. Oft lehnen sie sich an die für Mykonos so typischen Granitfelsen oder stehen sogar auf ihnen. Ebenfalls überall über die Insel verstreut sieht man kleine Kapellen. Die Mykonioten waren vor allem vom 17. bis 19. Jh. ein überwiegend seefahrendes Volk, das immer wieder den Gefahren des Meeres ausgesetzt war. Viele der Kapellen sind eingelöste Gelöbnisse in Seenot geratener Menschen.

Der Seefahrt und dem Handel verdankt Mykonos-Stadt das historische Gesicht. Bis zum Ende des 17. Jh. war es vor allem die Piraterie, die die Mykonioten genossenschaftlich betrieben und die einen bescheidenen Wohlstand schuf. Mit ihr erwarben sich die Insulaner die Voraussetzungen für den Einstieg in den Transithandel zwischen dem griechischen Festland und Kleinasien, der durch eine französische Schifffahrtslinie nach Smírna (heute: Izmir) und Konstantinopel (Istanbul) zu Anfang des 18. Jh. gedieh. Ende des 18. Jh. verdienten sich viele mykoniotische Kapitäne während der napoleonischen Kontinentalsperre mit dem Getreideschmuggel ein Vermögen. In diesen beiden Jahrhunderten entstanden all die Kapitäns- und Kaufmannshäuser, die den Ort heute so anziehend machen. Mit dem Aufkommen der

---

Mykonos in Zahlen

Fläche: 85 km²
Höchster Berg: Profítis Ilías Vorniótis 372 m
Einwohner: 9320
Entfernungen vom Hafen Mykonos:
- Piräus 94 sm
- Rafína 72 sm
Entfernungen zwischen der Stadt Mykonos und anderen Punkten auf der Insel:
Flughafen 2 km, Ágios Stéfanos 3 km, Ágios Ioánnis 5 km, Platís Gialós 4 km, Áno Merá 8 km, Kalafáti 11 km

---

Dampfschifffahrt und der Verlagerung der wirtschaftlichen Aktivitäten von den Inseln nach Piräus verarmte Mykonos, bis der internationale Jet-Set die Insel in den 1950er Jahren entdeckte und eine neue Ära einleitete.

So ist der Tourismus zum bedeutendsten Wirtschaftszweig geworden. Über 20 000 Fremdenbetten gibt es in Hotels, ca. 3000 Zimmer werden privat vermietet. Zudem lassen während der Saison fast täglich die Passagiere großer Kreuzfahrtschiffe ein Vermögen in die Kassen mykoniotischer Geschäftsleute fließen. Klar, dass da die Landwirtschaft eine untergeordnete Rolle spielt. Nur noch ein Bruchteil der Bevölkerung lebt vom Fischfang und von der Viehzucht, insbesondere der Schweinezucht, oder bebaut – inzwischen auch ökologisch – die steinigen Felder.

MYKONOS – DIE INSELHAUPTSTADT

Die Chóra von Mykonos hat das kosmopolitische Flair einer Weltstadt und ist doch nur ein großes Dorf. Statt auf Plätzen und Boulevards spielt sich hier das Leben in Gassen und Bars, in winzigen Gärten und auf kleinen Terrassen ab. Die Ägäis ist ein stets bewegtes Feld für Träume von der weiten Welt, deren Flair die vielen Luxusyachten und Kreuzfahrtschiffe mit sich bringen, die Mykonos im Sommer zuhauf ansteuern.

Reiseatlas: S. 230, C 2

Mykonos-Stadt oder Chóra, von vielen als das ›St. Tropez der Ägäis‹ bezeichnet, liegt in der Mitte einer weiten Meeresbucht im Westen der Insel. Der Fähranleger im Norden und eine lange Mole für die Ausflugsboote nach Delos schützen den Hafen vor den kräftig wehenden Meltémia-Winden aus nördlicher Richtung. Im Osten begrenzen ein 100 m hoher Bergkamm und die alte Umgehungsstraße Ág. Ioannoú die traditionelle Stadt. Seit dem Ende der 1960er Jahre ziehen sich einige Häuser auch den Hang hinauf. Das homogene Bild des Städtchens prägen zumeist zweigeschossige, weiß getünchte Kubenhäuser. Wie ein Spalier führen weiße Außentreppen mit schlichten bunten Holzgeländern über Balkone in die Obergeschosse. In dem älteren (2. Hälfte des 18. Jh.), Parikiá oder auch Barkiá genannten Stadtviertel hinter der westlichen Hafenpromenade und im Kástro-Viertel geht es noch recht still zu. Hier bilden schmale Gassen ein labyrinthisches Netz, während die Gassen in den etwas jüngeren Vierteln Niochóri und Matogiánni versuchen, linear und rechtwinklig zu verlaufen, sofern ihnen die Topographie das erlaubt.

Zum Reiz der Stadt trägt eine Maßnahme wesentlich bei: Das gesamte Gassengewirr ist von April bis Oktober für Kraftfahrzeuge gesperrt. Lediglich den Dreiradwägelchen, den *trikiklá*, ist die Durchfahrt zur Belieferung der Geschäfte sowie der Transport von Touristen zwischen Unterkunft und Hafen erlaubt. Zu ihnen gesellen sich die Esel und Maultiere der Händler, die ihre Waren in geflochtenen Körben durch den Ort tragen. Da kann man sich noch vorstellen, wie das Leben im Dorf in vergangenen Jahrhunderten aussah.

Mykonos maritim: Vom Fähranleger zu den Mühlen

Um eine erste Orientierung zu gewinnen, erkundet man am besten zunächst einmal die Uferfront der Stadt –

Cityplan: S. 60/61

Inselhauptstadt

entweder vom Fähranleger aus oder – wenn man mit dem Linienbus am Busbahnhof an den Mühlen ankommt – aus der Gegenrichtung.

Vom Fähranleger aus steigt die Straße zunächst einmal sanft an, passiert den Yachthafen und erreicht das **Archäologische Museum** [1] (Di–So 8.30–15 Uhr, 2 €). Das zu Beginn des 20. Jh. erbaute Gebäude birgt überwiegend Funde von der Insel Rhénia, auf der seit dem Jahr 426 v. Chr. alle Bewohner von Delos bestattet werden mussten. Immer zahlreicher werden jedoch auch die in den letzten Jahren auf Mykonos selbst gefundenen Objekte. Schon im Kassenraum lohnen zwei späthellenistische Marmorstatuen aus einem Herakles-Heiligtum auf Rhénia ein genaueres Hinsehen. Die eine stellt eine leicht geschürzte Aphrodite dar, die andere den mythischen Helden Herakles (Herkules). In seiner linken Hand hält er einen von zwei erhaltenen Teilen seiner Keule, über seinem Umhang hängt das Fell des nemeischen Löwen samt Pranken, Kopf und Mähne, den er im Kampf besiegt hatte.

Vom Eingang aus geht man direkt auf das bedeutendste Stück des Museums zu: eine mitten in Saal Delta aufgestellte Begräbnisamphore aus dem 7. Jh. v. Chr., die 1962 bei den Tría Pigádia-Brunnen in der Stadt Mykonos gefunden wurde. Sie allein ist selbst für Kunstfreunde, die Mykonos ansonsten eigentlich lieber meiden würden, einen Zwischenstopp auf dieser Insel wert. Am Amphorenhals ist in einem großen Bildfeld erstmals in der Kunstgeschichte das Trojanische Pferd darge-

Der Pelikan ist das Maskottchen von Mykonos

Mykonos

Reiseatlas: S. 230

Sehenswürdigkeiten
1. Archäologisches Museum
2. Platía Mantó Mavrogénous
3. Rathaus
4. Mávro Scholío
5. Volkskundliches Museum
6. Panagía Paraportianí
7. Panagía Rosario
8. Mitrópolis
9. Káto Míli
10. Cine Mánto
11. Traditional Mykonian Bakery
12. Seefahrts-Museum
13. Haus der Léna
14. Kulturzentrum
15. Agía Kiriakí
16. Panachroú
17. Bonis Windmühle

Übernachten
18. Tharroe of Mykonos
19. Léto
20. Seméli
21. Elysium
22. Mykonos Beach
23. Karavás-Studios
24. Carbonáki
25. Élena
26. Myconos Bay
27. Les Moulines
28. Zánnis
29. Zórzis
30. Apóllo
31. Matína
32. Terra Maria
33. Christína
34. Chez Maria

Essen und Trinken
35. Katrin
36. Philíppi

60

Cityplan

Inselhauptstadt

Mykonos

Reiseatlas: S. 230

37	Sale e Pepe
38	Sea Satin Market
39	Appaloosa
40	Kounélas
41	Ávra
42	Fato a Mano
43	Ta Kioupia
44	Níkos
45	Lotus
46	Kasárma
47	Baboúlas
48	Madoupas

stellt. In sieben rechteckigen, fast wie altertümliche Flugzeugfenster wirkenden Öffnungen sind die Köpfe von sieben Kriegern zu sehen, die in diesem auf Rädern rollenden hölzernen Pferd in die Mauern von Troja eingeschleust werden. In zwei darunter liegenden Reihen sind in zahlreichen rechteckigen Bildfeldern grausame Schlachtszenen zu sehen. Da wehrt sich eine Mutter gegen einen Krieger, der gerade ihren kleinen Sohn erschlagen will, auf einem anderen Relief rangeln eine Frau und ein Krieger um einen Knaben, doch der Krieger durchbohrt ihn schon von unten mit einem Schwert. Hier wird erstaunlicherweise kein heldenhafter Kampf dargestellt, sondern die ganze Grausamkeit des Krieges.

Besonders interessant sind auch die drei bauchigen, zweihenkligen Gefäße auf hohem Fuß (in der Fachsprache: Lebes) in Saal E gleich links von der Kasse. Auf diesen Gefäßen aus dem 5. Jh. v. Chr., die bei Hochzeiten eine wichtige Rolle spielten, sind drei Hochzeitsszenen dargestellt. Auf einer wird die Braut gerade für die Feierlichkeiten vorbereitet, auf der zweiten sieht man mehrere Frauen, die zur Musik einer Lyra-Spielerin den Hochzeitstanz vollführen. Thema des dritten Gefäßes ist die Darbringung von Geschenken.

Im kleinen Saal dahinter (Saal Zíta) sind zahlreiche hellenistische Grabstelen ausgestellt. Zwei davon zeigen jeweils einen Jüngling, der einsam an einem Meeresufer vor einem angedeuteten Boot sitzt: Es sind Grabdenkmäler für junge Männer, die irgendwo in der Ferne Schiffbruch erlitten.

Hinter dem Museum senkt sich die

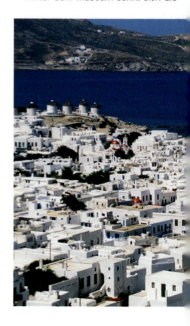

Kykladen-Idylle pur:
Mykonos-Stadt

62

Cityplan: S. 60/61

Inselhauptstadt

Straße wieder hinunter zum Ufer, wo am winzigen Strand Agía Ánna manchmal Sonnenhungrige liegen. Dann ist die **Platía Mantó Mavrogénous** 2 erreicht, an der die Taxis auf Fahrgäste warten. Die Marmorbüste einer Frau erinnert hier an die Freiheitsheldin Mantó Mavrogénous (S. 23).

Die Platía grenzt an die autofreie Promenade um den alten Hafen, die **Paralía.** Cafés, Restaurants, Schiffsagenturen und Juweliergeschäfte reihen sich hier aneinander, bunte Fischerboote ankern auf dem Wasser. An einem großen Marmortisch am Ufer werden die frisch angelandeten Fänge sogleich verkauft.

Die einzigen markanten Gebäude an der Paralía sind zwei kleine Kirchen, beide dem hl. Nikolaus, dem Schutzpatron der Seeleute geweiht, und das klassizistische, schon 1785 erbaute **Rathaus** 3 mit rotem Ziegeldach und Arkaden. Im Westen begrenzt eine Mole den Hafen, von hier starten die **Ausflugsboote nach Delos.**

Auf einer Landzunge hinter dem Rathaus liegt das **Kástro,** das älteste Viertel von Mykonos-Stadt. Im 13. Jh. wurde hier von dem venezianischen Adelsgeschlecht Ghyzi eine kleine Wehrsiedlung mit zwei Toren errichtet, von der fast nichts mehr erhalten ist. Hinter dem Rathaus am Platz der **Mávro Scholío** 4, die als erste Schule auf Mykonos 1858 von dem in Alexandria lebenden Mykonioten Márkos Mávros gestiftet wurde und bis 1934 ihren

63

Mykonos

KAROLINA – EIN INSELORIGINAL

Viele berühmte Persönlichkeiten besuchen alljährlich Mykonos, doch zu Gesichte bekommt man sie höchst selten. Nicht weltbekannt, aber aus dem Stadtbild von Mykonos nicht wegzudenken ist Karolina. Die Malerin aus Boston kam 1962 nach Mykonos und blieb. In etlichen Tavernen und Hotels schmücken ihre im naiven Stil gemalten Werke die Wände. Mit ihrer Kapitänsmütze als Markenzeichen sitzt sie im Frühjahr mit ihrem kleinen Verkaufsstand an der Paralía, im Sommer – wenn es an der Hafenpromenade zu heiß wird – am Ende der Matogiánni Gasse. Wer mag, nimmt nicht nur ein Bild, sondern auch ein freundliches Schwätzchen als Erinnerung an sie und an Mykonos mit nach Hause.

Cityplan: S. 60/61

Inselhauptstadt

Dienst tat, stößt man auf eine von 2000 bis 2002 durchgeführte Ausgrabung einer prähistorischen Siedlung.

Einige Kirchen säumen die große **Platía Agía Moní,** von denen die Kirche Agía Eléni, die bis 1878 die Bischofskirche der Insel war, die größte und auch die bedeutendste ist. Ihre hölzerne Ikonostase und ihre Ikonen stammen aus dem 17./18. Jh. Die Platía ist am Morgen der Lieblingsaufenthaltsort der drei Insel-Pelikane: der alten Iríni mit weißem Gefieder und ihren im ruhrpöttischen Gelsenkirchen geschlüpften Kumpanen Pétros 2 und Nikoláki, deren Federn rosa eingefärbt sind. Sie haben die Nachfolge jenes berühmten Pelikans Pétros angetreten, der als Insel-Maskottchen zu Weltruhm gelangte.

Von der Platía Agía Moní sind es nur wenige Schritte zum **Volkskundlichen Museum** [5]. Der aus Mykonos stammende Professor Kiriasópoulos rief 1958 eine Volkskundliche Sammlung ins Leben. In insgesamt drei Räumen wird das Leben und Arbeiten der Insulaner im 18. und 19. Jh. veranschaulicht (Apr.–Okt. Mo–Sa 16.30–20.30 Uhr, Eintritt frei).

Über ein kleines Kieselmosaik betritt man das Volkskundliche Museum, das in einem Kapitänshaus aus dem 19. Jh. untergebracht ist. Es vermittelt mit einer reichen Sammlung von Keramik, Stickereien, handgewebten Textilien, Haushaltsgeräten, einer inseltypisch eingerichteten Küche und einem historischen Schlafzimmer einen Einblick in die traditionelle Volkskunst und Lebensart der Insulaner. Besonders berühmt war Mykonos für die traditio-

Mykoniotische Fisch-Tombola

Nicht alle Fische, die die Fischer anlanden, werden verkauft. Manche werden auch verlost. Ein Mann zieht mit einem besonders schönen Fisch, einem Schulheft und einem Kugelschreiber durch die Kaffeehäuser, in denen Einheimische sitzen. Im Heft stehen die Zahlen von Eins bis Zwanzig oder Dreißig. Wer den Fisch gewinnen will, zahlt seinen Einsatz und wählt eine noch nicht belegte Nummer, hinter der sein Name stehen soll. Sind alle Nummern vergeben, zieht der Tombolaveranstalter in Gegenwart einiger Verlosungsteilnehmer die Gewinnzahl – und ist seinen Fisch zu einem weit besseren Preis los als dem, den er auf dem Markt hätte erzielen können.

nelle Webarbeit der Frauen. Stand einst im Erdgeschoss fast jeden Hauses ein Webstuhl, so gibt es heute nur noch ein Dutzend Frauen, die diese traditionelle Handarbeit verrichten.

Die bedeutendste Sehenswürdigkeit im Kástro-Viertel ist die Kirche **Panagía Paraportianí** [6], die auch die Stelle des Nebentors zum Kástro markiert (*paraport* = Nebentor). Das schneeweiße Architekturjuwel aus an- und übereinander gebauten Kapellen (vier im Erd- und eine im Obergeschoss) ist die wohl am häufigsten fotografierte Kirche der Kykladen. Der erste Kirchenbau reicht vermutlich ins 15. Jh.

Mykonos

Reiseatlas: S. 230

zurück, während das Gebäude in seiner heutigen Gestalt im 17. Jh. fertiggestellt wurde.

Von der Südostecke des Kirchenensembles biegt man in die Gasse Ágion Anargíron ein. In den meerwärts stehenden Häusern sind namhafte Bars untergebracht, in denen der Sonnenuntergang zum besonderen Erlebnis wird.

Nahtlos schließt sich das **Venétia-Viertel,** der Uferstreifen mit einer Reihe dreigeschossiger Kapitänshäuser, ans Kástro an. Sie enstanden im 17./18. Jh. unmittelbar am Meer und machen den Ort so anziehend. Bunte, hölzerne Erker und Balkone schweben über dem Wasser. Kleine Pforten im Erdgeschoss führen zu Lagerräumen, in denen Piratengut oder Handelswaren direkt von den Booten aus aufgenommen werden konnten. Man sieht diese Wasserfront deutlich, wenn man von der Gasse Ágion Anargíron bei der ersten Möglichkeit nach rechts abzweigt und zu einer kleinen Terrasse gelangt. Dieser Flecken am Meer ist wohl der romantischste von Mykonos-Stadt.

Südlich dieser Terrasse beginnt das **Alefkándra-Viertel,** das bis zu einem kleinen Sandstrand reicht. In enger Nachbarschaft stehen vom Strand etwas zurückversetzt die römisch-katholische Kirche **Panagía Rosario** [7] und die **Mitrópolis** [8], die orthodoxe Bischofskirche Panagía Theotókos Pigadiótissa.

Nun geht es eine Anhöhe hinauf, wo links der Straße eine Bronzebüste an

Ein Hauch von Venedig ...

66

Cityplan: S. 60/61

Inselhauptstadt

Mykonos

Reiseatlas: S. 230

Da bleibt kein Fotoapparat in der Tasche: Panagía Paraportianí

die Inseldichterin Mélpo Axióti (1905–73) erinnert, die im Alefkándra-Viertel lebte. Ihre Gedichte und Novellen handeln von den Lebensumständen auf ihrer Heimatinsel Mykonos, sind aber nur in griechischer Sprache erhältlich. Gegenüber bilden die fünf als **Káto Míli** [9] (untere Mühlen) bezeichneten Windmühlen einen eindrucksvollen Blickfang. Eine Inselkarte aus dem 15. Jh. belegt, dass hier ursprünglich sogar zehn Mühlen standen.

Die Altstadt

Ausgangspunkt für diesen Spaziergang ist das Alefkándra-Viertel. Von der Apsis der Mitrópolis geht man auf der Gasse Mitrópleos (Verlängerung der Ágion Anargíron Gasse) weiter und biegt die zweite Gasse links in die Hauptgasse Énoplon Dinámeon ein. Wer am späten Nachmittag unterwegs ist, kann zuvor (Abzweig erste Gasse nach der Mitrópolis) dem **Cine Mánto** [10] einen Besuch abstatten. Das Sommerkino wurde 1996 eröffnet und bildet mit einem alten Garten eine grüne Oase inmitten von Mykonos. Neben einem Brunnen mit über 200 Jahre alten Kakteen öffnet um 17 Uhr das Café Kipos. Selbst im Hochsommer findet man hier eine ruhige, lauschige Atmosphäre vor. Ab 21 Uhr werden Spielfilme in Originalsprache mit griechischen Untertiteln gezeigt. Wer nur ins Café möchte, braucht keinen Eintritt zu zahlen.

Am Beginn der Hauptgasse Énoplon Dinámeon zweigt gen Platía Niochóri die Gasse Efthímios ab. An ihr liegt die **Traditional Mykonian Bakery** [11]. Im Kellergewölbe eines 500 Jahre alten

Cityplan: S. 60/61

Inselhauptstadt

Hauses befindet sich die Bäckerei der Familie Vamvakoúris. Hier werden Brote nach alter Methode noch im mit Holz befeuerten Ofen gebacken. Schmackhaft sind auch die *tirópittes* (mit Käse gefüllte Teigtaschen) oder *milópittes* (mit Apfel gefüllte Teigtaschen), die hier gleich backfrisch verkauft werden. Wenn die Insulaner vorbeischauen, ob das Brot schon fertig ist, und Bäcker Georgios gegen 9.30 Uhr zur zweiten Backrunde (die erste um 3.30 Uhr) das Feuer anfacht und die Brotlaibe in den Ofen schiebt, kann man hier noch ein ursprüngliches Mykonos erleben (Mo–Sa 4–16 Uhr).

Wieder zurück auf der Énoplon Dinámeon, geht man nun stadteinwärts und erreicht das **Seefahrts-Museum** 12 (tgl. 10.30–13 und 18.30–21 Uhr, 3 €). In einem Kapitänshaus aus dem 19. Jh. ist ein nautisches Museum untergebracht, das 1985 von dem mykoniotischen Reeder Drakópoulos gegründet wurde. Hier dreht sich alles um die Seefahrt. Nautische Instrumente, Modelle, Landkarten, Manuskripte und antike Münzen mit Schiffsabbildungen belegen, wie sehr das Leben von der Seefahrt bestimmt war. Im Garten steht die Leuchtwerkspitze eines Leuchtturms von der nördlichen Inselküste beim Kap Armenistís, das von 1890 bis 1983 in Betrieb war.

Daneben steht das **Haus der Léna** 13, das zur Volkskundlichen Sammlung gehört (Mo–Sa 18.30–21.30, So 19–21 Uhr, Eintritt frei). Es zeigt den typischen Wohnstil der Mittelklasse im 19. Jh. Die letzte Bewohnerin des Hauses, eine gewisse Eléni, verstarb 1950 im Alter von 86 Jahren; die Einrichtung stammt von ihren Eltern. Gleich hinter der Eingangstür gelangt man in einen großen Salon, der mit antiken Möbeln, Keramik, Gobelins und alten Spiegeln ausgestattet ist. Hinter ihm schließen sich zwei Schlafzimmer und ein schmaler Garten mit Taubenhaus an.

Vor der Kirche Ág. Geórgios liegen dann Ta Tría Pigádia, die drei Brunnen, die bis 1956 die Stadt mit Wasser versorgten. 1962 wurde hier die kunstvolle Reliefamphora mit der ersten Darstellung des Trojanischen Pferdes gefunden (ausgestellt im Archäologischen Museum). Mehrere Bars, Restaurants und Läden säumen die Gasse.

Am Ende der Énoplon Dinámeon biegt man nach links in die Matogiánni ein, neben der Hafenpromenade die touristische Flaniermeile der Stadt. Man kann nicht nur bei zahlreichen Boutiquen und Juweliergeschäften vorbeischauen, sondern auch dem **Kulturzentrum** 14 der Stadt einen Besuch abstatten. Hier finden zwischen Juni und Oktober wechselnde Ausstellungen junger mit Mykonos verbundener Künstler statt. In der übrigen Zeit dient das Zentrum als Musikschule.

An der Quergasse Kalógera liegen gute Restaurants, Kunstgewerbeläden, eine Galerie, Bio- und Gemüseladen. Für Kirchenfans lohnt der Besuch der Kirchen **Agía Kiriakí** 15 und **Panachroú** 16. Sie sind neben der Mitrópolis die wichtigsten Kirchen der Stadt und besitzen prachtvolle Ikonostasen und Ikonen. Schließlich mündet die Matogiánni auf die Paralía, wo man nach wenigen Schritten rechts auf die Platía Mavrogénous mit dem Taxistand gelangt.

Mykonos

Reiseatlas: S. 230

Megáli Ámmos – Baden am Stadtrand

Auch wer in der Stadt wohnt, kann zumindest einen guten Sandstrand in wenigen Minuten auch zu Fuß erreichen: **Megáli Ámmos.** Man kann hier auch wohnen, tagsüber hotelnah baden und sich abends zu Fuß ins Nachtleben stürzen.

Zur Bonis Windmühle

Seit 1984 ergänzt die nach ihrem Besitzer benannte **Bonis Windmühle** [17] aus dem 16. Jh. als kleines landwirtschaftliches Freiluft-Museum die Volkskundlichen Sammlungen von Mykonos. Schön die ganze Stadt überblickend befindet sie sich bei den **Páno Míli** (obere Mühlen) an der alten Umgehungsstraße Ág. Ioannoú. Hier am Platz der Páno Míli sollen einst drei Mühlen gestanden haben. Hauptattraktion ist die restaurierte Bonis Windmühle, in der hauptsächlich Gerste und Weizen gemahlen wurden. Links neben der Mühle stehen ein Dreschplatz und das Wohnhaus des Müllers. Im Backofen wurde aus dem frisch gemahlenen Getreide Brot gebacken. Da Mykonos in einer besonders windreichen Zone liegt und über Gruppen von Mühlen verfügte, wurde auch von anderen Inseln Getreide zum Mahlen und zur Brotproduktion hierher verschifft. Im Zuge der Industrialisierung Ende des 19. Jh. schwand die Bedeutung der Windmühlen.

Alljährlich am zweiten Sonntag im September findet hier ein Weinfest statt. Nach traditioneller Art werden dabei mit den Händen Brotlaibe geformt und gebacken. Junge Männer pressen mit nackten Füßen Weintrauben, ein Esel zieht seine Kreise um den Brunnen, um Wasser zu schöpfen.

Am Fähranleger vier nebeneinanderliegende Info-Büros: **Touristenpolizei** Tel. 22 89 02 24 82, **Privatzimmer-Nachweis** Tel. 22 89 02 48 60, **Hotel-Vereinigung** Tel. 22 89 02 45 40 und **Camping.** Offizielle **Tourist-Information** im Sommer am Alten Hafen nahe dem Delos-Anleger, Tel. 22 89 02 24 82.

Private Reisebüros an der Hafenpromenade für den Verkauf von Schiffstickets. Besonders hilfreich und freundlich sind die Mitarbeiter des Reisebüros **Mykonos Accomodation Center** an der Gasse Énoplon Dinámeon 10 (neben dem Seefahrts-Museum), auch im Winter geöffnet: gutes Exkursionsprogramm, Unterkunftsvermittlung, auch von Villen mit Pool, Tel. 22 89 02 31 60, Fax 22 89 02 41 37, mykonos-accommodation.com.

Tharroe of Mykonos [18]: im Ortsteil Vríssi an der Straße nach Ornós gelegen, Tel. 22 89 02 73 70-4, Fax 22 89 02 73 75, www.tharroeofmykonos.gr. Luxushotel mit 24 Zimmern, alle mit Blick aufs Meer und Mykonos-Stadt, 15 Gehminuten ins Zentrum. Im Eingangsbereich kleine Galerie, Gourmet-Restaurant, Musikbar, Pool, Spa-Bereich mit Schwerpunkt auf ayurvedischen Anwendungen. Beim Bau des Hotels 1994 stieß man auf ein Kuppelgrab aus mykenischer Zeit. DZ HS 360 €, sonst ab 170 €.

Léto [19]: Tel. 22 89 02 22 07, Fax 22 89 02 43 65, www.letohotel.com. Traditionsrei-

Inselhauptstadt

Cityplan: S. 60/61

ches Luxushotel beim Agía Ánna Strand mit Pool-Bar, Garten und hervorragendem Restaurant. 25 Zimmer, ganzjährig geöffnet, DZ HS 400 €, sonst ab 100 €.

Seméli 20: Tel. 22 89 02 74 66, Fax 22 89 02 74 67, www.semelihotel.gr, ganzjährig geöffnet. Eins der schönsten Hotels von Mykonos-Stadt in architektonischer Harmonie mit dem Ort, beim Amphitheater in erhöhter Lage erbaut. Das 1996 eröffnete Hotel mit 45 Zimmern besitzt einen Pool, Restaurant mit italienischer Küche, Kamin, zwei Bars (innen und außen) und ist im edlen, nicht überladenen Design gestaltet. Namensgeberin des Hotels war die schöne Semele, die Mutter des Dionysos. DZ HS 310 €, sonst ab 125 €.

Elysium 21: Tel. 22 89 02 39 52, Fax 22 89 02 37 47, www.elysiumhotel.com. Ein beliebtes Domizil auch für Gays ist dieses Komforthotel mit Pool und Traumaussicht auf die Stadt, wenige, aber steile Gehminuten zum Bus-Terminal an der Platía Niochóri. 42 Zimmer, DZ HS 230 €, sonst ab 100 €.

Mykonos Beach 22: Tel. 22 89 02 25 72, Fax 22 89 02 45 24, www.myconosbeach. biz. Familär geführtes Hotel unmittelbar oberhalb des Megáli Ámmos Strandes, nur sieben Gehminuten von Mykonos-Stadt entfernt. 38 Zimmer, DZ HS 190 €, sonst ab 70 €.

Karavás-Studios 23: Tel. 22 89 02 26 57, Fax 22 89 02 77 64, www.myconosbeach. biz. Acht Studios, ruhig, 200 m vom Megáli Ámmos Strand gelegen und doch nur zehn Gehminuten vom Nachtleben entfernt. DZ HS 100 €, sonst 40 €.

Carbonáki 24: Tel. 22 89 02 24 61, Fax 22 89 02 41 02, www.carbonaki.gr, ganzjährig geöffnet. Architektonisch sehr ansprechendes Hotel mit kleinem Pool in der Nähe des Amphitheaters. 21 Zimmer mit Air-Condition, DZ HS 138 €, sonst ab 50 €.

Élena 25: Tel. 22 89 02 34 57, Fax 22 89 02 34 58, www.elena-hotel.gr, ganzjährig geöffnet. Beliebtes Hotel oberhalb des Amphitheaters, das sich durch die freundliche Betreuung der Wirtin Elena auszeichnet, schöne Hotelterrasse mit Ausblick über die Stadt und auf das Meer. 28 Zimmer, DZ HS 145 €, sonst ab 85 €.

Myconos Bay 26: Tel. 22 89 02 33 38, Fax 22 89 02 77 75, www.mykonosbay-hotel. com. 1988 erbautes Strandhotel mit Pool, 10 Gehminuten von der Altstadt. Zimmer im Erdgeschoss mit Garten, im Obergeschoss mit Meerblick. 31 Zimmer, DZ HS 130 €, sonst 74 €.

Les Moulins 27: Tel. 22 89 02 32 40, Fax 22 89 02 70 93, www.kyklomar.coo.gr. Gemütliches Hotel im Kykladenstil am oberen Stadtrand zwischen den beiden Windmühlen, traumhafter Blick über Mykonos. 13 Zimmer, DZ HS 115 €, sonst 40 €.

Zánnis 28: Tel. 22 89 02 24 86, Fax 22 89 02 30 42, www.zannis.gr. Ruhig, außerhalb des Stadtkerns am Hang gelegenes Hotel mit 21 Zimmern, schönem Panoramablick und Pool. Wenige, steile Gehminuten zum Bus-Terminal an der Platía Niochóri. DZ HS 115 €, sonst 75 €.

Zórzis 29: Tel. 22 89 02 21 67, Fax 22 89 02 41 69, www.zorzishotel.com, ganzjährig geöffnet. Liebevoll ausgestattetes, alteingesessenes Hotel in der Altstadt,

Inselspezialitäten

amigdalotá – marzipanartige Süßigkeit aus Mandeln
kopanistí – scharfer Kuhmilchkäse
loúza – geräuchertes Schweinefilet
móstra – Zwieback mit *kopanistí* und frischer Tomate

Mykonos

Reiseatlas: S. 230

drei Gehminuten von der Hafenpromenade entfernt, auf Wunsch köstliches Frühstück im Hof. 10 Zimmer, außerdem vier kleine Altstadthäuser, DZ HS 150 €, sonst 80 €.

Apóllo 30: Tel. 22 89 02 22 23, Fax 22 89 02 44 56. Liebenswertes, nostalgisches Hotel an der Promenade mit Blick über die Bucht, neben der Nationalbank. Das Apollo zählt zu den ältesten Hotels der Insel. 21 Zimmer, DZ HS 60 €, sonst 50 €.

Matína 31: Tel. 22 89 02 23 87, Fax 22 89 02 45 01, www.hotelmatina-mykonos.com. Familiär geführtes Hotel im Kykladenstil mit idyllischem Garten, nahe dem Amphitheater, ruhig gelegen. 19 Zimmer, DZ HS 148 €, sonst ab 60 €.

Terra Maria 32: Tel. 22 89 02 42 12, Fax 22 89 02 71 12, Odós Kalógera 37. Eins der ältesten Inselhotels, zuletzt 1991 gründlich renoviert. Im Herzen der Stadt, mit drei Terrassen zum kleinen Garten voller Kakteen. 14 Zimmer, DZ HS 100 €, sonst 60 €.

Christína 33: Tel. 22 89 02 27 31, Fax 22 89 02 25 51, www.christinamykonos.com. Schöne Pension mit kleinem, weinüberranktem Innenhof in der Gasse Meletopoúlou nahe der Mitrópolis. Zehn Zimmer, DZ HS 80 €, sonst 45 €.

Chez Maria 34: Tel. 22 89 02 24 80, Fax 22 89 02 49 57. Gegenüber vom bekannteren Hotel Zórzis mitten in der Altstadt gelegene, 50 Jahre alte Pension im traditionellen Stil. Einfach, aber gutes Preis-Leistungsverhältnis. 7 Zimmer, DZ HS 70–80 €, sonst 40–50 €.

Katrin 35: hinter der Hafenpromenade, Tel. 22 89 02 21 69. Es gibt auch Sitzplätze auf der schmalen Gasse, französische Küche. Sehr teures Gourmet-Restaurant, nur abends geöffnet, im August Reservierung empfehlenswert.

Philíppi 36: westliche Parallelgasse der Matogiánni, Tel. 22 89 02 22 95, nur abends geöffnet, im August Reservierung empfehlenswert. Ökologische Kost aus der eigenen Plakóta-Farm. Sehr teuer, aber auch sehr gut.

Sale e Pepe 37: Platía Lákka, ab 19 Uhr. Eins der besten italienischen Restaurants im Ort. Sehr teuer.

Sea Satin Market 38: im Alefkándra-Viertel, ab 18 Uhr. In-Treff der Athener Schickeria. Sehr schönes Plätzchen am Meer unterhalb der Windmühlen, aber leider schlechtes Preis-Leistungsverhältnis. Sehr teuer.

Appaloosa 39: mexikanisches Restaurant in der Odós Mavrogénous 11, ganzjährig geöffnet. Griechen genießen hier besonders die Vielzahl von Margaritas, das Chili con carne und das Schweinekotelett in Portweinsauce und die erstklassigen Steaks. Aber auch Vegetarier finden eine gute Auswahl. Man sitzt überwiegend drinnen in pfiffigem Ethnik-Dekor. Teuer.

Kounélas 40: alteingesessenes uriges Fischrestaurant in einer Seitengasse der Hafenpromenade hinter der Nationalbank in Richtung Delos-Anleger. Kleiner Innenraum, Tische auf der Gasse unter einem weit ausladenden Feigenbaum. Tgl. ab 19 Uhr. Moderat.

Ávra 41: Odós Kalógera10. Hübsches Gartenrestaurant mit Bougainvillea an der östlichen Kalógera Gasse, ab 19 Uhr. Der aus Ol´ympia/Peloponnes stammende Wirt Nikos bietet seinen Gästen einen gepflegten Service und eine exquisite griechische Speisekarte. Sehr gut sind auch die Vorspeisen. Moderat.

Fato a mano 42: 2005 vom jungen Paar Anastasía und Michális eröffnetes Restaurant an der Platía Meletopoúlou. Die Küche verrät die Herkunft der sehr freundlichen und engagierten Gastgeber aus dem makedonischen Thessaloníki: die Gerichte sind würziger, manchmal sogar ganz leicht scharf. Moderat.

Cityplan: S. 60/61

Inselhauptstadt

Ta Kioúpia 43: 2004 eröffnetes Restaurant an der Platía gleich hinter dem Rathaus. Das Wirtspaar Ioánna und Athanásios stammt aus Patras auf dem Peloponnes. Besonders gut sind die Vorspeisen, interessant ist die griechische Platte für nur 10 €. Einen Schwerpunkt bilden die typisch kykladischen Gerichte. Moderat.

Níkos 44: auf dem großen Platz Agía Moní im Kástro-Viertel. Zwar touristisch überlaufene, aber dennnoch sehr empfehlenswerte Taverne mit hervorragender griechischer Küche und guter Auswahl an vegetarischen Gerichten. Man findet die Taverne, indem man vor dem Rathaus (in Richtung Delos-Anleger gehend) links abbiegt. Moderat.

Lotus 45: Bar und Restaurant an der Matogiánni Gasse unter holländisch-griechischer Leitung, ganzjährig geöffnet, 19–2.30 Uhr. Giórgos und seine Partnerin Elsa servieren ihren Gästen schmackhafte griechische und internationale Küche. Im Winter sitzt man sehr gemütlich am Kamin. Moderat.

Kasárma 46: Café-Restaurant an der Hafenpromenade. Hier kann man mykoniotische Spezialitäten wie *móstra* (Zwieback mit pikantem Kuhkäse, *kopanistí* genannt, und frischer Tomate), *loúza* (geräuchertes Schweinefilet), Würstchen vom mykoniotischen Schwein und andere verfeinerte griechische Spezialitäten speisen. Moderat.

Baboúlas 47: ein Fleckchen zum Verweilen ist die urige Ouzerí des ehemaligen Fischers Thassos am nördlichen Ende des Agía Ánna Strandes. Man sitzt auf einer Terrasse über der Uferpromenade oder direkt auf einem kleinen Schotterstrand. Tische und Stühle sind in den Landesfarben Weiß-Blau gehalten, die Kraken hängen zum Trocknen an der Ta-

Ob *mezedákia* oder Meeresfrüchte: Bei Níkos schmeckt's

Mykonos

Reiseatlas: S. 230

kelage eines alten, aufs Land versetzten Fischerboots.

Madoúpas 48: Schon seit über 50 Jahren bestehendes, ganzjährig geöffnetes Kafenío an der Hafenpromenade, das auch viele Einheimische zu schätzen wissen. Zugeständnisse an die neuen Zeiten sind der beste Filterkaffee der ganzen Insel und ein kleines Speisenangebot mit täglich wechselnden, frisch zubereiteten Gerichten ab ca. 5 €. Für diesen absoluten Preishit gibt es z. B. hausgemachten Hühnereintopf. Der griechische Kaffee wird noch für 1 € serviert, das Glas Wein kostet auch nur 1,50 €. Von alten Zeiten zeugen viele Schwarzweißfotos an den Wänden. Günstig.

Cafés:

Galleráki: im Venétia-Viertel. Ein schönes Plätzchen zum Entspannen direkt am Meer. Auf kleiner Terrasse kann man stimmungsvoll frühstücken oder einen Sunset-Cocktail genießen.

ILO-ILO: im Barkiá-Viertel, Gasse Koúzi Georgoúli. Hausgemachte, stets frische Puddings und andere Süßigkeiten.

Internet-Cafés: an der Xénias Straße, an der Busstation nach Platís Gialós und nahe dem Archäologischen Museum.

🔒 Die berühmte Flaniermeile des Städtchens mit Nobelboutiquen und Juweliergeschäften ist die Matogiánni Gasse. Schöne Kunstgewerbegeschäfte säumen die westliche Kológera Gasse und Juweliere das Hafenrund.

Apokalypse: in der Parallelgasse zur Hafenfront in der Nähe der Ág. Nikólaos Kirche (vom Taxistand kommend: hinter der Nationalbank links). Handgemalte Ikonen nach traditioneller Methode sind in dem Atelier von Merkoúris Dimópoulos erhältlich. Der Künstler lässt Interessenten gern bei seiner Arbeit zuschauen.

Art Studio Sakellarídi: Platía Goumeníou/Odós Ag. Saránda 22. Ladenatelier

einer aus Piräus stammenden Malerin, die maritime Motive in den verschiedensten Stilrichtungen auf die Leinwand bringt.

Fetisch: im Barkiá-Viertel, Gasse Koúzi Georgoúli. Origineller Silberschmuck mit Perlen, Edelsteinen oder Knochen, zudem interessant dekoriert.

Hand Made: I. Basoúla 2 im Lákka-Viertel nahe der Traditional Mykonian Bakery. Eléni Kontizas verkauft außer Keramik auch traditionelle handgewebte wollene Schals, die von einigen wenigen Frauen auf der Insel hergestellt werden.

Hermesart: Platía Goumenió. Galerie mit Bronze- und Keramikarbeiten griechischer Künstler.

Ilías Lalaoúnis: an der schmalen Straße zwischen dem Agía Ánna Strand und der Platía Mavrogénous. Filiale eines weltberühmten Athener Juweliers und Schmuck-Designers.

Jella's: neben dem Restaurant Katrin. Schicke griechische Strickwaren für Damen nach dem Design der kürzlich tödlich verunglückten Herstellerin gleichen Namens: Schals, Ponchos, Pullover und Kleider.

Manuel: Odós Zouganéli 14. Ladenatelier eines griechischen Bildhauers, der in Deutschland und auf der Nachbarinsel Tínos studiert hat. Er versucht, Natur und Wasser als Hauptmotive in seine Werke aus Marmor und Metall zu integrieren.

Mykonos Records: Mitropóleos Gasse 16. Gute Auswahl an CDs mit griechischer Musik. Ein Tipp für den Liebhaber traditioneller Inselmusik mit den Instrumenten Dudelsack und Trommel ist die CD: *samboúnes mykoniátes*.

Pantopolíon: Bioladen an der westlichen Kalógera Gasse. Mykoniotische Weine, griechisches Olivenöl und frisches Bio-Obst.

Párthenis: im Alefkándra-Viertel gegenüber der Mitrópolis. Boutique des Athe-

Cityplan: S. 60/61

Inselhauptstadt

ner Designers für minimalistische Mode mit natürlichen Stoffen.

Scala: an der Matogiánni Gasse 48. Seit 1983 führt Dímitris Roussounélos diesen Laden mit schönem Kunsthandwerk von bedeutenden griechischen Künstlern: Keramik, Schmuck, Bronze-Kleinkunst, Skulpturen und Gemälde.

To Vivlío: Odós Zouganéli 19. Póla Apostólou führt die bestsortierte Buchhandlung der Insel.

Beliebte Treffpunkte bei Sonnenuntergang sind die Bars im Venétia-Viertel: so die **Kástro Bar, Rhapsody, Piano Bar** (ehemals Montparnasse), **Caprice Bar, Veranda Bar,** deren Terrassen schon um 9 und die Balkone um 18 Uhr öffnen.Glücklich kann sich schätzen, wer einen der drei Tische auf den zwei winzigen, zum Meer hin ausgerichteten Balkonen von **Katerina's Bar** ergattern kann. Zum kleinen Bier (4 €), Campari (7 €) oder Cocktail mit frisch gepressten Säften (9 €) werden hier auch hausgemachte griechische Snacks serviert.

Später spielt sich das Nachtleben in namhaften Clubs ab: **Skandinavian Bar** und **Four Roses** im Kástro-Viertel, **Pierro's** und **Icarus** am Platz mit der Kirche Agía Kiriakí sowie in den neueren Bars **Ástra** und **Egli** an der Énoplon Dinámeon.

Zum Tanzen geht man in die **Mykonos Greek Music Disco** im Venétia-Viertel.

Cine Mánto: an der Meletopoúlou Gasse nahe der Mitrópolis. Freiluftkino mit einem schönen Garten, ab 21 Uhr. Dreimal wöchentlich wechselnde Filme in Originalsprache.

Wer bis zum Sonnenaufgang durchfeiern möchte, findet in der Cafeteria **Yacht Club** am Fähranleger Gleichgesinnte.

Kulturfestival/Konzerte: klassische Konzerte, Tanzvorführungen und Theateraufführungen finden im August/September im Amphitheater statt. Eine Besonderheit zur Vollmondnacht im August ist die **Lyrische Lesung** auf Delos, Information im Delos Museum, Tel. 22 89 02 22 59.

Traditionelles **Fischerfest** am 30. Juni, dem Tag der den zwölf Aposteln – ehemals Fischer – geweiht ist, an der Hafenpromenade. **Kirchweihfeste** am 15. August, Mariä Entschlafung; am zweiten Sonntag im September **Weinfest** in der Windmühle Bonis. *Chirosfágia,* traditionelle **Schweineschmaus-Feste** ab Ende Oktober.

Ausflugsboote nach Delos fahren von der Mole im alten Hafen zwischen 8.30 und 9.30 Uhr tgl. außer montags, Fahrtdauer ca. 25–30 Min. Die letzte Rückfahrt von Delos startet um ca. 14 Uhr.

Schiffsverbindungen: Zwischen Mykonos und Parikiá auf Páros verkehrt zwischen April und Oktober tgl. mindestens eine Autofähre, zwischen Mai und September auch mindestens 1x tgl. ein Katamaran.

Mykonos und Náxos verbindet zwischen Mitte Juni und Mitte September tgl. eine Schnellfähre.

Badeboote: mit dem Bus nach Platís Gialós und dort weiter mit dem Boot zu den schönen Stränden der Südküste.

Karten-Tipp

Die Mykonos-Karte der Road Editions mit genau eingezeichneten Streckenabschnitten ist hilfreich für Pistenfahrten.

Mykonos

Reiseatlas: S. 230

Auch von Ornós fahren vormittags Badeboote zur Südküste.
Inselbusse: Es gibt drei Bus-Terminals, Inselbusse starten an der nördlichen Umgehungsstraße Ág. Ioannoú gegenüber vom Telefonamt OTE: Richtung Ág. Stéfanos stdl., Áno Merá–Kalafáti alle 30 Min., Eliá alle 15 Min., Kaló Livádi 5x tgl., Flughafen 4x tgl. Der zweite Terminal liegt an der Platía Niochóri am südlichen Stadtrand. Die Busse fahren nach Ornós–Ág. Ioánnis stdl., Platís Gialós–Psaroú alle 15 Min. und zum Flughafen 5x tgl. Tel. 22 89 02 33 60. Busse zum Neuen Hafen und nach Ágios Stéfanos fahren stündlich vom Alten Fähranleger ab.
Taxis stehen am Mantó Mavrogénous Platz an der Hafenpromenade, Tel. 22 89 02 24 00, 22 89 02 37 00, oft muss man am Taxistand mit Wartezeiten rechnen, weil nur 31 Taxis auf der Insel verkehren.

Ein zweiter Halteplatz ist der Busbahnhof an der Platía Niochóri.
Autoverleih: Zahlreiche Autos und Zweiräder werden in der Nähe der beiden Bus-Terminals vermietet.

Geld: Mehrere Banken mit Bargeldautomaten an der Hafenpromenade, der Platía Meletopoúlou und am südlichen Stadtrand.
Post/Telefon: Postamt an der Platía Lákka; Telefonamt OTE in der Nähe des Archäologischen Museums.
Wichtige Telefonnummern: Polizei Tel. 22 89 02 22 35, Touristenpolizei Tel. 22 89 02 24 82, Hafenpolizei Tel. 22 89 02 22 18, privates Medical Center an der Umgehungsstraße Ág. Ioannoú, 8–24 Uhr, Tel. 22 89 02 74 07, 22 89 02 42 11, im Notfall Tel. 29 44 33 82 92, 29 77 65 47 37, ACS-Kurierdienst Tel. 22 89 02 81 80.

Auf dem Markt darf gehandelt werden

UNTERWEGS AUF DER INSEL

Für Tagesbesucher und Kreuzfahrtpassagiere beschränkt sich das Bild, das sie von Mykonos gewinnen, fast immer auf die Inselhauptstadt allein. Wer aber ein paar Tage auf Mykonos bleibt oder hier seinen ganzen Urlaub verbringt, kann nicht nur alle Strände besuchen, sondern auch so manch stille Ecke der Insel erkunden und so das einseitige Bild korrigieren, das die Medien von Mykonos prägen.

Der Nordwesten – zum Kap Armenistís und zur Pánormos Bucht

Durch die Anlage eines großen neuen Hafens für Fähr- und Kreuzfahrtschiffe 2 km nördlich des alten Fährhafens, der weiterhin genutzt wird, sind die Stadt Mykonos und die kleine Siedlung Toúrlos fast zusammengewachsen. Die Straße dorthin verläuft in unmittelbarer Ufernähe, landein klettern weiße Hotels und Ferienhäuser den Hang hinauf.

Toúrlos

Reiseatlas: S. 230, C 2
Toúrlos erstreckt sich als schmales Band entlang einer Küste mit kleinen, wenig attraktiven Strandabschnitten. Einen malerischen Flecken am nördlichen Ortsausgang bildet die rotkuppelige Kirche Ág. Geórgios mit russischen Ikonen. Hier liegt auch der neue Hafen für Yachten und Kreuzfahrtschiffe, der auch als Ausweichhafen für die großen Fähren dient.

Als Urlaubsort ist Toúrlos nur bedingt zu empfehlen. Man kann hier zwar gut wohnen, ist tagsüber per Linienbus schnell in der Stadt, kann nachts notfalls sogar zu Fuß zurücklaufen, ist aber auch von den guten Inselstränden weit entfernt.

Rhénia Bungalows: Tel. 22 89 02 23 00, Fax 22 89 02 31 52, www. rhenia-bungalows.com. Andréas und Aléxandra Fiorentino stammen aus der Familie, die 1966 das erste Hotel der Insel eröffnete. Als charmante Gastgeber kümmern sie sich persönlich um das Wohl ihrer Gäste, die die Wahl zwischen frei stehenden Bungalows und Zimmern im Haupthaus haben. Reifes Obst dürfen sie im Garten nach Belieben pflücken, eine kleine Kapelle lädt zur besinnlichen Einkehr ein. DZ HS 152 €, sonst ab 68 €.

Mákis Place: Tel. und Fax 22 89 02 31 56, Tel. im Winter 22 89 02 51 81, www. makisplace.com. Terrassenartige Anlage mit Pool im Kykladenstil. Von Veranda oder Balkon aller 28 Zimmer wunderschöner Meerblick, gemütliche Frühstücksterrasse und familiärer Service, zehn Gehminuten zum Ágios Stéfanos

Mykonos

Reiseatlas: S. 230

Strand. Auf der von Pinien umgebenen Terrasse serviert Mákis Frau Vangelía hausgemachte Kleinigkeiten und Snacks. Mákis sorgt mit einem roten Minibus für den Transfer zum Flughafen und Hafen. DZ HS 110 €, sonst 45 €.

Mathiós: am Ortsende neben der Ág. Geórgios Kirche gelegen, mit Blick auf Mykonos-Stadt sowie die Segel- und Kreuzfahrtschiffe. Auf der schattigen Terrasse genießt man gute griechische Küche, empfehlenswert sind fangfrischer Fisch, Fischsuppe *(kakaviá)* und *pikilía,* eine gemischte Vorspeisenplatte. Moderat.

Autoverleih Quattro: Autos – darunter auch Smarts und Jeeps –, Mopeds und Vespas können bei Níkos Xidákis neben der Taverne Mathiós angemietet werden. Guter, freundlicher Service. Kostenlose Zustellung auch zum Hafen und Flughafen. Tel. 22 89 02 26 75, Fax 22 89 02 41 87, www.quattrorac.gr.

Reiseatlas: S. 230

Zum Kap Armenistís

Ágios Stéfanos

Reiseatlas: S. 230, C 2
Nach kurzer Fahrt über einen Hügel gelangt man in die windgeschützte Badebucht von Ágios Stéfanos, die ihren Namen von der kleinen gleichnamigen Kapelle erhalten hat. Obwohl die Bucht touristisch voll erschlossen ist, erlebt man in den Tavernen auf Terrassen unmittelbar über dem Strand noch viel Ursprünglichkeit. Ein Besuch der Lokale am Abend ist eine schöne Alternative auch für Urlauber mit Quartier in der Stadt, wenn es dort in der Hochsaison recht voll wird.

Princess of Mykonos: Tel. 22 89 02 47 13, Fax 22 89 02 30 31, www.princessofmykonos.gr. Schön am Hang über der Bucht gelegen, in Blau und Weiß gehaltenes Hotel mit Meerwasser-Pool, Restaurant. 38 Zimmer, HS DZ 180 €, sonst 130 €.

Haroúla's: Klassische Taverne direkt am Strand, viele gekochte Gerichte, frischer Fisch. Günstig.

Choulákia und Kap Armenistís

Reiseatlas: S. 230, C 1/2
Der nördlichste Weiler an der Westküste ist **Choulákia.** Er liegt einsam mit dunkelgrauem Kieselstrand in einer weiten Bucht. Die Kieselsteine sind Naturdenkmal. Eine Hinweistafel untersagt es, hier Steine mitzunehmen. Als Urlaubsort ist Choulákia wenig attraktiv. Dennoch: Es führen viele private Wege zu tollen Villen auf die Anhöhen hinauf.

Etwas landeinwärts zweigt von der Inselhauptstraße eine Erdpiste nach rechts ab, die nach 1,2 km hoch hinauf in den Norden zum Leuchtturm auf dem **Kap Armenistís** führt. Man hält sich 400 m hinter dem Abzweig von der Inselhauptstraße an der ersten Gabelung links und dann nach weiteren 450 m an

Leuchtturm
am Kap Armenistís

79

Mykonos

Reiseatlas: S. 231

der übernächsten Gabelung wiederum links. Am Leuchtturm angelangt, pfeift einem hier oft der Wind um die Ohren, man fühlt sich nach Irland oder in die schottischen Highlands versetzt. Die einzigartige Aussicht aber ist echt kykladisch: Jenseits der bei Seefahrern gefürchteten Meerenge ragt Tínos aus der Ägäis heraus.

Vom Kap zurück in die Stadt

Für die Rückfahrt bietet sich vom Leuchtturm aus die Route zu Füßen des Berges Profítis Ilías Vorniótis an. Von hier oben eröffnen sich schöne Panoramablicke. Unterwegs passiert man einige Anwesen mit Privatkapellen, die ganz still in der von Trockensteinmauern, den *xirolithiés*, durchzogenen Landschaft liegen. 1,2 km weiter weist links ein braunes Schild auf das antike Kastell Vorná und antike Häuser des Gebietes Fanári Lípsana hin. Archäologen haben hier die spärlichen Überreste eines Turmes und mehrerer Farmhäuser aus dem 2. Jh. v. Chr. lokalisiert. Sehen kann man davon aber nichts, nur Felsen und ein paar Ruinen von alten kleinen Häusern. 200 m vor dem Abzweig nach Toúrlos liegt linkerhand eine schöne Doppelkapelle. Die Aussicht von hier oben ist fantastisch. Man überblickt die weite Bucht mit Mykonos-Stadt und den angrenzenden Inseln.

Diesen ruhigen Nordwestteil von Mykonos, auch Vorná genannt, kann man auch sehr gut durch eine Wanderung erschließen, die in Ágios Stéfanos (Busverbindung) beginnt. Dazu folgt man der oben beschriebenen Route

zum Leuchtturm und geht dann an den Ausläufern des Profítis Ilías Vorniótis entlang, bis man schließlich mit schönem Blick auf Ágios Stéfanos die steile Straße nach Toúrlos hinunter geht (insgesamt 7,1 km). Hier angekommen, bietet die Taverne Mathiós eine schattige Terrasse für eine Rast. Gleich daneben befindet sich die Bushaltestelle.

Die Pánormos Bucht

Die Strände an der tief in den Inselkörper eingreifenden Bucht sind noch nicht überlaufen, die Zahl der Tavernen und Unterkunftsmöglichkeiten ist klein. Linienbusse und Badeboote fahren nicht dorthin.

Pánormos und Ágios Sóstis

Reiseatlas: S. 231, D 1
Man verlässt die Stadt auf der Straße nach Áno Merá. 1,6 km nach der Kreuzung mit der Stadtumgehungsstraße biegt nach links eine schmale Asphaltstraße in den Weiler **Maráthi** mit dem heute verlassenen und fast immer verschlossenen **Kloster Ágios Pandeleímonas** ab. Seine hohen Mauern zeugen von der Angst vor Piratenüberfällen. Entsprechend winzig ist auch die Klosterpforte samt Pechnase in der Südwand. Aus der Ostwand springt die Apsis der Klosterkirche vor, in die Südwand ist ein aufs Jahr 1665 zu datierender Taubenturm eingelassen.

Auf der Weiterfahrt passiert man das **Maráthi-Wasserreservoir,** das für die Brauchwasserversorgung der Insel

Reiseatlas: S. 231

Pánormos Bucht

Auf dem Weg nach Pánormos

zwar wichtig, aber landschaftlich eher störend ist. Wenig später eröffnet sich ein Blick auf die weite, kaum besiedelte Küstenebene mit dem hellen, von Dünen gesäumten Sandstrand **Pánormos Beach** mit zwei Tavernen und einem Hotel.

So schön dieser Flecken Pánormos auch ist, man sollte noch weiter gen Norden fahren bis in die nächste Bucht zur Kirche **Ágios Sóstis.** Vor der Kirche führen Stufen hinunter zu einem Mini-Strand. Über dem Strand lädt eine schattige, kleine Tavernenterrasse zur Rast. Der 250 m lange, feinsandige Hauptstrand schließt sich weiter südlich unterhalb der Kirche an. Zunehmend entstehen hoch oben am Hang Ferienhäuser, trotzdem ist die Bucht von Ágios Sóstis noch sehr ursprünglich.

Albatros: Panormos, Tel. 22 89 02 51 30, Fax 22 89 02 53 61, www.albatros-mykonos.com. Gepflegte Bungalow-Anlage mit Pool oberhalb des Strandes, für Ruhe suchende Urlauber bestens geeignet. Thassos und seine schwedische Frau Carola bieten einen freundlichen Service, auf Wunsch kochen sie für ihre Gäste, auch kostenloser Bustransfer nach Mykonos-Stadt. 15 Zimmer und zwei Suiten, DZ HS 110 €, sonst 65 €.

Fteliá

Reiseatlas: S. 231, D 2

Die Strände am südlichen Rand der Pánormos Bucht sind von Pánormos aus nicht direkt, sondern nur von der Hauptstraße Mykonos–Áno Merá aus zu erreichen. Auf ihr passiert man das einstige Hard Rock Café und eine benachbarte Gokart-Bahn. Dahinter

Mykonos

Reiseatlas: S. 230

zweigt eine unbefestigte Piste zum grobsandigen, goldgelben und noch völlig unverbauten **Fteliá Beach** ab. Die Meltémia-Winde wehen hier ungehindert, so dass hier ausgezeichnete Bedingungen für Starkwindsurfer herrschen. Aber mit dem Wind wird auch viel Plastikmüll angeschwemmt, den niemand beiseite räumt. Auf einer felsigen, ummauerten Anhöhe in der Strandmitte stand eine neolithische Siedlung, deren Ausgrabung noch andauert.

Akrí: ganz versteckt hinter einem kleinen Sandstrand an der Südostseite der Bucht. Mit Schilfrohr gedeckte Terrasse. Moderat.

Ornós und die Diakófti-Halbinsel

Reiseatlas: S. 230, C 2/3
Im äußersten Südwesten trennt eine knapp 500 m breite Landenge den Inselkörper von der Diakófti-Halbinsel. Hier liegt Ornós, einer der Newcomer unter den Badeorten auf Mykonos. Wählt man für den Weg dorthin nicht die Küstenstraße, sondern die etwas weiter landeinwärts verlaufende Fortsetzung der Umgehungsstraße der Stadt, passiert man das Luxushotel Tharroe (s. S. 70f.). Bei dessen Bau stieß man 1994 auf ein **mykenisches Kuppelgrab**. Es liegt heute auf dem Hotelgelände. Um hinzugelangen, muss man sich nicht am Wachhund an der langen Leine neben dem Hotel vorbei wagen, sondern kann auch die Rezeptionistin bitten, den sichereren Weg über die Pool-Terrasse des Hotels zu weisen. Keramik und Goldschmuck aus dem Grab lagern heute in den Magazinen des Archäologischen Museums von Mykonos; vor Ort ist noch gut der typische Aufbau eines solchen Grabes aus der Zeit zwischen 1400 und 1200 v. Chr. nachzuvollziehen: Vom umgebenden Niveau aus führt ein schmaler, sanft geneigter, hier 14 m langer, sich von 2,30 m auf 1,45 m verengender Zugang (in der Fachsprache Drómos genannt) in die runde Grabkammer. Sie ist in die Erde eingelassen, ausgemauert und mit einer Kuppel gedeckt, die allerdings nicht aus einem echten Gewölbe, sondern aus einander überkragenden Steinschichten besteht.

Ornós und Ágios Ioánnis

Reiseatlas: S. 230, C 3
Ornós ist ein lebhafter Urlaubsort mit 400 m langem, flach abfallendem Grobsandstrand. Da die Bucht vor Nordwinden geschützt liegt, haben hier viele Fischer ihre Boote festgemacht. Ihre Anwesenheit beschert dem Ort einen angenehm-authentischen Touch.

Westlich von Ornós lohnt der 2 km entfernte Weiler **Ágios Ioánnis** nicht nur für Cineasten einen Besuch. Hier wurden 1988 viele Szenen des Films ›Shirley Valentine‹ mit Pauline Collins und Tom Conti in den Hauptrollen gedreht. Am hellen, 300 m langen Sand-Kiesstrand stehen mehrere Tavernen, in denen man besonders stimmungsvoll sitzt, wenn abends hinter Delos die Sonne untergeht.

Diakófti-Halbinsel

Ein sehr schöner Platz zum Baden ist der kleine, von Felsen gerahmte, etwa 100 m lange weiße Sandstrand von **Kápari**, zu dem man vom Ortsende von Ágios Ioánnis bei der Kirche nach etwa 400 m gelangt – wegen Parkplatzmangels am besten zu Fuß. Den Felsen dahinter beherrscht ein großes, durch Trockenmauern begrenztes Anwesen, das dem Brandy-Produzenten Metaxás gehört.

Kivotos Clubhotel: Ornós, Tel. 22 89 02 40 94, Fax 22 89 02 28 44, www.kivotosclubhotel.gr. Das Hotel gehört zur Gruppe der ›Small Luxury Hotels of the World‹ und liegt abgeschieden am westlichen Buchtende. Die zum Hotel gehörenden Restaurants bieten superbe griechische Küche und zählen zu den besten der Insel. Mit der hoteleigenen 25-m-Yacht kann man Ausflüge zu den benachbarten Inseln unternehmen. 35 Zimmer und elf Suiten, DZ HS 495 €, sonst ab 270 €.

Santa Marina: Ornós, Tel. 22 89 02 23 20, Fax 22 89 02 34 12, www.santa-marina.gr. Auf einer Halbinsel, die die Ornós-Bucht im Osten begrenzt, erstreckt sich dieses kosmopolitische Luxushotel mit eigenem Strand (hellgrauer Kiesel), Yachthafen, zwei Tennisplätzen, Pool, Schönheitssalon, zwei Gourmet-Restaurants (berühmt ist das Daniele's mit kreativer mediterraner Küche) und Service rund um die Uhr. Die Straße um die Ornós Bucht endet beim bewachten Eingangsportal des Hotels mit Gesichtskontrolle; hier wollen die VIP's ganz unter sich sein. So findet man in der Gästeliste berühmte Persönlichkeiten wie Oliver Stone, Roman Polanski, Gloria Estefan, Sharon Stone, Prada, Romeo Gigli, Ira Fürstenberg, Prinz Michael von Kent, Frank Lebœuf, Nikos Papandréou, um nur einige zu nen-

Mit Blick nach Delos: Ágios Ioánnis

Mykonos

Reiseatlas: S. 230

nen. Das Hotel ist Mitglied der Gruppe ›The Luxury Collection – Starwood Hotels & Resorts‹. Wen der Hauch der elitären Welt lockt, der ist hier sicherlich richtig. 66 Zimmer, 23 Suiten und drei Villen mit eigenem Pool, DZ HS ab 450 €, sonst ab 260 €.

Apollónia Bay: Ágios Ioánnis, Tel. 22 89 02 78 90–5, Fax 22 89 02 34 58, www. apollonia-resort.gr. Sehr komfortables Bungalow-Hotel in Hanglage über der Bucht. Alle Zimmer besitzen eine traumhafte Aussicht auf das Meer und Delos. 20 Zimmer und Suiten, 30–120 m², DZ HS ab 270 €, sonst ab 170 €.

Manoulás Beach: Ágios Ioánnis, Tel. 22 89 02 29 00, Fax 22 89 02 43 14, www. manoulashotel.gr. Terrassenartig angelegte, weiße Hotelanlage mit Pool, nicht alle Zimmer haben Ausblick auf das Meer, etwa 50 m vom Strand entfernt. 77 Zimmer, DZ HS ab 162 €, sonst ab 87 €.

Voúla: Tel. 22 89 02 29 51, Fax 22 89 02 33 29. Außerhalb der Hauptsaison ein gutes Quartier für Traveller, die die eher familiäre Atmosphäre anderer griechischer Inseln suchen. Wirtin Voúla ist ein mykoniotisches Original, hält selber Hühner und Ziegen. In ihrer angeschlossenen Taverne serviert sie echte griechische Hausmannskost. 12 Zimmer, DZ HS 110 €, sonst ab 40 €.

🍴 **Konstántis:** Ornós, alteingesessene Taverne der Fischerfamilie Zouganélis direkt am Strand. Hier gibt es viel Ursprünglichkeit und fangfrischen Fisch. Moderat.

Sunset: Ágios Ioánnis, am Strand mit Blick auf Delos. Die Taverne rühmt sich, Hauptschauplatz des Films ›Shirley Valentine‹ zu sein. T-Shirts, die man käuflich erwerben kann, erinnern daran. Leute mit echter Shirley-Manie nehmen sogar Sand von hier mit nach Hause, weiß Inhaberin Deborah Xidákis zu erzählen. Moderat.

🛥 **Ausflugsboot:** ab Ornós nach Delos tgl. außer montags 10.30 Uhr.

🛥 **Badeboote:** ab Ornós zu den Stränden Paránga, Paradise, Super Paradise, Agrári, Eliá um 10.30, 11.30 und 12.30 Uhr.

Zu den Traumstränden an der Südküste

Entlang der Südküste von Mykonos liegen zahlreiche gute Sandstrände, die mit ihrem klaren, türkisfarbigen Wasser zu den schönsten der Kykladen zählen. Man kann sie leicht mit dem Bus oder Mietfahrzeug von Mykonos-Stadt aus erreichen. Zumindest einmal sollte der Inselneuling sie aber auch mit dem Badeboot von Ornós oder Platís Gialós aus ansteuern, um so einen ersten informativen Überblick zu gewinnen und schon eine Vorauswahl treffen zu können. Einsam sind sie nicht: Hotels, Tavernen und viele Wassersporteinrichtungen prägen ihr Gesicht.

Kirche Lázaros

Reiseatlas: S. 230, C 3
Auf dem Weg zum Strand Platís Gialós kann man einen Abstecher zum wohl schönsten Aussichtspunkt der Insel bei der Kirche Lázaros oberhalb der Psaroú Bucht unternehmen (2,4 km hinter der Gabelung der Straße nach Ornós/Platís Gialós nach rechts auf eine schmale Straße abzweigen, die nach 800 m zur Farm des Bauern Mathios führt, auf dessen Grundstück die Privatkapelle steht. Besucher sind herz-

lich willkommen). Vom Kirchplatz hat man einen traumhaften Panoramablick über die Buchten der Südküste sowie nach Tínos und Delos. Während des Zweiten Weltkriegs (1942–44) nutzten erst die deutschen, dann die italienischen Soldaten diese strategisch günstige Lage und vertrieben die hier ansässige Bauernfamilie. Im Innern der Kirche hängen – wie ein Mahnmal– noch zwei alte Ikonen, die die Soldaten mit dem Schwert zerschlugen. Zum Jahrestag (12. September), an dem die Italiener diesen Flecken verließen, wird heute ein Fest gefeiert.

Pórtes

Reiseatlas: S. 230, C 3
Wenig später steht links der Hauptstraße in Richtung Platís Gialós auf einer felsigen Anhöhe ein Trilith, den die Einheimischen Pórtes nennen. Um hinzukommen, biegt man 100 m nach dem Abzweig zur Kirche Lázaros links in den Erdweg ein. An der folgenden Gabelung hält man sich rechts und ist nach 600 m am Ziel. Die mannshohe Konstruktion aus zwei senkrecht stehenden Steinblöcken und einem waagerecht darüber gelegten Steinblock erinnert an Bauelemente jungsteinzeitlicher Tempel auf Malta, ist aber höchstwahrscheinlich nur der Türrahmen eines antiken oder vielleicht sogar noch jüngeren mittelalterlichen Wachtturms.

Psaroú

Reiseatlas: S. 231, D 3
Kurz vor Platís Gialós senkt sich die Straße in Serpentinen in die kleine,

stets windgeschützte Bucht Psaroú mit einem wunderschönen 300 m langen Sandstrand hinab. Hier tummelten sich vor 40 Jahren die Reichen und Schönen. Heute ist die Bucht voll touristisch erschlossen und vor allem bei Familien mit Kleinkindern sehr beliebt. Direkt an den Strand grenzen Hotels, Tauchschule und Tavernen. Die Ostseite dominiert die große Hotelanlage des Grecotels Mykonos Blu, die in der kleinen Bucht etwas bombastisch wirkt.

Mykonos Blu: Tel. 22 89 02 79 00, Fax 22 89 02 77 83, www.greco tel.gr. Luxushotel der Grecotel-Kette, das man kostengünstiger über Reiseveranstalter buchen kann. Der Hoteleingang liegt am Ortseingang von Platís Gialós, die Zimmer haben Blick auf die Bucht von Psaroú, zu der man vom Hotel über einen Treppenweg gelangt. 102 Zimmer, DZ HS ab 445 €, sonst ab 200 €.

N'Ámmos: Erstklassiges Strandrestaurant, berühmt für seine argentinischen Steaks und sein Ossobuco. Als Vorspeisen eigenen sich mykoniotische Spezialitäten wie *loúza* (7 €) und *móstra* (5 €). Teuer.

Mykonos Diving Center: am Strand, Tel. und Fax 22 89 02 48 08, www.dive.gr. Tauchkurse nach den Richtlinien von PADI und CMAS, Wrack- und Nachttauchgänge, Schnorchel-Programme.

Platís Gialós

Reiseatlas: S. 231, D 3
In Platís Gialós endet die Straße kurz vor der Mole, von der die Boote zu den

Mykonos

Reiseatlas: S. 231

Stränden der Südküste bis Eliá pendeln. Gleich östlich schließt sich ein 400 m langer, feinsandiger Strand an. Wie in Psaroú grenzen hier die Hotels und Tavernen direkt an den Sandstrand, von dem aus sich weitere Hotels landeinwärts ausgebreitet haben. Platís Gialós ist eine reine Feriensiedlung und bei Pauschalurlaubern besonders beliebt. Schnell ist man zu Fuß von Platís Gialós aus an den ruhigen Stränden Agía Ánna und Paránga (15 Min.), Linienbusse pendeln bis zum späten Abend zwischen der Mole und der Stadt.

Das Reisebüro Mykonos Accommodation Center in Mykonos-Stadt vermittelt Meerblick-Apartments für 4–6 Personen am Osthang, Tel. 22 89 02 31 60, Fax 22 89 02 41 37, mykonos-accomodation.com. Gute, komfortable Strandhotels kann man besser über Reiseveranstalter buchen.
Kamári: Tel. 22 89 02 39 82, Fax 22 89 02 44 14, www.kamari-hotel.gr. Komfortables, dreigeschossiges Hotel mit aufmerksamem Service, schöner Frühstücksterrasse und Pool. 200 m vom Strand. 59 Zimmer, DZ HS ab 125 €, sonst ab 60 €.

Supermarkt am Strand.

Ausflugsboot: auf eigene Faust kann man mit den Fischern eine Tour zur vorgelagerten Insel Dragonísi mit einsamen Stränden und Grotten aushandeln, für ca. 120 € pro Boot, Fahrtdauer pro Strecke 1.15 Std.

Badeboote: alle 30 Min. zu den Stränden Paránga, Paradise, Super Paradise, Agrári, Eliá. Die Tickets enthalten die Rückfahrt.

Nach Agía Ánna und Paránga

Reiseatlas: S. 231, D 3
Wer mit dem eigenen Fahrzeug in die Nachbarbucht Paránga unterwegs ist, kann den hellenistischen Rundturm Linó aufsuchen (braunes Hinweisschild mit der Aufschrift ›ancient tower‹, an der Gabelung rechts halten, nach 400 m wieder links). Die Turmruine mit einem Durchmesser von 10–11 m ist der besterhaltene hellenistische Wachtturm der Insel.

Wieder am Meer erreicht man die Strände Agía Ánna und Paránga, die beiderseits vor einer Landspitze liegen. Der winzige Agía Ánna Strand lockt mit zwei ausgezeichneten Tavernen. Hier geht es auch während der Hauptsaison noch ruhig zu. (Vorsicht: Nicht zu verwechseln mit dem Agía Ánna Strand bei Kalafáti).

Ein paar Schritte hinter dem Agía Ánna Strand liegt die felsumrahmte Paránga Bucht mit zwei Tavernen, Bar und Campingplatz. Sie besitzt einen 200 m langen, grobsandigen Strand und etwas landeinwärts zwei schöne Hotels. Von hier aus kann man in nur 15 Min. zum Paradise Strand laufen. Dazu folgt man am östlichen Strandende der Asphaltstraße und biegt hinter dem Hotel San Giorgio nach rechts auf einen ausgeschilderten Pfad ein, der sich zum Teil durch schönste Küstenfelslandschaft zum Paradise Beach hinabsenkt.

San Giorgio: Tel. 22 89 02 74 74, Fax 22 89 02 74 81, www.sangiorgio.gr. Ruhig gelegenes Hotel mit Pool auf

GAYS IN GRIECHENLAND

Wer in Griechenland nur Mykonos kennt, könnte leicht den Eindruck gewinnen, die Griechen seien Schwulen und Lesben gegenüber ausgesprochen aufgeschlossen. Das aber sind sie nur hier, weil Homosexuelle auf Mykonos traditionell eine zahlungskräftige Klientel bilden – und weil es hier eine starke internationale Gay-Community gibt.

Der Großteil der griechischen Gesellschaft zeigt sich auch heute noch intolerant. Gleichgültigkeit und Ignoranz überwiegen gegenüber den Problemen Andersartiger. Tabus, die aus dem traditionellen, durch die Erziehung vermittelten Triptychon Heimat–Familie–Orthodoxer Glaube herrühren, hindern die meisten Griechen (und sogar viele Schwule unter ihnen), eine gleichgeschlechtliche Beziehung zu akzeptieren. In Griechenland ist die Liebesbeziehung zwischen Männer ab 18 Jahren zwar legalisiert – eine Gleichstellung mit heterogenen Paaren aber ist undenkbar. Bei einer europaweiten Umfrage im Jahr 2001 befürworteten nur 38 % aller jungen Griechen die gesetzliche Gleichstellung zwischen homosexuellen und heterogenen Ehen, während es im EU-Durchschnitt etwa 60 % sind.

In der Antike war das anders. Da war die Knabenliebe, also die Beziehung zwischen einem älteren Mann und einem Jugendlichen, ein hoch geachtetes Gesellschaftsgut. Die sexuelle Seite wurde zwar durch pädagogische Begründungen verbrämt, – schließlich ging es darum, durch die Vorbildlichkeit des Älteren den Jüngeren zu formen –, wurde aber offen ausgelebt. Verboten war es nur, Jugendliche zur Prostitution zu zwingen.

der östlichen Landzunge der Paránga Bucht, zehn Gehminuten zum Paradise Strand. 31 Zimmer, DZ HS ab 160 €, sonst ab 110 €.

Zéphiros: Tel. 22 89 02 39 28, Fax 22 89 02 49 02, www.zephyros.gr. Angenehmes, inseltypisches Hotel etwa 100 m oberhalb vom Strand, mit Pool, Bar, Restaurant. 34 Zimmer, DZ HS 120 €, sonst 60 €.

Nicólas: Tel. 22 89 02 35 66. Der Wirt der gleichnamigen Taverne an der Agía Ánna Bucht bei der Kapelle Agía Ánna vermietet vier einfache Zimmer, strandnah, aber ohne Meerblick. DZ HS 70 €, sonst 35 €.

Camping Mykonos: Tel. 22 89 02 59 15, Fax 22 89 02 45 78, www.mycamp.gr. Schöner Platz auf Terrassen unter Schilfrohrdächern etwas oberhalb der Paránga Bucht, Restaurant, Busse in die Stadt bis in die frühen Morgenstunden.

Achinói: Der Name der Taverne bedeutet ›Seeigel‹, die man hier neben allerlei anderen Leckereien aus dem Meer genießen kann. Palmwedel sorgen für Schatten und verleihen dem Restaurant zudem karibisches Flair. Ein hölzernes Fischerboot lädt zum Nickerchen auf hübsch drapierten Kissen ein. Teuer.

Nicólas: Seit 1968 gibt es diese Taverne mit einer schattigen Terrasse am kleinen Strand von Agía Ánna. Wirtin Anna bereitet schmackhafte griechische Küche mit Gemüse aus dem eigenen Garten zu. Moderat.

Mykonos

Reiseatlas: S. 231

Ausflugsboot: tgl. außer Mo geht in der Hochsaison ein Boot von Paránga nach Delos.

Paradise Beach

Reiseatlas: S. 231, D 3

Der Paradise Beach, der eigentlich Kalamopódi heißt, ist sicherlich nicht nach jedermanns Geschmack. So mancher mag ihn auch für die Hölle halten statt fürs Paradies. Ein Campingplatz, Beach Clubs, Restaurants und eine Wassersportstation säumen das 500 m lange Feinkiesband, an dem tagsüber längst heterosexuelle Paare und Familien Gays und Lesben an den Rand gedrängt haben. Sein zweites Gesicht zeigt er erst abends, wenn die Nacht zum Tage gemacht wird.

Camping Paradise: Tel. 22 89 02 28 52, Fax 22 89 02 43 50, www.paradise-greece.com. Großer, komfortabler Platz am gleichnamigen Strand, Zeltverleih, einfache Zimmer, Bungalows, Minimarkt, Restaurants, Cocktail-Bar und Disco. Beliebt sind die regelmäßigen Vollmond-Partys.

Paradise: Das schon 1969 gegründete Self-Service-Restaurant in der Strandmitte ist zwar ziemlich groß und sieht mit seinen Holztischen und -bänken nicht sonderlich anspruchsvoll aus, bietet jedoch vor allem mittags eine hervorragende griechische Tavernenkost. Gut geschärft ist das klassische *spetsofái* (5 €), ein guter Snack zwischendurch ist der Reispudding *risógalo* (2,50 €). Zum reichhaltigen Angebot gehören immer auch diverse Salate und natürlich Gyros zum Mitnehmen oder als Tellergericht.

Reiseatlas: S. 231

An der Südküste

Berühmt-berüchtigt: Super Paradise

Super Paradise Beach

Reiseatlas: S. 231, D 3
Am Plindrí Strand, der heute nur noch Super Paradise genannt wird, ging es bis vor zehn Jahren noch etwas liberaler zu als am Paradise Beach. Aber auch hier tummeln sich heute vor allem Heteros in schicker, knapper Bademode. FKK macht nur noch eine Minderheit. Nur am westlichen Ende des 250 m langen Feinkiesstrandes überwiegen noch nackte Männerpaare beim Sonnenbad.

Cavo Paradiso: www.cavoparadiso.gr. Club am Osthang für 2000 Menschen, Sonnenaufgangs-Partys, ab 3 Uhr morgens bis mittags. Im Juli und August tgl. geöffnet, in der Nebensaison nur am Wochenende.
Tropicana Beach Bar: In-Treff am Strand für ein junges, tanzfreudiges Publikum, berühmte Vollmond-Partys.

Dive Adventures: am Strand gegenüber dem Busstopp, Tel. und Fax 22 89 02 65 39 (Mai–Okt.), Tel. und Fax 21 07 56 05 52 (Nov.–April), www.diveadventures.gr. Tauchkurse für alle Leistungsstufen. Die Kurse werden nach den Richtlinien von CMAS, NAUI, IMCA und PADI durchgeführt. Nacht- und Höhlentauchen, Wracktauchen auf 25–30 m Tiefe zum Frachter ›Anna Maria 2‹, der 1995 gesunken ist.

Coco Club: exquisite Taverne und Bar mit Pool auf den Klippen über dem westlichen Strandende. Hier lässt sich mit herrlicher Aussicht auf den Super Paradise das süße Nichtstun und eine kosmopolitische Atmosphäre genießen.

Agrári Beach

Reiseatlas: S. 231, D 3
Hoch auf den Felsen über der Bucht von Agrári thront eine Villen-Siedlung. Steil führt die Straße hinunter zum 300 m langen und sehr breiten Grobsandstrand. Zwei Hotels dominieren Agrári Beach, der wesentlich weniger besucht ist als seine westlichen Nachbarstrände. Als erste touristische Einrichtung eröffneten Violétta und Níkos Daktilídes vor 30 Jahren das Agrári Beach Restaurant, dann vor 14 Jahren direkt hinter dem Lokal eine Pension und zuletzt eine Strandbar. Wer hier Urlaub macht, sollte motorisiert oder sehr flexibel sein. Agrári kann man sonst nur mit dem Badeboot erreichen. Vom östli-

89

Mykonos

Reiseatlas: S. 231

chen Ende des Strandes läuft man in 15 Gehminuten zum Eliá Strand hinüber, der eine Busverbindung zur Chóra und Áno Merá hat.

Sunrise: Tel. 22 89 07 22 01, Fax 22 89 07 22 03, sunrise-m@otenet.gr. Im weiß-blauen Kykladenstil liegt das moderne Hotel mit Restaurant, Pool und Bars direkt am Strand. 33 Zimmer, DZ HS 160 €, sonst 90 €.

Agrári Beach: Tel. 22 89 07 12 95, Fax 22 89 07 22 02. Einfache Pension 100 m vom Strand mit freundlich-familiärem Service. Das zur Pension gehörende Restaurant serviert griechische Hausmannskost. DZ HS 80 €, sonst 60 €.

Eliá Beach

Reiseatlas: S. 231, E 3

Am Strand von Eliá ist Endstation für die Badeboote. Sie legen am westlichen Ende des Strandes an einer kleinen Felsscholle an. Am 500 m langen Sandstrand gibt es Tavernen und eine Wassersportstation für Jet Ski, Wasserski, Banana und Tubes. Ansonsten wird hier ruhiges Badeleben groß geschrieben. An den von Felsen gerahmten Hauptstrand schließen sich westwärts kleine von Klippen umschlossene, wunderschöne, naturbelassene Badebuchten an. Im Osten begrenzt ein schroffer Hang die Bucht, der mit Bungalow-Anlagen bebaut wurde.

Myconian Imperial Resort: Tel. 22 89 07 95 00, Fax 22 89 07 95 95, www.myconiancollection.gr. Das ultimative Wellness-Hotel mit 101 Zimmern und 10 Suiten, einige mit privatem Pool. DZ HS ab 290 €, sonst ab 180 €.

Eliá Beach: Strandtaverne mit schöner von Spanisch-Rohr bedachter Terrasse, viele griechische Spezialitäten. Moderat.

Jánnis: Bei Insidern und Einheimischen besonders beliebte Taverne am Osthang der Bucht. Moderat.

Kaló Livádi Beach

Reiseatlas: S. 231, E 3

In einer weiten Bucht liegt der 600 m lange, feine Sandstrand Kaló Livádi. Er ist noch fast unverbaut und wenig besucht. Nur an den Felshängen an beiden Enden der Bucht liegen vereinzelt Feriendomizile. Auf der östlichen Landzunge zeugt eine rostende Verladestation vom einstigen Baryt-Abbau auf Mykonos.

Pietra e Mare: Tel. 22 89 07 11 52, Fax 22 89 07 11 41, www.prestigehotels.gr. Ganz ruhig mit Pool am Westhang der Bucht gelegen, schöne Architektur in Naturstein. 19 Studios, DZ HS ab 160 €, sonst ab 100 €.

Papoútsas: Tel. 22 89 07 12 98. Zehn Privatzimmer mit Balkon vermietet Jean F. Papoutsas am östlichen Strandende. DZ HS 60 €, sonst 40 €.

Sol y mar: romantisches Terrassenlokal unter Tamarisken und Spanisch-Rohr am östlichen Strandende. Empfehlenswert sind Langusten frisch aus dem Bassin. Teuer.

Agía Ánna und Kalafáti

Reiseatlas: S. 231, E 2/3

Die Strände von Agía Ánna (100 m feiner Sand) und Kalafáti (600 m Sand, etwas Tamariskenschatten) gehören zu

90

Reiseatlas: S. 231

An der Südküste

den schönsten und dennoch ruhigsten an der mykoniotischen Südküste. Voneinander getrennt werden sie durch den Ansatz der Halbinsel Divoúnia mit zwei markanten Hügeln, die von den Einheimischen scherzhaft ›Brüste der Aphrodite‹ genannt werden. Archäologen haben dort Spuren einer prähistorischen Siedlung entdeckt, von der aber nichts mehr zu sehen ist. Trotzdem lohnt es sich, hinüberzugehen oder zu fahren, denn am Fuß des östlichen Hügels liegt sehr pittoresk der kleiner Weiler Divoúnia mit kleinem Fischerhafen, ein paar Fremdenzimmern und einer guten Fischtaverne.

Anastasía Village: Agía Ánna Beach, Tel. 22 89 07 12 05, Fax 22 89 07 12 69, www.hotelanastasia.gr. Diese liebenswerte Anlage mit Pool und Animationsprogramm besticht durch ihre abgeschiedene Lage auf einem Felsen über dem Strand. 85 Zimmer, DZ HS 182 €, sonst ab 125 €.

Aphrodite Beach: Kalafáti Beach, Tel. 22 89 07 13 67, Fax 22 89 07 15 25, www.aphrodite-mykonos.com. Große Hotelanlage mit Pool am nördlichen Ende des Strandes. Am besten über Reiseveranstalter zu buchen. 150 Zimmer, DZ HS 228 €, sonst 192 €.

Divoúnia: Tel. 22 89 07 14 97. Über die Márkos Taverne kann man vier Privatzimmer und Apartments für 2–3 Personen in Divoúnia mieten. DZ HS 70 €, sonst 40 €.

Spiliá: Agía Ánna, Restaurant mit italienischer Küche und frischem Fisch. Einzigartige Lage: Die Terrassenplätze am Meer sind von den Felsen einer Höhle umrahmt. Ab Mitte Juni Zugang durch das Hotel Anastasía. Teuer.

Thálassa: Kalafáti, elegantes Restaurant am nördlichen Strandende, in dem schon Onassis und Jackie sowie andere Berühmtheiten speisten. Weiße Regie-Stühle bilden einen schönen Kontrast zum Meer. Teuer.

Márkos: Divoúnia, urgriechische Taverne mit guter Auswahl an frischem Fisch und Meeresfrüchten. Günstig, aber Fisch natürlich teuer.

Windsurfing Mykonos: Tel. 22 89 07 23 45, www.pezi-huber.com. Die Station von Pezi Huber an der Strandmitte der Kalafáti Bucht bietet neben Surfen auch Wasserski und Jetski an.

Kalafáti Dive-Center: Tel./Fax 22 89 07 16 77, www.mykonos-diving.com. Die Tauchbasis des deutschen Tauchprofis Waldemar Foit liegt am Agía Ánna Strand und ist auch bei der Unterkunftssuche behilflich. Die Ausbildung erfolgt nach den Richtlinien von CMAS und PADI, auch Nitrox-Kurse. Getaucht wird vom eigenen, 10 m langen Tauchkutter zu Wracks, Grotten und Amphorenfeldern.

Liá Beach

Reiseatlas: S. 231, F 2
Am weitesten von Mykonos-Stadt entfernt und nur mit dem eigenen Fahrzeug erreichbar: Liá, ein stilles Plätzchen mit einem 200 m langen Grobsand-Kieselstrand, der beiderseits von Felszungen eingefasst ist. Es gibt einige Privatzimmer, aber noch keine Hotels.

Lia: familiär geführte, gute Fischtaverne im Hinterland der Bucht. Vater fährt aus zum Fischen, Mutter zaubert in der Küche. Auch gute Auswahl an gekochten Gerichten. Moderat.

91

Mykonos

Reiseatlas: S. 231

Áno Merá

Reiseatlas: S. 231, E 2

Áno Merá ist mit nur knapp 700 Einwohnern die zweite historische Ortschaft der Insel. Der Tourismus ist natürlich auch an ihr nicht spurlos vorübergegangen; dennoch hat sich das Dorf viel von seiner Ursprünglichkeit bewahrt. Hauptattraktionen sind der idyllische, autofreie Dorfplatz mit Tavernen und zwei Klöster.

Das bedeutendere der beiden Klöster, **Panagía Tourlianí,** steht unmittelbar am Dorfplatz (tgl. 9–13 und 14–19.30 Uhr). Mönche von der Insel Páros haben es 1542 gegründet. Die meisten Bauten stammen aber erst aus dem Jahr 1767. Den Vorhof überragt ein marmorner Glockenturm, der mit volkstümlich-naiven Reliefs geschmückt ist. Man erkennt religiöse Motive wie Maria mit dem Kind und einen Seraphim, also einen Engel, der nur aus Kopf und Flügeln besteht. Solche Seraphime haben wie in der Antike das Haupt der Medusa mit ihrem Schlangenhaar eine apotropäische Funktion: Sie sollen Übel fernhalten. Zugleich sieht man aber auch Alltagsszenen: einen Bauern in Tracht, einen Mönch und einen Abt in ihrer jeweiligen Gewandung.

Für Gläubige ist die wundertätige, mit Gold und Silber reich verkleidete Marienikone der bedeutendste Schatz des Klosters. Zahlreiche Votivtäfelchen, ein als Vollplastik gestaltetes silbernes Segelschiff und ein ebenso vollplastischer Engel sind einige der vielen Dankesgaben, die sie erhielt. Wer nicht an Wunder glaubt, findet trotzdem Wundervolles: die Holzschnitzarbeiten an der Ikonostase und vor allem am Bischofsthron der Kirche. Er ruht auf zwei prächtig dasitzenden hölzernen Löwen, sein Baldachin ist von einer aus Holz imitierten Stoffbordüre mit Troddeln verziert. Die Schnitzereien an der Ikonostase zeigen nicht nur biblische Szenen, sondern auch ein Einhorn und ein Pferd mit Reiter, Greifen und Drachen, Blüten und Obstkörbe – jeder Blick offenbart dem Betrachter neue Überraschungen.

Verlässt man das Kloster und geht einfach geradeaus an der Schmalseite des Dorfplatzes entlang weiter, stößt man an der nächsten Ecke auf ein interessantes Paar: Auf der einen Straßenseite liegt die **Käserei Ergastírio Kopanistís Míkonou,** auf der anderen das **Kafenío Odós Aráxame.** Im weißen Kubus mit den grünen Fensterläden, in dem sich die Käserei verbirgt, wird aus Schafs-, Kuh- und Ziegenmilch die mykoniotische, sehr herzhafte Käsespezialität *kopanistí* hergestellt. Wer mag, kann sie hier für ca. 16 € pro Kilogramm gleich kaufen – oder im Kaffeehaus gegenüber bei einem Gläschen Oúzo genießen. Wirt Vasílis hat das Kafenío, das zuvor ›I Ellás‹ hieß, umbenannt. Sein heutiger Name gleicht einer Aufforderung, es bedeutet übersetzt in etwa ›Die Straße, in der wir vor Anker gehen wollen‹. Das lohnt sich, denn hier geht es noch sehr ursprünglich zu. Frau und Tochter des Wirts backen nicht nur die leckeren orientalischen Kuchen selbst, sie bereiten nachmittags auch die Teigkrapfen *loukoumádes* zu. Günstig.

Daphne: feines, 2001 eröffnetes Restaurant an der zentralen Dorfplatía mit französischer und mykoniotischer Küche, ab 11 Uhr, ganzjährig geöffnet. Hier werden fast ausschließlich heimische Produkte und Gemüse der Saison von kleinen biologisch arbeitenden Farmen verwendet. Die Wirtin Anastasia hat viel gelernt im berühmten Restaurant Katrin's in Mykonos-Stadt, denn sie ist die Tochter der Inhaberin. Allerdings sind die Preise dieses ›Katrin's des ländlichen Mykonos‹ – wie man das Restaurant auch nennen könnte – erheblich moderater als in der Stadt. Zum Nachtisch sollte man den köstlichen Apfelkuchen probieren.

Café:
I Éllas: originelles Kafeníon mit einem nachgebildeten Taubenhaus (s. S. 92).

Organic Farm – Winery of Mykonos: Die einzige Weinkellerei der Insel liegt abseits der Straße von Áno Merá nach Fokós (Wegweiser vorhanden). Meist ist der Winzer, Níkos Assimomátis, selbst anwesend und erklärt gern seine Weine. Juni–Sept. tgl. 9–15 Uhr.

15. August: Großes **Kirchweihfest im Kloster Tourlianí** mit Prozession am Vormittag.

Kloster Paleókastro

Reiseatlas: S. 231, E 2
Kommt man von der Inselhauptstadt her, führt am Ortsanfang von Áno Merá eine entsprechend beschilderte Straße nach links zum Kloster Paleókastro (tgl. 9–12 Uhr, im Winter auch 17–18.30, im Sommer 20–21 Uhr). Seine wehrhaften Mauern aus dem 17. Jh. mit einer Pechnase über dem Eingangstor umschließen einen rechteckigen Klosterhof, den ein Eukalyptusbaum beschattet. Die einzige Bewohnerin der Klosters, die alte Nonne Methodía, hat den Innenhof mit über 100 Blumentöpfen verschönert.

Die kleine Klosterkirche lohnt nicht mehr als einen Höflichkeitsbesuch, aber der unmittelbaren Umgebung des Klosters sollte man ein paar Minuten widmen. Der Vorplatz unter hohen Eukalyptusbäumen, in deren Ästen Schaukeln hängen, ist wie so oft auf den Kykladen durch lange Betontische und -bänke verunziert. Hier nahm die Festgemeinde nach dem Gottesdienst zum (heute nicht mehr groß begangenen) Kirchweihfest ihr mitgebrachtes Mahl ein. Wenige Schritte oberhalb steht eine kleine, moderne Kapelle und unmittelbar darüber ein seltsamer, etwa 2,50 m hoher Stein aus Granit, der wie ein Menhir (man denke an Obelix) wirkt. Sein Alter ist unbekannt; vielleicht war er Teil eines antiken Grabes.

Geht man nun auf der am Kloster vorbeiführenden Asphaltstraße noch etwa 100 m weiter bergan, passiert man ein Haus, dessen Inhaber sein Garagentor ideenreich aus alten Türen zusammengesetzt hat, und ein weiteres Gehöft mit der Ruine eines alten Taubenturms. Dann steht rechts am Straßenrand eine Kapelle mit sehr fotogener Kakteenhecke. Auf dem niedrigen Fels gegenüber liegen die Ruinen einer mittelalterlichen Burg der venezianischen Adelsfamilie Ghyzi. Unterhalb dieses Kastells haben die Archäologen Reste einer weitaus älteren Stadtmauer entdeckt.

Mykonos

Reiseatlas: S. 231

Der Inselosten

Reiseatlas: S. 231, E 1–E/F 2

Der äußerste Osten von Mykonos rund um den Berg Profítis Ilías Aneromítis ist ein schwer zugängliches, landwirtschaftlich schon lange nicht mehr genutztes Gebiet, das trotzdem einmal für Mykonos von großer wirtschaftlicher Bedeutung war: Hier ließ das amerikanische Unternehmen Micobar noch bis Ende der 1970er Jahre Baryt abbauen. Die Spuren dieser Aktivitäten sind in der Region vielerorts sichtbar: verlassene Bergarbeiter- und Lagerhäuser, verrostende Loren und Förderbänder, Bergbauschächte und defekte Gerätschaften jeder Art.

Auf einer Fahrt in den Inselosten lässt man das bekannte Mykonos weit hinter sich. Es gibt zwar auch hier einige kleine Strände, doch deren einzige Besonderheit ist ihre Einsamkeit. Will man die gesamte Tour unternehmen, benötigt man zudem ein geländegängiges Fahrzeug oder Motorrad. Die Straßen sind größtenteils unbefestigt, immer wieder einmal machen Verwerfungen die Weiterfahrt für normale Autos problematisch.

Die vorgeschlagene Tour beginnt in Áno Merá, schließt Abstecher an die Strände Páno und Káto Tigáni, Merchiás, Fokós Beach und Mersíni Beach ein und endet wieder in Áno Merá. Wie beschrieben ist sie 29 km lang, ohne die Abstecher zum Merchiás, Fokós und Mersíni Beach 19 km.

Bis zu der Stelle, an der ein Schild die Auffahrt auf den 353 m hohen, mit Antennen gespickten Berg Profítis Ilías Anomerítis untersagt, ist die Straße noch asphaltiert. 2,5 km weiter zweigt von der Piste ein Feldweg zum Meer ab. Er umrundet zunächst den etwa 400 m langen Sand-Kiesstrand **Páno Tigáni** und endet dann an der meist menschenleeren Bucht **Káto Tigáni.**

Die Piste erreicht nun das eigentliche Baryt-Abbaugebiet. Da Baryt überwiegend in Felsadern im Gestein vorkommt, sieht man des öfteren von Menschenhand auf der Suche nach dem Mineral geschlagene Schluchten, an einer Stelle aber auch den Eingang zu einem unterirdischen Stollen. 2 km nach der Abzweigung zu den Tigáni Stränden passiert man ein Geisterdorf mit den Ruinen der Arbeiterhäuser, Verwaltungsgebäude und Lager. 1100 m weiter biegt nach rechts ein Feldweg hinunter zum **Merchiás Beach** ab. Eine kleine Felszunge mit Kirchlein und Bootsgaragen trennt hier zwei Strandbuchten voneinander: die eine sandig und 150 m, die andere sandig und kieselig und 200 m lang. Bei unserem letzten Besuch waren beide Strände leider stark von Teerablagerungen verschmutzt.

Die Piste geht etwa 1500 m weiter wieder in eine Asphaltstraße über. Nach 1400 m zweigt eine sehr gute Erdstraße zum ruhigen **Fokós Beach** ab. Sie passiert einen langgestreckten und schmalen Stausee in einem engen Bachtal, dessen Wasser seit 2001 für die Feldbewässerung genutzt werden kann, und endet dann an einer empfehlenswerten Taverne. Der Grobsandstrand ist etwa 250 m lang, im Frühsommer blühen darauf viele Sträucher weiß und violett. Eine mittelmäßige Pis-

Reiseatlas: S. 231

Inselosten

Auch Ruhesuchende finden den passenden Strand: Fokós Beach

te führt von hier noch 600 m weiter bis zum **Mersíni Beach,** zwei Grobsandstränden von insgesamt etwa 450 m Länge.

Fokós: als einziges Gebäude steht die Taverne des ehemaligen Schiffsingenieurs Chrónos und seiner kanadischen Frau Kate seit dem Jahr 2000 an der Bucht. Das Brot ist selbstgebacken, die hausgemachten Vorspeisen und Salate sind exzellent. Man probiere z. B. *tsamboulé*, ein Weizenschrotgericht mit Kräutern, oder die köstlichen Wildblätter *glistrída*. Für den größeren Appetit gibt es mykoniotisches Fleisch und Fisch auf dem Grill zubereitet. Ein idyllischer, momentan noch sehr ruhiger Ort auf Mykonos! Moderat.

95

Delos

Reiseatlas: S. 230

DELOS

Delos ist einzigartig. Keine andere archäologische Stätte in Griechenland liegt so abseits von der heutigen Welt. Mit etwas Fantasie kann man diese antike Großstadt wieder mit Leben erfüllen, ohne dass man durch knatternde Mopeds und hupende Autos wieder in die Gegenwart zurückgeholt wird. Schade, dass man sich dabei beeilen muss: Nach 15 Uhr gehört Delos ganz seinen Wärtern.

Rundgang

Vom Anleger zur Löwenterrasse

Reiseatlas: S. 230, B 3/4
Öffnungszeiten: Di–So 9–14.30 Uhr,
Eintritt: 5 €
Vom **Bootsanleger** [1] gelangt man vorbei am Kassenhäuschen zur **Agorá der Kompitaliasten** [2]. Dieser kleine Platz diente seit dem 2. Jh. v. Chr. den auf Delos ansässigen Sklaven als Versammlungsplatz. Hier verehrten sie den Handelsgott Hermes und die Schutzgötter der Wegkreuzungen (*Lares Compatiles*). Auf der Agorá stehen zahlreiche kleine Rundaltäre mit Stierkopf-Dekoration sowie ein großer Rund- und ein großer Stufenaltar. Der marmorne Türrahmen eines Hauses in Trilith-Form erinnert an den Trilithen Pórtes auf Mykonos (s. S. 85) und bestätigt, dass es sich dort auch um einen Eingang handeln muss.

In der linken oberen Ecke der Agorá beginnt die **Heilige Straße** [3], die in den Heiligen Bezirk führt. Sie ist 13 m breit und wurde zu beiden Seiten von Säulenhallen gesäumt. Links erhob sich seit 210 v. Chr. der 72 m lange und 11 m breite **Philipps-Portikus** [4] aus blaugrauem Marmor. Die jetzt in Kniehöhe aufgestellten Reste des Architravs tragen auch deutlich sichtbar die Stifungsinschrift ›Dargebracht von Philipp, König von Makedonien, Sohn des Königs Demetrios, für Apollon‹.

Die gegenüberliegende Straßenseite flankierte der 66 m lange und 18 m breite **Süd-Portikus** [5], den die Könige von Pergamon Mitte des 3. Jh. v. Chr. stifteten. Hinter der Säulenhalle lagen 14 Räume, die als Läden oder Büros der Marktaufseher dienten.

Die Heilige Straße mündet auf einen kleinen Platz vor den **Propyläen** [6] zum Heiligen Bezirk. Die vier Marmorstufen und die vier dorischen Säulen dieses im 2. Jh. v. Chr. von Athen gestifteten Torbaus machten den Gläubigen bewusst, dass sie aus dem profanen in den sakralen Bezirk der Insel

DELOS – MYTHOS UND WIRKLICHKEIT

Mythos und Religion müssen häufig zur Verklärung herrschender Zustände herhalten. Für Delos sind zwei Mythen von besonderer Bedeutung:

Göttervater Zeus, Held vieler amouröser Abenteuer, stellte dem Sternenmädchen Asteria nach. Es floh vor ihm ins Meer und trieb dort fortan ruhelos als kleine Insel hin und her. Zeus tröstete sich derweil mit einer Titanentochter namens Leto. Als seine Gemahlin Hera erfuhr, dass Leto mit Zwillingen schwanger ging, verbot sie aller Welt, der Leto Zuflucht für die Geburt zu gewähren. Nur Asteria erbarmte sich ihrer und blieb fortan fest verankert im Mittelpunkt der Kykladen stehen. Neun Tage und Nächte lang plagte Hera die gebärende Leto mit Wehen, bis schließlich der Gott Apoll und die Göttin Artemis als Zwillinge unter einer Palme das Licht der griechischen Welt erblickten. Apoll und Artemis erwiesen sich als dankbare Götterkinder und ließen zum Schutze ihrer Mutter auf der Insel ein Heiligtum errichten. Damit war die Wahl eines solch kleinen Inselchens als Sitz eines so bedeutenden Kultes erklärt.

Der wahre Grund war ein anderer. Delos war ein Heiligtum für alle ionischen Griechen der Antike, also für fast alle Insulaner und die Menschen in Athen und Attika. Dass dieser Inselwinzling solch große Bedeutung erlangen konnte, lag vor allem daran, dass man eine gemeinsame Kultstätte brauchte, sie aber auf keine der größeren, machtpolitisch miteinander konkurrierenden Eilande legen konnte. Delos anfängliche Unbedeutenheit war also ihr Glück.

Der zweite Mythos bringt den athenisch-attischen Nationalhelden Theseus in Verbindung mit Delos. Die Athener mussten in grauen Vorzeiten alljährlich je sieben Jungfrauen und Jünglinge nach Kreta schicken, die dort im Labyrinth von Knossos einem grausamen Ungeheuer, dem Minotaurus, zum Fraß vorgeworfen wurden. Im dritten Jahr dieser Tributzahlung fährt der Athener Königssohn Theseus mit. Er gewinnt die Zuneigung der kretischen Königstochter Ariadne. Sie gibt ihm ein Garnknäuel mit ins Labyrinth, das er beim Hineingehen abspult. Es gelingt Theseus, den Minotaurus zu töten; mit Hilfe des abgewickelten Garns finden er und seine Begleiter anschließend wieder aus dem Labyrinth heraus und können fliehen. Ariadne nehmen sie mit, lassen sie jedoch anschließend auf Náxos zurück (wo sie der Gott Dionysos findet und zur Frau nimmt). Theseus legt mit seinen Gefährten auf der Weiterfahrt auf Delos an, um hier dem Apoll mit einem Tanz (dem so genannten ›Kranichtanz‹) zu huldigen, der das glückliche Entkommen der Athener versinnbildlichen sollte. Dieser Tanz stand im Mittelpunkt des wichtigsten delischen Festes, der alljährlich stattfindenden Panionia. Die Athener konnten durch diesen Mythos belegen, dass ihr Nationalheld dieses Fest gestiftet hatte und daraus ihre Machtansprüche über die Insel ableiten.

Delos

Reiseatlas: S. 230

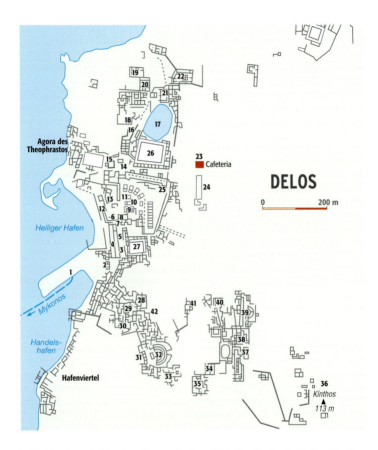

1 Bootsanleger   2 Agorá der Kompitaliasten   3 Heilige Straße   4 Philipps-Portikus   5 Süd-Portikus   6 Propyläen   7 Hermes-Stele   8 Haus der Naxier   9 –11 Fundamente dreier Tempel   12 Kouros-Statuen   13 Ekklesiasterion   14 Letoon   15 Granit-Haus   16 Löwenterrasse   17 Heiliger See   18 Versammlungshaus der Poseidoniasten   19 Haus der Komödianten   20 Haus des Diadoumenos   21 See-Haus   22 Palästra   23 Cafeteria   24 Archäologisches Museum   25 Phalli   26 Agorá der Italiker   27 Agorá der Delier   28 Haus des Dionysos   29 Haus der Kleopatra   30 Haus des Dreizacks   31 Zisterne   32 Theaterränge   33 Gästehaus   34 Haus der Delfine   35 Haus der Masken   36 Kínthos   37 Heraion   38 Isis-Tempel   39 Heiligtum der syrischen Götter   40 Haus des Inopos   41 Haus des Hermes   42 Aphrodite-Tempel

98

eintraten. Rechts vor den Propyläen bewacht seit 340 v. Chr. eine **Stele des Gottes Hermes** 7 den Eingang zum Heiligen Bezirk.

Der Heilige Bezirk

Im Heiligen Bezirk sind die meisten Monumente viel älter als im städtischen Bereich, der ständigen Wandlungen unterworfen war. Gleich rechts hinter den Propyläen liegen die Grundmauern vom **Haus der Naxier** 8. Vor diesem repräsentativen Bau (um 560 v. Chr.), der allen Griechen den naxischen Reichtum vor Augen führen sollte, stand eine marmorne Kolossalstatue des Apoll (7. Jh. v. Chr.), von der aber nur ein Teil der Basis erhalten ist. Darauf ist zu lesen: ›Statue und Basis, wir sind aus dem gleichen Stein‹ – stolzer Ausdruck dafür, dass der 9 m hohe Koloss als Monolith, also aus einem Stück gearbeitet war.

Daran schließen sich nun rechterhand die **Fundamente dreier Tempel** 9– 11 an. Sie spiegeln Machtkämpfe um Delos wieder. Der linke Tempel, vor dem der ›Philetairos-Sockel‹ aus dem 3. Jh. v. Chr. steht, war der älteste und stammte aus dem 6. Jh. v. Chr. Den rechten, sehr viel größeren begannen die Athener schon 477 v. Chr. zu bauen. Den Deliern misshagte aber dieser monumentale Prachtbau zum Ruhme Athens und sie behinderten ihn mit allen Mitteln. Deswegen schufen die Athener zunächst einmal den mittleren, kleineren Tempel, bis sie dann 200 Jahre später auch den monumentalen Bau weitgehend beenden konnten.

15 m weiter führt ein kurzer Stichweg auf drei Säulen zu, die zu einem Artemis-Heiligtum gehörten. Hier haben sich eindrucksvolle Reste zweier weiterer naxischer **Kouros-Statuen** 12 erhalten. Unmittelbar nördlich davon liegen die auffälligen Überreste des **Ekklesiasterion** 13. Viele Steinblöcke sind hier mit Reliefs in Kreuzesform geschmückt: sicheres Zeichen für die Umwidmung eines heidnischen in ein christliches Gebäude.

Kehrt man nun auf den Hauptweg zurück, gelangt man zwischen dem **Letoon** 14, einem Tempel für die Mutter des Apollon und der Artemis aus dem 6. Jh. v. Chr., und dem **Granit-Haus** 15 aus dem 2. Jh. v. Chr. hindurch zur berühmten **Löwenterrasse** 16. Neun Löwen aus naxischem Marmor blickten ursprünglich von dieser 50 m langen Terrasse auf den Geburtsort des Apoll; fünf davon blieben erhalten. Im Oktober 1999 brachte man die Originale aber ins Museum von Delos, an Ort und Stelle stehen heute Kopien.

Die Löwen blicken auf den einstigen **Heiligen See** 17, der vor ca. 100 Jahren von den Archäologen trockengelegt wurde, weil er für sie eine erhebliche Malariagefahr barg. Seine Umrisse werden durch eine deutlich sichtbare, moderne Mauer angedeutet. Wo einst die Insel schwamm, auf der Apollon und Artemis von Leto geboren wurden, haben die Ausgräber schon im vorletzten Jahrhundert eine Palme gepflanzt.

Vom Heiligen See zum Museum

Im Nordwesten und Nordosten des Heiligen Sees entstanden in hellenistisch-römischer Zeit zahlreiche weltli-

Delos

Reiseatlas: S. 230

che Gebäude, die zwar wenig besucht, aber sehr interessant sind. In der Lesche, also dem **Versammlungshaus der Poseidoniasten** 18 trafen sich wie in einer Art englischem Club die aus der Region des heutigen Libanon stammenden, auf der Insel lebenden Reeder und Kaufleute, die den Meeresgott Poseidon zu ihrem Schutzgott gewählt hatten. Vier von einst 18 dorischen Säulen stehen noch am Rande einer tiefen Zisterne im Innenhof des Gebäudes.

Geht man den Weg dorthin noch etwas weiter und biegt dann nach rechts ab, kommt man an mehreren Häusern mit schwarz-weißen Bodenmosaiken vorbei, die erst zwischen 1961 und 1975 freigelegt wurden. Die dort im so genannten **Haus der Komödianten** 19 gefundenen figürlichen Mosaike hat man ins Museum verbracht. Im **Haus des Diadoumenes** 20 ist eine imposante Doppelzisterne zu sehen, im **See-Haus** 21, in der Sprache der Ausgräber klangvoller als Maison du Lac bezeichnet, stehen noch viele Säulen aufrecht. Besonders schön ist dort ein farbiges Bodenmosaik mit Blüten im zentralen Medaillon.

Geht man nun in Richtung Museum, also auf den großen gelben Bau zu, passiert man die als **Palästra** 22 bezeichnete Sportstätte für Ringer und Faustkämpfer und sieht viele aus dem Boden herausragende antike Tongefäße. Unmittelbar vor dem Museum erreicht man dann eine **Cafeteria** 23 mit WC und Kartentelefon. Die Preise sind hoch – angesichts des Durstes werden

Haus des Inopos

sie aber von fast jedem Besucher widerspruchslos akzeptiert.

Archäologisches Museum

Das **Archäologische Museum** 24 birgt Kunstobjekte und Alltagsgegenstände aus über acht Jahrhunderten. In Anbetracht der geringen für Delos zur Verfügung stehenden Zeit sollte man sich auf einige wenige Ausstellungsstücke konzentrieren. Geht man vom Eingang aus geradeaus weiter, kommt man zu mehreren sehr schönen archaischen Kouros-Statuen aus dem 7. und 6. Jh. v. Chr. und dann zu den Original-Löwen von der Löwenterrasse. Geht man nun entgegen dem Uhrzeigersinn weiter, passiert man eine Statue aus der Zeit um 480 v. Chr., die die Entführung der Oreithiia durch Boreas darstellt, und steht dann vor den beiden Statuen des Papposilenus: in Ziegenfelle gehüllte Schauspieler aus dem 2. Jh. v. Chr. Sehr schön sind die farbigen Mosaike mit besonders feinen Tessellae (Steinchen). Links ist die Göttin Athena mit Helm, Speer und Eule zu sehen, rechts der Gott Hermes mit seinen typischen Insignien: Sandalen und Botenstab.

Seltenheitswert hat eine steinerne Votivstele mit einem eingelassenen Bronzerelief. Es zeigt die Göttin Artemis, die zusammen mit zwei Sartyren ein Opfer auf einem Stieralter vorbereitet. Solche steineren Stelen mit Metallreliefs waren früher häufig, zu finden sind sie von Archäologen nur selten, da spätere Generationen das Metall einschmolzen und anderweitig wieder verwendeten.

Delos

Reiseatlas: S. 230

Vorbei an figürlichen Wandmalereien und einer Reihe schöner, kleiner Mosaike kommt man schließlich wieder zum Kassenraum und in den sich daran anschließenden letzten Saal mit einer reichhaltigen Sammlung von Öllampen in verschiedensten Formen.

Vom Museum zum Theater

Dem Museum gegenüber markieren zwei große, steinerne **Phalli** 25 die von den Ausgräbern so genannte Kapelle des Dionysos. Der südliche der beiden, um 300 v. Chr. errichtet, trägt auf drei Seiten seines Sockels Reliefs. Eins zeigt einen Hahn, bei dem ein Phallus Hals und Kopf ersetzt. Solche Hähne wurden bei den Festumzügen zu Ehren des Dionysos von den Gläubigen herumgetragen. Nordwestlich der Phalli ist einer der Marktplätze der Insel zu erkennen, die **Agorá der Italiker** 26. Unser Rundgang führt nun aber in Richtung moderner Bootsanleger zur **Agorá der Delier** 27, die ursprünglich auf drei Seiten von Säulenhallen umstanden war. Kurz darauf ist wieder die Agorá der Kompitaliasten erreicht.

In ihrer Südwestecke beginnt ein bergan führender Weg, der durch die besten Wohnviertel der antiken Stadt führt. Linkerhand liegt das **Haus des Dionysos** 28. Es trägt diesen Namen, weil auf seinem Boden ein besonders schönes römisches Mosaik liegt, dass den Gott des Weins, der Fruchtbarkeit und des Theaters auf einem Tiger oder Panther reitend zeigt. Wer sich Dionysos genauer anschaut, bemerkt, dass er Schwingen trägt – wie die Engel der christlichen Sakralmalerei.

Kurz darauf führt ein Wegweiser zum etwas abseits der Hauptgasse gelegenen, besonders häufig fotografierten **Haus der Kleopatra** 29. Die gleichnamige ägyptische Pharaonin hat dieses Haus nie gesehen; es ist nach einer Athener Bürgerin dieses Namens benannt. Ihre kopflose Statue steht zusammen mit der ihres Mannes auf einem gemeinsamen Sockel. Der trägt eine längere Inschrift, in der jene Kleopatra stolz verkündet, dass sie zwei silberne Dreifüße für den Apollon-Tempel von Delphi gestiftet habe.

Auf die Hauptgasse zurückgekehrt, folgt links das **Haus des Dreizacks** 30. Es wurde von den Archäologen teilweise rekonstruiert und vermittelt so einen guten Eindruck von der Höhe der antiken Häuser. Die Farben der Bodenmosaike sind hier recht grell. Man sieht einen schwarzen Delfin, der sich um einen roten Anker schlingt, und einen mit einem Band verzierten Dreizack.

Anschließend ist ein kleines Plateau erreicht. Man blickt hinunter auf die Bögen einer großen, neunteiligen **Zisterne** 31 und hinauf auf die **Ränge des delischen Theaters** 32 aus dem 3. Jh. Es bot einst 5500 Zuschauern Platz.

Vom Theater zum Kínthos

Geht man nun an der Südwestseite des Theaters entlang, kann man einen Abstecher in das **Gästehaus der Stadt** 33 von den französischen Archäologen Hôtellerie genannt unternehmen. Es besaß eine extrem große Zisterne.

An einem noch nicht ausgegrabenen Areal vorbei geht es nun weiter zum **Haus der Delfine** 34. Im Westeingang

Plan: S. 98 | **Rundgang**

liegt ein besonders interessantes Mosaik: Ein Symbol der phönizisch-karthagischen Göttin Tanit in Gestalt dreier ineinander gefügter Dreiecke, auf deren Spitze zwischen zwei abstrahierten Armen ein ebenfalls abstrahierter Kopf sitzt. Seine Funktion war es, Übel vom Haus fernzuhalten, also apotropäisch zu wirken. Ein weiteres Mosaik zeigt vier Delfine.

Diesem Haus gegenüber erhob sich im 2. Jh. v. Chr. das **Haus der Masken** 35 mit besonders reichem Mosaikschmuck. In vier leider überhaupt nicht beleuchteten Räumen sind im Halbdunkel Darstellungen von Theatermasken, Dionysos auf einem Geparden, ein tanzender Silene, ein Vogel und eine Amphore gerade noch zu erkennen. Nun geht man weiter auf den Inselberg **Kínthos** 36 zu. Ein deutlich auszumachender Treppenweg führt hinauf. In der Antike trug er ein Heiligtum für Zeus und Athena; heute lohnt der Aufstieg bei genügend Zeit und Kondition vor allem des Ausblicks wegen.

Vom Kínthos zur Terrasse der fremden Götter und zurück zum Anleger

Der Treppenweg hinauf auf den Gipfel beginnt kurz vor dem **Heraion** 37, einem kleinen Tempel für die Göttin Hera, von dem zwei Säulen wieder aufgerichtet wurden. Dann steht man vor der sehr fotogenen Fassade eines **Isis-Tempels** 38, den die Bürger Athens um 130 v. Chr. für die ägyptische Göttin bauen ließen. Er ist Teil eines Sarapeieion genannten Bezirks, in dem außer-

dem auch ein Tempel für den ägyptischen Gott Sarapis stand. Nördlich schließt sich das **Heiligtum der syrischen Götter** 39 an, in dem insbesondere Atargatis und Hadad verehrt wurden. Zu diesem Heiligtum gehört ein kleines Theater.

Nun geht man abwärts zum **Haus des Inopos** 40, von dem noch vier Säulen aufrecht stehen, und kommt dann zum beeindruckendsten Gebäude der Insel, dem von Reisegruppen meist nicht besuchten und deswegen idyllisch-ruhigen **Haus des Hermes** 41. Das an einem Hang erbaute, dreigeschossige und teilweise rekonstruierte Haus stammt aus dem 2. Jh. v. Chr.

Im Erdgeschoss passiert man zunächst die ehemalige Latrine und daran anschließend einen zweiten Raum, der offenbar Badezimmer und Küche zugleich war. Im Innenhof und in dessen Seitenräume haben sich noch Reste der Wandfarben erhalten. Stufen führen in das Obergeschoss mit eindrucksvollen Kolonnade.

Von hier aus geht man am besten auf die vier in einer Reihe stehenden Säulen zu, passiert die spärlichen Überreste eines **Aphrodite-Tempels** 42 und kommt dann nahe dem Haus der Kleopatra wieder auf die Hauptgasse des Wohnbezirks, die einen zurück zum Bootsanleger führt.

🍴 Teure Cafeteria neben dem Museum, außer Getränken nur Snacks.

🔄 **Schiffsverbindungen:** tgl. mehrmals mit Mykonos, während der Saison je nach Nachfrage ein- bis mehrmals wö. mit Páros und Náxos.

Páros – die Marmorinsel

Am Hafen von Náoussa

Reiseatlas S. 232–235

Páros

Reiseatlas: S. 232–235

IM ZENTRUM DER ÄGÄIS

Páros ist anders als Mykonos und Náxos eine Insel ohne Extreme. Vielleicht hat sie gerade deshalb so viele Liebhaber gefunden. Ihr höchster Gipfel ragt zwar immerhin 776 m hoch auf, doch gleichen die parischen Berge nicht einem wuchtigen Massiv wie die auf Náxos, sondern eher einem friedvollen Mittelgebirge. Steilufer fehlen völlig, fast überall begleitet eine breite Küstenebene den Ufersaum.

Anders als auf Mykonos und Náxos gibt es auf Páros zwei Küstenstädtchen von historischer und touristischer Bedeutung: die heutige Metropole Parikiá und das erst durch den Fremdenverkehr vom Fischerdorf zur urbanen Siedlung herangewachsene Náoussa mit seinem bildschönen Hafen. Im Gegensatz zu Mykonos gibt es eine ganze Reihe von Dörfern, die aber nicht wie auf Náxos zu einem großen Teil in den Bergen, sondern an und nahe der Küste liegen.

Was Páros außerdem von den beiden Schwesterinseln unterscheidet, ist die größere Auswahl an ausgesprochenen Badeorten. Neben Parikiá und Náoussa sind das Alikí im Süden und Píso Livádi sowie Driós mit dem Golden Beach im Osten. Wie die beiden anderen Inseln besitzt auch Páros eine Vielzahl von Stränden, doch sind sie zumeist kürzer und schmaler als dort. Charakteristisch sind die winzigen Strände zwischen schön geformten Felsschollen und -knollen in Kolimbíthres an der Bucht von Náoussa. Für Windsurfer gilt das Revier vor dem Golden Beach als einzigartig auf den Kykladen.

Maß hält Páros auch im Nachtleben. Die Extravaganz von Mykonos fehlt, doch ist das Angebot an Discos und Clubs weitaus größer als auf dem ländlicher gebliebenen Náxos.

Trotz seines edlen Marmors ist Páros in der Vergangenheit nie eine wirklich reiche Insel gewesen. So hat man vor allem im Bereich von Parikiá zwar zahlreiche Spuren antiker Bauten gefunden; wirklich Eindrucksvolles aber ist nirgends zu sehen. Von überregionalem Rang ist auf dieser Insel nur ein Kirchenkomplex: Die Ekatontapilianí in Parikiá. Klöster gibt es auf Páros wie überall in der griechischen Inselwelt – doch zeigen sie sich hier eher besucherfeindlich. Die Mönche von Longovárdas

---

Páros in Zahlen

Fläche: 186 km^2
Höchster Inselberg: Profítis Ilías (Ág. Pándes) 776 m
Einwohner: 12 850
Entfernungen vom Hafen Parikiá:
- Piräus 91 sm
- Rafina 81 sm
- Mykonos 26 sm
Entfernungen zwischen der Stadt Parikiá und anderen Punkten auf der Insel:
Náoussa 10 km, Léfkes 11 km, Píso Livádi 19 km, Alikí 12 km, Poúnda 7 km

106

Páros

Verkehrsknotenpunkt der Fährschifffahrt: Der Hauptort Parikiá

lassen keine Damen ein, die Nonnen mehrer Klöster wollen überhaupt keine nicht-orthodoxen Besucher.

Umso besucherfreundlicher erweisen sich auf Pàros die Verkehrsverbindungen. Von Parikiá und mit Einschränkungen auch von Náoussa aus sind die meisten Inselorte mehrmals täglich bequem per Linienbus zu erreichen, so dass sich auch Wanderungen ganz unterschiedlicher Länge gut planen und durchführen lassen. Und schließlich sind zwei andere Inseln weniger als eine Stunde vom geschäftigen Hafen Parikiá entfernt: Náxos und Antíparos. So bieten sich auch Möglichkeiten zu relativ peiswerten Tagesausflügen per Schiff.

Páros   Reiseatlas: S. 232

PARIKIÁ (PÁROS-STADT)

Der geschäftigste Fährhafen der Kykladen macht Parikiá zu einem Städtchen, das immer in Bewegung ist. Doch zugleich kann man hier auch viel Muße finden: an den Sandstränden, die nur wenige Minuten nördlich und südlich des Fähranlegers beginnen, in Dutzenden kleiner Gassen, in den schattigen Innenhöfen der Tavernen und in Cafés, deren Tische und Stühle auf uraltem Pflaster stehen.

Stadtrundgang

Reiseatlas: S. 232, C 2/3
Die Inselhauptstadt Parikiá, auch Chóra oder Páros genannt, liegt an einer weiten Bucht. Nur das historische Zentrum, das Kástro-Viertel, steht auf einem 15 m hohen Gneisfelsen. Um die Altstadt herum sind Neubauviertel mit Hotels und Pensionen entstanden. Die Altstadt ist autofrei; selbst die ansonsten allgegenwärtigen Mopeds zwängen sich nur selten durch diese Gassen. Anders als auf Mykonos oder Náxos fällt die Orientierung in Parikiá sofort leicht, denn außer der Uferstraße gibt es nur zwei Hauptachsen, die die Altstadt durchziehen und die beide an der Platía Mavrogénous in der Nähe des Fähranlegers beginnen.

Vom Fähranleger zur Kirche Ekatontapilianí

Eins der markantesten Wahrzeichen der Inselhauptstadt ist die weiße Windmühle direkt am Fähranleger. Hier drängen sich die Schifffahrtsagenturen, gibt es einen Kiosk, warten die Taxis. Nur ein paar Schritte von der Mühle entfernt beginnt der Hauptplatz Mavrogénous, an dem auch die National und die Agricultural Bank stehen. Biegt man an der linken hinteren Ecke in die Gasse nach links ein, kommt man am Hotel Captain Manólis vorbei. Gleich daneben steht einer von mehreren reliefverzierten Brunnen, die der wohlhabende Insulaner Nikólaos Mavrogénous 1777 seinem Heimatort stiftete. Dann bummelt man weiter. Auf einer kaum bemerkbaren Brücke wird ein gepflasterterter Trockenbach überquert. Hier kann man im Café Symposium gut sitzen und das Leben in der Gasse beobachten. Gegenüber erinnert eine unscheinbare Gedenktafel an einem Haus daran, dass darin 1848 die Freiheitsheldin Mantó Mavrogénous, eine Enkelin des Brunnenstifters, völlig verarmt an Typhus starb. Die Gasse endet am Vorplatz der großen Kirche Ekatontapilianí.

108

Parikiá

Kirche Ekatontapilianí

[1] Das nur dem Namen nach ›hunderttorige‹ Gotteshaus (tgl. 8–13 und 16–21 Uhr) ist eine der größten, ältesten und prächtigsten Kirchen der griechischen Inselwelt. Wer sie betritt und Istanbul kennt, fühlt sich wahrscheinlich an einen erhabenen Bau der frühen Christenheit erinnert, die Hagia Sophia. In ihrer heutigen Form ist die Kirche auf Páros gleich alt, stammt also aus dem 6. Jh. Wahrscheinlich kam der Baumeister aus Konstantinopel oder hatte dort zumindest sein Handwerk erlernt.

Die Gründungslegende gibt einen Hinweis darauf, warum man gerade auf einer unbedeutenden Insel wie Páros ein solch aufwendiges und teures Bauwerk schuf. Angeblich veranlasste Kaiserin Helena im Jahr 326 den Bau. Auf dem Rückweg aus dem Heiligen Land, wo sie das wahre Kreuz Christi gesucht und gefunden hatte, nach Konstantinopel legte sie einen Zwischenstopp auf Páros ein und gab die Kirche in Auftrag. Zunächst entstand über einem heidnischen Bauwerk eine kleinere dreischiffe Basilika, heute dem hl. Nikolaus geweiht, dann die Maria geweihte Hauptkirche und ein Baptisterium. Um 500 brannte der gesamte Komplex weitgehend ab. Kurz darauf machte man sich auf gleichem Grundriss an einen viel prächtigeren Wiederaufbau – wahrscheinlich mit Unterstützung Kaiser Justinians (regierte 527–565), der sich der Stiftung seiner kaiserlichen Vorgängerin verpflichtet fühlte.

Eine der ältesten Kirchen Griechenlands: Ekatontapilianí

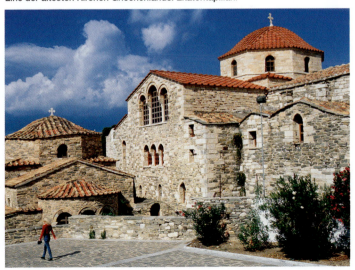

Cityplan: S. 110/111

109

Páros

Reiseatlas: S. 232

Sehenswürdigkeiten
1. Ekatontapilianí
2. Archäologisches Museum
3. Ágios Konstantínos und Evangelístrias
4. Antiker Friedhof
5. Asklipiíon

Übernachten
6. Galinós
7. Argonauta
8. Dína
9. Captain Manólis
10. Aegean Village
11. Rooms-Studios Mike

Essen und Trinken
12. To Tamarísko
13. Pórphyra
14. Daphne
15. Levántis
16. Norio's
17. O Apostólis
18. Happy Green Cow
19. Argonauta
20. Ároma
21. Alygária
22. Diónysos
23. Gelato sulla Luna
24. Symposium
25. Tráta

Auf dem von Zellenbauten und Mauern gerahmten Vorhof der Kirche zeugen noch zahlreiche frühchristliche Kapitelle und spätantike Spolien vom Bau des 4. Jh. In einer hohen Zypresse hängen in Ermangelung eines gemauerten Glockenträgers oder gar Kirchturms die Glocken. Man betritt zunächst eine offene Vorhalle. Ihr Gewölbe ist aus Steinquadern in unterschiedlichen Farben zusammengefügt – ein besonders schönes und durchgängiges Merkmal dieses Kirchenbaus.

Vier Stufen führen in die Hauptkirche hinein. Der Raumeindruck begeistert ebenso wie die Farbigkeit des Steins in Tonnengewölben und Kuppel. Arkaden tragen im Hauptschiff und in den Querschiffen steinerne Emporen, die der Kirche besondere Pracht verleihen. Die Ikonostase ist nicht wie in späteren Zeiten aus Holz geschnitzt, sondern aus edlem Marmor zusammengefügt. Fres-

Cityplan　　　　　　　　　　　　　　　　　　　　　　Parikiá

ken gibt es nur wenige. Die Kuppel dieser Kirche ist wie oft in der byzantinischen Architektur über vier vom Quadrat des Unterbaus überleitenden Zwickeln aufgebaut. In zwei dieser Zwickel sind aus späterer Zeit stammende, vierflügelige Engelwesen zu sehen. Mosaike fehlen, der schöne Stein ist stolzer Schmuck genug. Allerdings tragen viele Blöcke das Kreuzsymbol.

Im südlichen und nördlichen Querschiff wird unter je einer in den Boden eingelassenen Glasplatte ein Säulenstumpf angestrahlt, der noch vom Vorgängerbau aus dem 4. Jh. stammt. Links neben der Ikonostase öffnet sich eine Tür in die Nikolaus-Kapelle, die wie die Hauptkirche auf drei Seiten von stattlichen Emporen umzogen wird. Ursprünglich besaß sie ein einfaches Holzdach, Gewölbe und Kuppel wurden erst im 6. Jh. geschaffen. Wie in der Apsis der Hauptkirche kann man auch im Altarraum der Kapelle ein typisch frühchristliches Bauelement sehen: das Synthronon, halbkreisförmige Stufen entlang den Wänden der Apsis, auf denen während des Gottesdienstes Priester, Äbte und Diakone Platz nehmen durften.

In der Hauptkirche ist nicht nur dieses Synthronon erhalten, sondern auch die frühchristliche Altarkonstruktion. Der ›heilige Tisch‹ steht unter einem Ciborium, einem von vier antiken Säulen getragenen Kuppelbaldachin.

Verlässt man die Kirche und wendet sich, dem Wegweiser folgend, nach links ins Baptisterium, steht man vor einem rundum mit Kreuzreliefs verzierten, in den Boden eingelassenen Becken, in dem einst Täuflinge durch vollständiges Untertauchen in die christliche Gemeinschaft aufgenommen wurden. Der Fußboden war ursprünglich mit Mosaiken verziert, wie

Páros

DIE RETTER VON PÁROS UND ANTÍPAROS

Nur drei Seemeilen vom Hafen Parikiá entfernt kollidiert am 26. September 2000 das Fährschiff ›Express Samina‹ mit über 500 Passagieren an Bord mit den Pórtes-Felsen. Eine mutige Rettungsaktion beginnt: Hafenpolizei, Fischer und Segler fahren die ganze Nacht hinaus, um Menschenleben zu retten. Auch an Land ist man nicht untätig, viele Helfer organisieren Kleiderspenden und hunderte von Wolldecken. Autos stehen mit laufenden Motoren entlang der Küste südlich des Hafenstädtchens, um mit ihren Scheinwerfern Licht zu spenden. Bereits 35 Minuten nach der Kollision versinkt das Schiff in der stürmischen See. Um Mitternacht ist der Himmel in der Hafenbucht von Parikiá erhellt. Hubschrauber drehen mit aufs Meer gerichteten Scheinwerfern ihre Runden; Leuchtraketen jagen durch die Nacht. Dank des selbstlosen Einsatzes aller Retter kann die Mehrzahl der Passagiere geborgen werden.

Heute markiert ein roter Ballon 900 m südlich der Felsen die Stelle, an der die gesunkene Fähre liegt. Ein Jahr nach dem tragischen Unglück stand für die Experten die Ursache für das schnelle Kentern fest: menschliches Versagen. Alle elf Schiffskammern waren geöffnet, so dass die Wassermassen schnell eindringen konnten. Hätte die Besatzung auch nur zwei Kammern geschlossen, wäre ausreichend Zeit für eine Evakuierung gewesen. Gegen den Kapitän, den ersten Offizier und zwei weitere Besatzungsmitglieder wurde Anklage wegen fahrlässiger Tötung in 82 Fällen erhoben.

Als Folge des Fährunglücks wurden die Liberalisierung des Fährmarktes und die Zulassung ausländischer Konkurrenz beschlossen. Das zwang die Reedereien zum Handeln. Heute verkehren in der Ägäis fast nur neue, hochmoderne Schiffe.

Der Fischer Giórgos rettete mehrere Menschen aus der stürmischen See

Cityplan: S. 110/111

Parikiá

man nahe dem Taufbassin noch an minimalen Resten erkennen kann.

Im Kirchenmuseum an der Südseite des Vorhofes sind liturgische Geräte, Evangeliare und zahlreiche Ikonen ausgestellt. Besonders schön ist eine Ikone aus dem Jahr 1833 im dritten Saal. Sie zeigt im zentralen Bildfeld Maria mit dem Kind als ›Nie welkende Rose‹. In den umlaufenden Bildfeldern werden die 24 Verse des Akathist-Hymnus illustriert, die Maria verherrlichen. Jede Strophe beginnt mit einem anderen der 24 Buchstaben des griechischen Alphabets; die Strophenanfänge stehen bei den jeweiligen Bildfeldern.

Auf dem Weg zum Archäologischen Museum, das unmittelbar südöstlich der Kirche liegt, kann man das Kirchenäußere dann gut überblicken und auch das Gewirr von Ziegeldächern, Fenstern und Kuppeln den einzelnen Bauteilen zuordnen.

Archäologisches Museum

[2] Anders als in den Archäologischen Museen von Mykonos und Náxos werden die ausgestellten Objekte im Archäologischen Museum von Páros relativ gut durch griechisch-englische Schrifttafeln erläutert. Um alles Wesentliche betrachten zu können, sollte man mindestens eine halbe Stunde Zeit mitbringen (Di–So 8.30–14.45 Uhr, Eintritt 2 €).

Bereits vor dem Eingang zum Museum sind entlang einer Mauer zahlreiche antike Sarkophage aufgestellt, die zum Teil mit schönen Reliefs verziert sind. Auffällig sind drei Sarkophag-deckel, die die Ziegeldacharchitektur von Häusern nachahmen (2./3. Jh.). Im Museumshof liegt unter einer Palme ein interessantes römisches Mosaik aus dem 3. Jh., auf dem einige der zwölf Taten des Herakles dargestellt waren.

An der Südseite des Museumshofes kann man die einzigen Sarkophage in Gestalt eines menschlichen Körpers, die bisher in Griechenland gefunden wurden, bestaunen. Sie stammen aus dem 5. Jh. und sind vermutlich phönizischen Ursprungs. An der Ostseite des Hofes sind fünf marmorne Stelen zu sehen, deren Inschriften sie als Grenzsteine des Delion-Heiligtums (s. S. 122) ausweisen. Bemerkenswert ist schließlich ein etwa 1,70 m hoher Píthos aus dem 6. Jh. v. Chr in einer Mauernische auf der Nordseite des Hofes. In dem Gefäß war ursprünglich ein Toter beigesetzt.

Im Museumssaal A1 auf der Südseite des Hofes (Eingang in der rechten hinteren Ecke) sind vor allem Skulpturen und Keramikgefäße ausgestellt. Die archaische Gorgo aus der Mitte des 6. Jh. v. Chr. ist die erste vollplastische Darstellung dieser mythischen Figur in der antiken Kunst überhaupt. Besonders gelungen ist hier der Ausdruck der Bewegung. Im nächsten Raum A2 beeindruckt ein fast 2 m langes Relief. Es stammt aus spätarchaischer Zeit (um 500 v. Chr.) und zeigt einen Löwen, der einen Bullen schlägt. Daneben steht eine etwa 1 m hohe Amphora aus dem 7. Jh. v. Chr., auf der das Urteil des Paris dargestellt ist: Der Sohn des Königs von Troja musste der Legende nach entscheiden, welche der drei links von

113

Páros

Reiseatlas: S. 232

Die Arbeiten des Herakles

Der mythische Held, den die Römer später Herkules nannten, war vom delphischen Orakel zum König nach Mykene (oder Tiryns) auf dem Peloponnes geschickt worden, der ihm zwölf scheinbar unlösbare Arbeiten zuteilte. Gut zu erkennen ist der nackte Held, der den erymanthischen Eber auf der Schulter trägt: Er bringt ihn so zu Eurystheus, der bei seinem Anblick entsetzt in ein Fass flieht. Ebenfalls zu sehen ist, wie Herakles die kerynitische Hirschkuh nach einjähriger Verfolgungsjagd endlich fängt: Ihr Geweih ist aus Gold, ihre Hufe sind aus Eisen. Schließlich ist auch noch der nemeische Löwe zu erkennen, den der Heros erwürgte und dessen Kopf er fortan als Helm benutzt.

ihm stehenden Göttinnen (Hera, Aphrodite und Athena) die schönste sei. Er entschied sich für Aphrodite, die ihm im Gegenzug half, die mykenische Königin Helena zu entführen – was den Trojanischen Krieg auslöste. Im gleichen Raum ist auch eine Stele aus der Zeit um 500 v. Chr. zu sehen, die den berühmten parischen Dichter Archilóchos (s. S. 142) zeigt: Der Poet liegt auf einer Kline, einer Art Liege. Links von ihm sitzt seine Gemahlin, rechts steht ein Sklave. Teile seiner Rüstung und eine Lyra sind ebenfalls dargestellt.

Im Zentrum des dritten Raums A3 steht eine kopflose Nike-Statue aus parischem Marmor, die auf 480 v. Chr. datiert ist. Sie scheint noch heute zu schweben, obwohl ihr die Flügel fehlen.

Geht man nun auf den Hof zurück und gleich wieder durch die erste Tür rechts, steht man in einem sehr kleinen Raum (B), der Funden aus noch laufenden Ausgrabungen auf der heute unbewohnten Insel Despotikó vor der Südspitze von Antíparos vorbehalten ist. Sie zeugen von einem bedeutenden Handelszentrum der archaischen und klassischen Zeit, denn zu den Fundobjekten gehören u.a. Stücke aus Rhodos, Zypern und Ägypten.

Im letzten Raum des Museums (C) sind die Funde chronologisch geordnet. Sie reichen von jungsteinzeitlichen Pfeilspitzen aus schwarzem Obsidian über Idole und Vasen aus der kykladischen Epoche bis hin zur berühmten Parischen Chronik: Teil einer viel längeren Inschrift auf einer Marmortafel. Die übrigen Teile der Tafel sind heute in Oxford zu sehen, auf Páros verblieben nur 32 Zeilen. Die Parische Chronik ist für die Altertumswissenschaft von unschätzbarem Wert, listet sie doch zahlreiche bedeutende Ereignisse aus der antiken griechischen Geschichte auf. Da sie mit dem Jahr 263 v. Chr. abbricht, muss sie kurz danach angefertigt worden sein. Ein größerer ästhetischer Genuss ist die kleine Vase aus der Zeit um 3000 v. Chr., die auf der Insel Sáliagos zwischen Páros und Antíparos gefunden wurde: Mit ihrer schlichten Dekoration mutet sie trotz ihres stolzen Alters von 5000 Jahre ganz modern an.

Cityplan: S. 110/111

Parikiá

Market Street und Kástro-Viertel

Die Flaniermeile und Haupteinkaufsgasse in der Altstadt ist die Market Street (griech.: *agorá*), die an der Platía Mavrogénous mit der National Bank beginnt. Sie endet an einem winzigen Platz, an dem die besonders viel fotografierte, weiß-blaue Kapelle Agía Triáda und Agía Paraskeví steht. Hier ist ein weiterer der drei 1777 von Mavrogénous gestifteten Brunnen zu sehen.

Zwischen der Market Street und der abends für den Autoverkehr gesperrten Uferpromenade erstreckt sich das mittelalterliche Kástro-Viertel. Es ist auf einem kleinen Gneisfels erbaut worden, dessen höchster Punkt gerade mal 15 m über dem Meer liegt. Ihn wählten schon die frühesten Inselbewohner im 5. Jt. v. Chr. als Platz für eine Siedlung. In der Antike trug er u.a. einen Tempel, im 13. Jh. errichteten die Venezianer hier eine Festung.

Auf dem höchsten Punkt des Kástro-Felsens steht die leider sehr vernachlässigte **Doppelkapelle Ágios Konstantínos und Evangelístrias** [3]. Ihre offene Vorhalle, deren Arkaden von drei zierlichen Säulen einer frühchristlichen Basilika getragen werden, ist ein stimmungsvoller Ort, an dem man gerne verweilt. Über dem kleinen Westportal bilden acht große, farbige Kacheln mit Pflanzendekor ein Kreuz. Steht man davor, erkennt man, dass die nördliche Kirchenwand auf den

Die Gassen in Parikiá sind eng und verwinkelt

115

Páros

Aktuell informiert

Die an Zeitungsständen erhältliche englischsprachige Monatszeitung ›Paros live‹ informiert stets aktuell über Páros und bevorstehende Veranstaltungen. Wer schon vor Ankunft auf der Insel erfahren will, was auf Páros in nächster Zeit los ist, findet auf der Website des Blattes (www.parosweb.com) Veranstaltungshinweise, eine 10-tägige Wettervorhersage und eine Webcam.

Fundamenten eines antiken Athena-Tempels aus der Zeit um 525 v. Chr. errichtet wurden, dessen dreistufiger, ursprünglich über 16 m langer Stylobat noch deutlich zu erkennen ist. Geht man ein paar Schritte weiter und dann nach rechts wieder zur Market Street hinunter, passiert man das interessanteste Bauwerk des Viertels: einen sehr gut erhaltenen venezianischen Festungsturm. Für seinen Bau wurden ausschließlich antike Marmorblöcke und Säulentrommeln verwendet, die dem Mauergefüge einen einzigartigen Reiz verleihen. Dem rechteckigen Bergfried ist ein kleiner, ursprünglich als Kapelle genutzter Rundturm aufgesetzt, der fast vollständig aus den Marmorblöcken und dem Fries eines antiken Rundtempels aus dem 5. Jh. v. Chr. besteht.

Dort, wo man wieder die Market Street erreicht, steht schließlich noch der dritte Mavrogénous-Brunnen von 1777.

Der antike Friedhof

Geht man vom Fähranleger in östliche Richtung die Uferstraße in Richtung Livádia-Strand entlang, passiert man die kleine Kapelle Ágios Nikólaos und den Busbahnhof und sieht dann rechter Hand ein freies, tiefer gelegenes Ausgrabungsgelände, auf dem zahlreiche Urnen und Sarkophage stehen. Nachts werden sie effektvoll beleuchtet. Hier lag vom 8. Jh. v. Chr. bis weit in römische Zeit hinein der Friedhof der Stadt. Man sieht Grabstelen, einfache Kistengräber aus Naturstein, die marmornen Sarkophage der Wohlhabenden und die preiswerteren Ziegel-Sarkophage der Mittelschicht. Weit mehr Gräber dürften noch unter der Uferstraße und den angrenzenden Wohnhäusern zu finden sein. Das Areal ist umzäunt und nicht frei zugänglich. Man hat aber von allen Seiten gute Einblicke.

Archäologisches links und rechts der Umgehungsstraße

Entlang der Umgehungsstraße stehen mehrere braune Wegweiser, die auf archäologische Stätten hinweisen. Meist lohnt es sich nur für archäologisch außerordentlich Interessierte, ihnen nachzugehen. Wir folgen ihnen aus nördlicher Richtung kommend:

1. links Open Air Sanctuary: sieben Steinlagen eines kleinen Heiligtums auf einem privaten Gelände. Hier wurde u.a. die Gorgo-Skulptur gefunden, die heute im Archäologischen Museum steht.

Cityplan: S. 110/111

Parikiá

2. links Mosaics (brauner Wegweiser nur aus der Gegenrichtung; aus unserer Richtung griechischer Wegweiser zu einem Parkplatz): links und rechts der Straße Gebäudereste aus hellenistischer Zeit, darin Mosaike ohne figürliche Darstellungen. Folgt man dieser Straße 2,3 km weiter, kommt man zum Kloster Ágion Anárgiron (tgl. 9–13 und 17–21 Uhr) hoch über der Stadt mit einer schattigen Terrasse unter duftenden Kiefern. Der Ausblick ist die Attraktion, nicht das Kloster.

3. rechts Late Hellenistic House: Vom vor über 30 Jahren entdeckten späthellenistischen Haus ist nichts mehr zu sehen.

4. links East Gate und Sculpture Workshop: Etwa 80 m abseits der Umgehungsstraße, nur Grundmauern eines Stadttores und einer Bildhauerwerkstatt.

5. rechts Ancient Pottery Workshop: Ansehnliche Überreste einer Töpferei aus dem 4. oder 3. Jh. v. Chr.

Nach dem leichten Anstieg der Umgehungsstraße erstreckt sich am niedrigen Hang links, gegenüber vom japanisch-chinesischen Restaurant Norio's, das Areal eines antiken Heiligtums für den Heilgott Äskulap, das **Asklipiíon** [5]. Mehr als einige wenige Fundamentreste und Säulentrommeln blieben von der Anlage aus dem 4. Jh. v. Chr. jedoch nicht erhalten.

Schiffsauskünfte in den **Fähragenturen** an der Windmühle und entlang der Uferstraße.

Galinós [6]: Tel. 22 84 02 14 80, Fax 22 84 02 34 46, www.hotelga

Albaner auf Páros

Ardian Cuvvi ist seit 1991 24-mal illegal nach Griechenland eingewandert und immer wieder in seine nordalbanische Heimat zurückgeschickt geworden. Einwanderungsversuch Nummer 25 hat geklappt: Jetzt lebt er mitsamt Frau und schulpflichtiger Tochter legal auf Páros und will nie wieder weg. Tagsüber arbeitet er als Anstreicher, abends als Wirt in der ›Havanna Bar‹ in einer Parallelgasse zur Uferpromenade. Die Bar ist ein beliebter Treffpunkt der parischen Albaner. Mit 4500 Köpfen stellen sie etwa 40% der ganzjährig auf der Insel lebenden Einwohner.

linos.com. Von der Kirche Ekatontapiliani wenige Gehminuten landeinwärts gelegen. Älteres, aber gründlich renoviertes und gut ausgestattes Hotel mit Pool und Garten. 50 Zimmer, DZ HS 80–100 €, sonst 50–70 €.

Argonauta [7]: Tel. 22 84 02 14 40, Fax 22 84 02 34 42, www.argonauta.gr. Traditionsreiches Hotel in zentraler Lage am Mavrogénous Platz, im Erdgeschoss gibt es eine gute Taverne mit griechischer Küche. 15 Zimmer, DZ HS 68 €, sonst 50–58 €.

Dína [8]: Tel. 22 84 02 13 25, Fax 22 84 02 35 25, www.hotel-dina.parosweb.com. Das kleine Hotel mit nur ganz schmaler Front zur Gasse hin bietet seinen Gästen, die zum Teil schon seit über 30 Jahren alljährlich wiederkehren, eine ruhige Oase inmitten der Altstadt. Gastgeber Panajótis Patéllis war einst Lehrer und hat einen

117

Páros

Reiseatlas: S. 232

guten Führer für die Kirche Ekatontapilianí geschrieben, seine Frau Dína ist ebenso gebildet wie er. Auch der österreichische Bundespräsident Dr. Fischer war hier schon mehrmals zu Gast. 8 Zimmer, DZ HS 59 €, sonst 36 €.

Captain Manólis 9: Tel. 22 84 02 12 44, Fax 22 84 02 52 64, www.paroswelcome. com, ganzjährig geöffnet. Sehr zentral und dennoch ruhig gelegenes, zweigeschossiges Hotel mit Balkon oder Terrasse zu einem ruhigen Innenhof, zwei Gehminuten vom Fähranleger, nahe der Nationalbank. 14 Zimmer, DZ HS 50–70 €, sonst 30–40 €.

Aegean Village 10: Tel. 22 84 02 31 87, Fax 22 84 02 38 80, www.paros-accom modations.gr/aegean. Sehr schöne Anlage mit 24 Studios und Apartments um einen üppig grünen Garten herum. Ruhig und dennoch zentral am Rand des alten Stadtkerns in der Nähe der Schule gelegen. Auch große Apartments für 4 Personen mit zwei Schlafzimmern, Vollküche und Terrasse. Das Preis-Leistungsverhältnis ist exzellent. Schöner kann man im Städtchen nicht wohnen! DZ HS 54–75 €, sonst 30–40 €.

Rooms-Studios Mike 11: Tel. 22 84 02 28 56, mobil 69 32 15 42 57. Michális Akaléstos vermietet einfache Privatzimmer an der Straße zum Gesundheitszentrum. Besonders schön sind seine sechs Studios am Ortsausgang unterhalb der Straße nach Alikí. Von der Terrasse genießt man einen schönen Sonnenuntergang. DZ HS ca. 50, sonst ca. 25–30 €.

... am Strand Livádia:
Árgo: Tel 22 84 02 13 67, Fax 22 84 02 12 07. Nur durch eine kleine Uferstraße getrennt liegt das dreigeschossige Hotel direkt am Strand. 400 m zum Hafen, ganzjährig geöffnet. 38 Zimmer, DZ HS 60–75 €, sonst 40–50 €.

Parian Village: Tel. 22 84 02 31 87, 22 84 02 18 69, Fax 22 84 02 38 80, www.

paros-accommodations.gr/parianvillage. 28 Zimmer in drei Gebäuden und Pool oberhalb des Strandes Livádia mit herrlichem Blick über die Bucht und Parikiá, 15 Gehminuten vom Hafen, DZ HS 53–78 €, sonst 32–38 €.

Camping:
Koúla: Tel. 22 84 02 20 81. Sauberer Platz mit Baumschatten am nördlichen Ortsausgang, Strandnähe, Selbstbedienungsrestaurant, Minimarkt.

Kriós: Tel. 22 84 02 17 05. Ruhig an einem kleinen Sand-Kiesstrand des nördlichen Hafenbeckens gelegener Platz mit viel Baumschatten.

To Tamarísko 12: etwas versteckt in einer Seitengasse der zentralen Gasse Lochagoú G. Grávari gelegen, ausgeschildert, ab 19 Uhr, in der Nebensaison Mo geschlossen. Unter Weinranken und korbgepflochtenen Lampen sitzt man in romantischer Atmosphäre und genießt eine gehobene mediterrane Küche. Gut sind auch die Steaks. Teuer.

Pórphyra 13: hervorragendes Fischrestaurant der Fischerfamilie Gourogiánnis, neben dem antiken Friedhof, ab 18.30 Uhr. Serviert werden stets frischer Fisch und ausgefallene Leckereien wie z. B. *achinosaláta* (Seeigelsalat), *foúskes* (muschelähnlich mit leicht bitterem Fleisch, die roh mit Zitrone und Salz gegessen werden), *kalamarokeftés* (Tintenfischfrikadellen), *bourekákia* (Auberginen-Rouladen mit Fisch gefüllt) und *mezés tou díti* (›Vorspeisenplatte des Tauchers‹ mit Austern, Venusmuscheln und verschiedenen Meeresfrüchten). Dazu gibt es eine gute Auswahl an Flaschenweinen. Teuer.

Daphne 14: trendiges Café-Restaurant an der Hauptgasse Lochagoú G. Gravári, 15.30–19 Uhr geschlossen. In elegantem Ambiente kann man sich allerlei Leckereien schmecken lassen, tolles Angebot an Salaten, Pasta und Gegrilltem. Teuer.

Levántis 15: an der kleinen Gasse, die von der Kapelle Ágios Nikólaos an der Marktgasse zum Kástro-Viertel führt. Mediterran-kreative Küche für Feinschmecker im Herzen der Altstadt. Menüvorschlag: Hausgemachte Ravioli, gefüllt mit Spinat und Käse, serviert in einer Ei-Zitronen-Sauce. Danach Lamm im Weinblatt, serviert mit dem Flacherbsenpüree *fáva*, karamellisierten Zwiebeln und Minzsauce. Ein Sorbet und eine griechische Käseauswahl könnten den Abschluss bilden. Teuer.

Norio's Asclípios 16: an der Umgehungsstraße gegenüber vom Asklipiíon, authentische japanische und chinesische Küche, Mi–So (in der Hauptsaison tgl.) ab 19 Uhr, ganzjährig. Der Besitzer Norio Aoki kocht schon seit über 20 Jahre auf Páros exotische Köstlichkeiten aus seiner Heimat. Moderat.

O Apostólis 17: traditionelle Ouzerí an der nördlichen Uferstraße, besonders leckere Fisch-Spezialitäten werden in dem von Einheimischen gern frequentierten Lokal aufgetischt. Moderat.

Happy Green Cow 18: neben der Nationalbank, tgl. 19.30–24 Uhr. Kunterbuntes, witziges kleines Vegetarier-Restaurant. Eine der Spezialitäten ist Kuh-Orgasmus: Käsestrudel mit Pfeffer. Moderat.

Argonauta 19: am Mavrogénous Platz. Traditionelle griechische Küche und gute Páros-Rotweine bietet Wirt Dimítris seinen Gästen seit über 20 Jahren. Nebenbei ist Dimítris begeisterter Taucher mit Vorliebe fürs Höhlen- und Schiffwracktauchen. Moderat.

Ároma 20: das Restaurant der Pariserin Caroline und ihres Partners Ángelos an der südlichen Umgehungsstraße bietet sehr gute Vorspeisen und frischen Fisch (Tagesfang). Moderat.

Alygariá 21: am Trockenbachbett, das an der Windmühle beim Hafen beginnt, ca. 150 m von der Mühle entfernt. Der

---

> ## Käsespezialitäten
>
> *graviéri* – weißlicher Käse aus Kuh, Schafs- oder Ziegenmilch
> *skliró* – salziger Hartkäse aus Schafs- und/oder Ziegenmilch

---

Name des Lokals bedeutet Weiden und weist auf den ehemals schönen Baumbestand am Trockenbachufer hin. Der junge Wirt Níkos und seine US-amerikanische Frau sorgen für aufmerksamen Service. Níkos' Mama steht in der Küche und bereitet täglich zahlreiche griechische Spezialitäten frisch zu. Ob gebratene Sardinen oder Oktopus in Rotweinsauce, Auberginensalat oder Kaninchen mit Zwiebelgemüse – alles schmeckt total lecker. Ein Hochgenuss sind die *souzoukákia* (eine Art Hackfleischwürstchen) in einer Ei-Zitronen-Fenchel-Sauce. Das Preis-Leistungs-Verhältnis ist exzellent. Günstig.

Diónysos 22: in einer Seitengasse der Platía Mavrogénous, nahe der Nationalbank, tgl. ab 18 Uhr. Alteingesessene Gartentaverne mit gut zubereiteten griechischen und internationalen Gerichten, freundliche Wirtsleute aus Tríkala. Günstig.

Gelato sulla Luna 23: an der Uferpromenade unterhalb des Kastros. In dem kleinen Eissalon zwischen Tavernen und Bars stellt die italienische Wirtin ihre Eiscremes und Sorbets noch täglich selbst ganz frisch her.

Symposium 24: am Ende der Lochagoú G. Gravári Gasse (gegenüber vom Mantó Mavrogénous-Haus), wo sie das betonierte Trockenflussbett kreuzt. Serviert werden auf kleiner stimmungsvoller Terrasse leckere Kuchen, Crêpes und aromatischer Kaffee. Günstig.

Páros

Reiseatlas: S. 232

Tráta 25: am antiken Friedhof. In der Ouzerí von Nikolétta und Lektéris genießt man frischen Fisch, der von befreundeten Fischern und nicht aus einer Fischfarm stammt. Zum Essen kann man den selbstgebrannten Tresterschnaps *soúma* probieren. Empfehlenswert sind die hausgemachten Vorspeisen und Zucchini-Bällchen mit Dill *(kolokithokeftédes)*. Günstig.

Internetcafés:
Hot Spot: an der Uferstraße unmittelbar neben der Kapelle Ágios Nikólaos. Von der technischen Ausstattung her das beste.
Marína: an der Uferstraße nahe dem antiken Friedhof.
Wired: an der Market Street.

Audiophile: an der Market Street. Der beste CD-Laden der Insel.
Gatáki: Galerie des modernen Künstlers Jacques Fleureaux in der Hauptgasse, die von der Platía Mavrogénous zur Kirche Ekatontapilianí führt. Überwiegend eigene Gemälde und Objekte; daneben auch schöne Kleinobjekte für Katzenfans.
Distráto: beim Lokal Symposium, www.todistrato.gr. Griechische und parische Spezialitäten wie Safran, Salbeihonig, Olivenöle, hausgemachte Liköre und superaromatische, getrocknete Tomaten.
Paliopolío: etwas versteckt an der zweiten, zum Ufer führenden Gasse südwestlich des Telefonamtes OTE. Yvonne von der Decken verkauft in diesem liebenswerten Laden Trödel und Antiquitäten. Die

Parikiá

Cityplan: S. 110/111

Blick auf das Kástro-Viertel

mit traditionellen Tischen und Stühlen unter Palmen, dezente Musik, schöner Blick auf die Hafenbucht. Ebenso romantisch ist das benachbarte **Apló (Simple).**
Iríni: in einer Parallelgasse zur südlichen Uferstraße, angenehme Bar mit guter Musikauswahl (brasilianisch, Jazz, Blues, griechisch). Wirt Ardian Cuvvi ist einer der etwa 4500 Albaner, die sich in den letzten Jahren auf der Insel angesiedelt haben. Tagsüber arbeitet er als Anstreicher, abends kümmert er sich um seine zum Großteil albanischen Gäste.
Pirate: traditionsreiche, gemütliche Jazz-Blues Bar an der Market Street. Das Nonplusultra für Jazz-Freunde.
Ellinádiko Island: neben dem Telefonamt OTE. Diskothek mit ausschließlich griechischer Musik.
Discomeile ist die Seitenstraße, die an der Brücke von der südlichen Uferstraße abzweigt, ab 24 Uhr.
Cine Rex: Freiluftkino im Disco-Viertel.
Cine Páros: Freiluftkino im Ortsteil Livádia.

Artikel stammen aus Griechenland, Asien oder werden von Yvonne selbst gefertigt.
Strass: an der Gasse, die auf Höhe der Pirate Bar von der Market Street in Richtung Ufer abbiegt. Sommerfiliale einer Athener Künstlerin, die äußerst phantasievollen Strass-Schmuck zu Preisen schon ab 12 € anbietet.
Juweliergeschäfte mit eigener Werkstatt: Malamás, Poulópoulos und Skaramágkas an der Market Street.
Laden der Agrargenossenschaft von Páros: ›Énossi Agrotikón Syneterismón‹ an der Platía Mavrogénous mit Produkten wie Wein, Käse und Teigwaren.

Evinós: oberhalb der Uferstraße am Kástro-Hügel, ab 18 Uhr. Café-Bar

Kulturfestival der Stadtgemeinde mit Theater, Tanz und Konzerten – auf die Anschläge achten. Die Veranstaltungen finden an den Kirchen Ekatontapilianí und Zoodóchos Pigí (südliche Paralía) statt.

Kirchweihfeste am 20./21. Mai in der Kirche Ágios Konstantínos auf dem Kástro-Hügel, am 14./15. August Mariä Entschlafung in der Kirche Ekatontapilianí.

Ausflugsboote: 9x tgl. nach Antíparos, davon 6x tgl. Weiterfahrt zur Höhle Ágios Ioánnis, Abfahrt vom Kai neben dem Fähranleger. In der Saison je

Páros

Reiseatlas: S. 232

nach Nachfrage ein- bis mehrmals wö. nach Delos.

Schiffsverbindungen: Zwischen Parikiá und der Stadt Náxos bestehen ganzjährig zahlreiche Verbindungen per Autofähre und Katamaran. Nach Mykonos-Stadt verkehrt zwischen April und Oktober tgl. mindestens eine Autofähre, zwischen Mai und September auch mindestens 1x tgl. ein Katamaran.

Badeboote zu den Stränden der weiten Parikiá-Bucht: Péra Meriá, Kriós und Martsélo, Abfahrt alle 20 Minuten 9–19 (20) Uhr vom Kai neben dem Fähranleger.

Inselbusse: Busstation an der Uferstraße nahe dem Fähranleger vor dem Telefonamt OTE. Die Inselbusse verkehren je nach Saison unterschiedlich häufig, Fahrpläne hängen am Busbahnhof aus, wo am Schalter auch beraten wird (Tel. 22 84 02 13 95). Busse verkehren auf folgenden Linien: Parikiá-Náoussa (Juni 8–1 Uhr, ca. alle 30 Min.); Parikiá-Léfkes-Márpissa-Driós (8–20 Uhr, ca. 10 x tgl.); Paríkiá-Petaloúdes-Flughafen-Alikí (7–22 Uhr, ca. 9 x tgl.); Parikiá-Ag. Iríni-Poúnda (7.15–22 Uhr, 13 x tgl., jeweils mit Fähranschluss nach Antíparos); Paríkiá-Náoussa-Driós (9.30–22.30, 12 x tgl.); Parikiá-Kriós (3 x tgl.).

Taxistand an der Uferstraße vor dem Telefonamt OTE nahe der Windmühle, Tel. 22 84 02 15 00.

Geldwechsel: Mehrere Banken mit Bargeldautomaten liegen am Mavrogénous Platz.

Post/Telefon: Postamt an der nördlichen Uferstraße und Telefonamt OTE an der Westseite des Mavrogénous Platzes (Eingang an der Uferseite).

Wichtige Telefonnummern: Polizei Tel. 22 84 02 33 33, Hafenpolizei Tel. 22 84 02 12 40, staatliches Gesundheitszentrum Tel. 22 84 02 25 00, Olympic Airlines Tel. 22 84 02 19 00

Das Delion

Reiseatlas: S. 232, C 2

Ein schönes Ausflugsziel besonders zur Zeit des Sonnenuntergangs ist das Delion genannte Apollon-Heiligtum auf einem Hügel etwa 60 Gehminuten nördlich der Stadt. Was die Archäologen hier fanden, ist zwar für den Laien wenig anschaulich, doch lohnen der Blick über die Ägäis bis nach Náxos und Antíparos, Mykonos und Delos hin. Die erkennbaren Grundmauern haben Wissenschaftler als Überreste eines etwa 26x27 m großen Tempels, zweier Altäre, einer Wandelhalle und eines Speisesaals interpretiert.

Sicherlich wurde dieser Bauplatz gewählt, weil er mit Delos, dem Geburtsort Apolls, in Sichtkontakt lag. Irgendjemand hat einmal ausgerechnet, dass man zwischen dem Delion, dem Apollon-Tempel der Stadt Náxos und Delos ein exaktes, gleichschenkliges Dreieck konstruieren kann. Erich von Däniken hat diese Feststellung übrigens in seiner Annahme vom Besuch Außerirdischer auf Erden bestärkt: Wie hätten Menschen in der Antike das Dreieck so exakt vermessen können, fragt er.

Das Delion ist über eine schmale Straße auch gut mit dem Fahrzeug zu erreichen. Man folgt der Uferstraße über den Livádia Strand hinaus und beachtet dann die braunen Wegweiser. Auch Wanderer müssen diese Straße nehmen (frei zugänglich).

Reiseatlas: S. 232/233

Inselnorden

NÁOUSSA UND DER INSELNORDEN

Während in Parikiá überwiegend jüngere Individualurlauber übernachten, sind hier die meisten Zimmer
und Apartments in der Hand von Reiseveranstaltern.
Allabendlicher Treffpunkt sind die Tavernen am Hafen
von Náoussa, der zu den schönsten der Kykladen
zählt. Zahlreiche Strände erreicht man mit dem Badeboot, dem Linienbus oder auch bequem per Fahr-
rad und zu Fuß. Besonders schön sind sie in Kolimbíthres und auf der Halbinsel Santa María.

Von Parikiá
nach Náoussa

Reiseatlas: S. 232/233, C–E 2
1200 m nach dem Ortsende von Parikiá macht links ein Schild auf die
unmittelbar unterhalb der Hauptstraße
nach Náoussa gelegenen Ausgrabungen der frühchristlichen Basilika
Tris Ekklisíes aufmerksam. Sie wurde
unter Verwendung zahlreicher Bauteile
eines antiken Heiligtums errichtet.
Weil eins davon, nämlich ein ionisch-
es Kapitell, eine Stifungsinschrift aus
dem 4. Jh. v. Chr. trägt, in der der
Name des Dichters Archilóchos vorkommt, nimmt man an, dass es sich
bei diesem Heiligtum um das aus
der Literatur bekannte Archilochoeíon
handelt. Archilóchos wurde darin seit
dem 6. Jh. v. Chr. als ein Heroe aus der
Frühzeit der parischen Geschichte verehrt. Das Kapitell steht heute im
Archäologischen Museum in Parikiá.
(s. S. 113f.).

Etwa 1400 m weiter liegt links der
Straße ein Gartenzentrum, rechts ist
eine Bushaltestelle. Dahinter führt eine
ausgeschilderte Zementstraße nach
rechts ab, die nach 1,9 km vor dem
Kloster Longovárdas aus dem 17. Jh.
endet. Frauen dürfen nicht hinein, Männer nur zwischen 9.30 und 12 Uhr vormittags. Im Kloster leben noch vier

Extra-Service
vor dem Tor

Kommen Paare zum Kloster Longovárdas, dürfen traditionell nur
die Männer hinein. Die Mönche
sind aber keineswegs frauen-
feindlich. Nach der Besichtigung
fragen sie Besucher oft, wieviel
Frauen draußen warten – und servieren dann Männern und Frauen
vor dem Klostertor einen griechischen Kaffee.

Páros

EIN KRANKENHAUS FÜR WILDTIERE

Mários Fournáris, Sportlehrer in Parikiá, begann um 1985 damit, verletzte Vögel und andere kleine Wildtiere einzufangen und in seinem Haus gesund zu pflegen. Zehn Jahre später überließ ihm das Kloster Longovárdas ein Grundstück mit Bauernhausruine bei Kalámi. Übers Internet waren schnell 120 Freiwillige aus aller Welt gefunden, die bei der Herrichtung dieses Anwesens zum Wildtier-Hospital mit Hand anlegten. Im Juni 2000 konnte es eingeweiht werden. Es trägt den griechischen Namen des schönen Vogels Königsfischer: Alkióni. Seinen Kern bilden ein Operations- und ein Röntgenraum. In einer Kühlkammer wird Fleisch für Greifvögel gelagert, in anderen Räumen liegen verschiedene Körner und Samen für jeden Vogelgeschmack bereit. Es gibt einen Seminar- und Vortragsraum sowie für die freiwilligen Helfer aus aller Welt eine Unterkunft mit sechs Betten.

Besucher werden zunächst zu einem Unterstand gebracht, von dem aus sie Störche, Flamingos und Pelikane beobachten können, die das Krankenhaus nicht mehr verlassen wollen, obwohl sie längst gesund gepflegt sind. Nur aus der Ferne entdeckt man die Volieren, die vor allem Greifvögel, aber auch Möwen und Enten berherbergen. Diese Vögel werden den Helfern von Alkióni inzwischen aus ganz Griechenland gebracht. Außer um Vögel kümmert man sich hier auch um Fledermäuse, Schildkröten, Igel und Eidechsen. Für größere Wildtiere wie Wölfe und Bären ist ein anderes Wildtier-Hospital auf der Insel Ägina zuständig.

Das Aegean Wildlife Hospital Alkióni wird aus privaten Spenden finanziert. Infos: Tel. 22 84 02 29 31 oder im Internet unter www.alkioni.gr.

Mönche; einer davon führt Besucher in die Klosterkirche. Sie wurde um 1770 mit Fresken ausgeschmückt, die inzwischen jedoch stark verblasst oder verußt sind. Besonders interessant ist eine Ikone aus dem Jahr 1889 rechts vorn an der Ikonostase: Die biblischen Szenen sind nicht gemalt, sondern aus Holz geschnitzt.

Von der Hauptstraße zweigt 500 m nach der Zufahrt zum Kloster Longovárdas unmittelbar vor dem Ortsende-Schild nach links ein guter Feldweg ab, der nach weiteren 800 m einen weißen, wehrhaften Bau erreicht: das heute verlassene Kloster Taxiárchis. Der Feldweg führt weiter in den Weiler Kalámi mit dem Aegean Wildlife Hospital (s. oben).

Náoussa

Reiseatlas: S. 232, E 1/2
Náoussa ist längst kein stilles Fischerdorf mehr. Im Winter leben hier 2300 Menschen, im Sommer über 10 000. In den alten Gassen gleich hinter dem ve-

Cityplan: S. 126/127

Náoussa

nezianischen Hafen und auf der Platía am Altstadtrand herrscht dann ein ebenso geschäftiges Treiben wie in der Chóra von Mykonos. Hinter dem alten Ortskern erklimmen immer mehr moderne Pensionen, Hotels und Apartmenthäuser die Hügel oder breiten sich in der Küstenebene aus – trotzdem ist Náoussa der Charme eines echten Kykladenstädtchens erhalten geblieben. Am deutlichsten wird er, wenn man den Ort am Abend besucht.

Endstation der Linienbusse nach Náoussa ist die kleine Brücke am Rande der Altstadt, die ein breites, asphaltiertes Trockenbachbett überspannt. Im Winter ist es nach heftigen Regenfällen manchmal überschwemmt, im Sommerhalbjahr dient es als Platía mit einer großen Auswahl an Restaurants und Tavernen.

An der Marína entlang erreicht man in zwei Minuten den alten venezianischen Hafen. Häufig ankern dort so viele Fischerboote, dass man zu Fuß übers Wasser wandeln könnte. Eine schmale Mole, auf der die Überreste eines von außen unscheinbaren venezianischen Kastells stehen, schirmt den Hafen vom offenen Meer ab. Im Inneren überrascht der Wehrbau mit sieben noch deutlich erkennbaren Geschützstellungen. Der breite Hafenkai steht voller Tische und Stühle von Tavernen und Ouzerien, in denen vor allem Fisch und Meeresfrüchte serviert werden.

An der schmalen Hauptgasse, die vom Hafen aus in den historischen Ortskern hineinführt, stehen zwei sehr sehenswerte kleine Kirchen, die meist abends zwischen 19 und 23 Uhr geöff-

net sind. Die **Kirche Evangelismós** 1 birgt schlichte, aber durchaus einzigartige Ikonen (wahrscheinlich 19. Jh.), die durch liebenswerte Naivität beeindrucken. So sind Adam und Eva in der Szene der Vertreibung aus dem Paradies in niedlichen Baströckchen dargestellt, Eva wird schamvoll ohne Busen gezeigt, das Paradies ist von wehrhaften Zinnen umgeben (rechts unten an der Ikonostase). Bei der Darstellung der Taufe Jesu im Jordan (an der Mitteltür der Ikonostase) sieht einer der Fische eher wie ein Walross aus.

In der **Kirche Ágios Ioánnis Theológos** 2 stammen einige der Ikonen vom gleichen Maler; außerdem haben sich hier auch etliche Fresken erhalten. Beide Kirchen werden von einer kleinen Schar Freiwilliger in Stand und offen gehalten: nicht der Urlauber wegen, sondern um Gläubigen im Touristentrubel einen Ort des Gebets anzubieten.

Parallel zum Trockenbachbett führt auf der Altstadtseite eine Gasse zum **Volkskundlichen Museum** 3. Es präsentiert Keramik, Porzellan und landwirtschaftliche Werkzeuge (tgl. 11–13.30 und 18–21 Uhr). Ein paar Schritte weiter dominiert die moderne **Kirche Pantánassa** 4 den Platz. In einer Seitengasse hinter der Kirche ist in einem traditionellen Haus die **Folklore Sammlung** 5 untergebracht. Sie enthält schöne Trachten von Páros, anderen Regionen Griechenlands und Kleinasiens, z.T. aus dem 16. Jh. Erhältlich ist hier eine Musik-Kassette mit traditioneller Inselmusik, (15. Juni–15. Sept. tgl. 19–21 Uhr).

Páros

Reiseatlas: S. 232

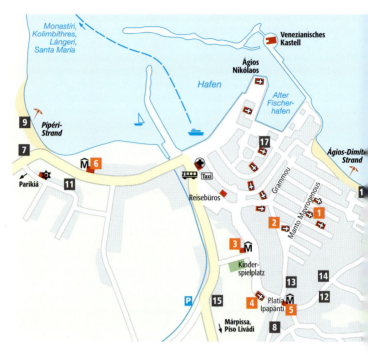

Ein kleines **Museum der byzantinischen und nachbyzantinischen Kunst** 6 steht rechts der Straße nach Parikiá, etwa 250 m von der Busendhaltestelle entfernt. Es zeigt vor allem 32 Ikonen (meist 18–21 Uhr geöffnet).

Nur in privaten **Reisebüros**, die sich vor allem am Hauptplatz mit der Busstation befinden. Durch besonderes Engagement für allgemeine Beratung ohne Verkaufsabsichten zeichnet sich keins von ihnen aus.

Große, komfortable Hotelanlagen erstrecken sich entlang der weiten Küste des Golfs und sind besser über Reiseveranstalter zu buchen. Wer lieber individuell wohnen möchte, der ist in Náoussa oder den direkt angrenzenden Stränden Pipéri im Westen und Ágii Anárgiri im Osten gut aufgehoben.

Kanáles 7: Tel. 22 84 05 20 44, Fax 22 84 05 20 45, www.kanales.gr. Architektonisch reizvolle Anlage oberhalb des Strandes von Pipéri, 35 Zimmer. DZ HS 140 €, sonst ab 85 €, ganzjährig geöffnet.

Heaven 8: Tel. 22 84 05 15 49, Fax 22 84 05 15 75, www.hotel.heaven-naoussa.com. Von der Deutschen Martina Blair geleitetes, kleines First-Class-Haus am oberen Dorfrand nahe der Ipapánti-Kirche. 11 moderne, sehr geschmackvoll eingerichtete Zimmer, Suiten und Maisonetten, Letztere mit eigenem Pool. DZ

126

Cityplan

Náoussa

Sehenswürdigkeiten
1. Evangelismós
2. Ágios Ioánnis Theológos
3. Volkskundliches Museum
4. Pantánassa
5. Folklore Sammlung
6. Museum der byzantinischen und nachbyzantinischen Kunst

Übernachten
7. Kanáles
8. Heaven
9. Mánis Inn
10. Calypso
11. Katerína Kritikoú
12. Minóa

Essen und Trinken
13. Chrístos
14. Le Sud
15. Pervolária
16. Glávkos
17. Palaía Agorá

HS 100 €, sonst ab 75 €, Maisonetten ab 165 €, nur Mai–Sept. geöffnet.
Mánis Inn 9: Tel. 22 84 05 17 44, Fax 22 84 05 26 54, www.manisinn.gr. Hotel in idealer Lage: direkt am Pipéri-Strand und doch nur fünf Gehminuten vom alten Hafen entfernt. Gepflegte Anlage mit Pool, die Inhaber leben im Winter in den USA. 50 Zimmer, HS ab 105 €, sonst ab 65 €.
Calypso 10: Tel. 22 84 05 14 88, Fax 22 84 05 16 07, www.kalypso.gr. Sehr schönes Hotel am Ende des mit Tamarisken bewachsenen Strandes Ágii Anárgiri, Acht Gehminuten vom Hafen. 41 Zimmer inklusive fünf Studios und drei Apartments für Familien. DZ HS 90 €, sonst 55 €.
Kateerína Kritikoú 11: Tel./Fax 22 84 05 16 42, www.katerinastudios.gr. Pension mit großer Terrasse und markanten roten Fensterläden auf dem westlichen Ortshügel nahe der Polizei. Schön ist der Blick auf die Pipéri Bucht. In den zehn Studios können je bis zu fünf Personen unterkommen. Nicht im voraus buchen, sondern erst anschauen: es gibt nämlich auch Studios nahezu ohne Fenster! DZ HS 55–60 €, sonst 35–40 €.
Minóa 12: Tel. 22 84 05 13 09, Fax 22 84 05 15 51. Schon 1977 eröffnetes, immer noch von der gleichen Familie geführtes Hotel mitten im Ort, etwa drei Minuten von der Platía Ipapánti entfernt. Die Zimmer wurden erst kürzlich renoviert; Wirtin Zambétta Viónis achtet streng auf Reinlichkeit. Sie führt auch die gute Taverne im Hotel, die bereits seit 1966

127

Páros

Reiseatlas: S. 232

Gäste bewirtet. 26 Zimmer, DZ HS 56 €, sonst ab 40 €.

🍴 Urige **Fischtavernen Barbaróssa, Mourágio und Ton Naftikón** am idyllischen Fischerhafen. Den Hauptplatz hinter dem Busstopp säumen gute Tavernen mit den üblichen Standardgerichten.

Chrístos 13: nahe der Kirche Pantánassa, ab 19.30 Uhr geöffnet. Edelrestaurant unter Weinreben mit ausgezeichneter

Cityplan: S. 126/127

Náoussa

Küche und dezenter Hintergrundmusik. Der Inhaber Chrístos spricht Deutsch und hat die Kunstwerke an den Wänden selbst kreiert. Empfehlenswert sind *kotópoulo me tachíni* (Huhn mit Sesampaste) oder *piperománti*, ein vegetarisches Ge-

Mit der Ausgrabung Tris Ekklisíies beginnt der Ausflug in den Inselnorden

richt aus Auberginen, Paprika, Knoblauch, Feta und Tomaten. Teuer.
Le Sud 14: Französisches Restaurant nahe der Platía Ipapánti. Teuer
Pervolária 15: uriges Gartenrestaurant an der Straße mit dem Flüsschen hinter dem Busstopp, ab 19 Uhr. Hier genießt man gute Weine und ausgefallene Spezialitäten, z. B. Risotto mit Wildpilzen und Muscheln (14 €), das typisch griechische Gelberbsenpüree *fáva* mit karamellisierten Zwiebeln und Mandeln (6 €) und Moussaká (8,50 €). Moderat.
Glávkos 16: romantisch am kleinen Stadtstrand gelegene ursprüngliche Ouzerí und Fischtaverne. Günstig.
I Paliá Agorá 17: an der Hauptbazargasse hinterm Hafen. Urige Ouzerí alten Stils ohne Meerblick, dafür an einer romantisch engen Gasse. Manchmal traditionelle griechische Live-Musik, immer auch vegetarische Gerichte und den guten Tresterschnaps *soúma*.
Café:
Kalypso: am inneren Hafenbecken, beliebt bei Eiscreme-Fans.

Aiola: trendige Musikbar am Hafen.
Linardo: Disco am Hafen.
Sofráno: zur Dämmerung trifft man sich in dieser Cocktail-Bar am inneren Hafenbecken von Náoussa.
Zahlreiche weitere Discos und Music Clubs, namentlich **Envy, Beyond Galea, Nostós, Vareládiko** und **Ferengária live,** liegen dicht beieinander am Trockenbachbett, das sich von der Busstation aus landeinwärts zieht.
Die **Bouzoúki Chándra Chándra** am Ortseingang (von Parikiá kommend) spielt griechische Live-Musik und Rock.

129

Páros

Reiseatlas: S. 233

> **Olivenöl-Workshops**
>
> In der Villa Kámpos etwas außerhalb von Náoussa (an der Hauptstraße nach Márpissa Wegweiser) bietet Inge Hassinger aus München vierstündige Seminare zum Thema Olivenöl an. Neben einem Vortrag stehen auch eine Verkostung verschiedener Öle, Rezepturen und ein gemeinsames leichtes Mahl mit viel Salat auf dem Programm (Tel. 22 84 05 24 12, So, Mo, Mi, Fr 10–14 Uhr, 2–4 Teilnehmer, 35 € inkl. Mittagessen).

Ende Juni/Anfang Juli **Fisch- und Weinfest** anlässlich des Namenstages der Zwölf Apostel.
Am 23. August **Piratenfest** am Hafen.
Am 28./29. August **Kirchweihfest** zum Ág. Ioánnis Namenstag, vom Hafen fahren am 28. August Boote hinüber zum Kloster auf dem Kap Kórakas.

Náoussa Sailing Center: Tel./Fax 22 84 05 26 46, www.paros-sailing.com. Sabine Inhofer und Yánnis Tsopális verchartern Yachten mit und ohne Skipper. Sie bieten auch Tagestörns mit Segelunterricht für Anfänger an, die nach Náxos, Delos oder Iraklía führen können.
Yachtcharter: am Hafen von Náoussa, Unterricht und Segeltörns nach Náxos, Delos oder Iraklía.
Reit-Zentrum Koukoú: Tel./Fax 22 84 05 18 18, www.greekisland.net. 1,5 km außerhalb von Náoussa an der Straße nach Márpissa.
Ausflugsboote: tgl. nach Antíparos zur Höhle.

Badeboote: von der Westmole in Náoussa zu den Stränden: Monastíri, Kolimbíthres, Lángeri, Santa María und Platiá Ámmos Beach.
Inselbusse: starten am Hauptplatz in Náoussa nach Parikiá, Píso Livádi und Driós, nach Santa María 5 x und nach Ambelás 2 x tgl.
Der **Taxistand** liegt ebenfalls am Hauptplatz in Náoussa, Tel. 22 84 02 15 00.

Geld: Mehrere Banken mit Bargeldautomaten liegen am Hauptplatz mit der Busstation.
Wichtige Telefonnummern: Polizei Tel. 22 84 05 12 02, Hafenpolizei Tel. 22 84 05 12 50, Medical Center Tel. 22 84 05 23 04.

Im Westen der Bucht von Náoussa

Límnes Beach und Mykenische Akrópolis

Reiseatlas: S. 233, D/E 1/2
Am westlichen Ortsrand von Náoussa liegt der kleine, mit Hotelanlagen bebaute Pipéri Beach. Gut 1 km weiter beginnt der flach abfallende, schmale Sand-Kiesstrand Límnes Beach.

An dessen westlichem Ende zweigt eine schmale Asphaltstraße landeinwärts ab. Nach 300 m weist an ihr ein brauner Wegweiser auf die Mykenische Akrópolis ›Koukounáries‹ hin. Große weiße Pfeile führen über glatte, teilweise steile Felsschollen 250 anstrengende Meter bergan auf den Gipfel, auf dem mit Mühe einige Mauer- und Häuserreste aus mykenischer und späterer Zeit zu erkennen sind. Deren Anblick ist eher enttäuschend, schön ist jedoch der Blick über die Bucht bis nach Náoussa und Náxos hin.

HEIRATEN AUF PÁROS

Ein neuer Trend auf Páros: den ›schönsten Tag im Leben‹ unter griechischer Sonne zu begehen. Besonders Romantiker und Heiratswillige aus den grauen Regenländern im Norden zieht es hierher. Heiraten kann man standesamtlich im Rathaus *(dimarchío)* von Parikiá und den Dorfgemeinden *(koinótita)*. Kirchliche Trauungen werden in der katholischen Kirche in Parikiá oder Náoussa vorgenommen. Und danach können gleich die Flitterwochen beginnen.

Ein Gesamtpaket bietet das Reisebüro Interisland Travel Services, Tel. 22 84 02 31 87, Fax 22 84 02 38 80, www.travelling.gr/its. Es umfasst Unterkunft, Fahrt in blumengeschmücktem Holzboot oder Pferdekutsche zum Standesamt und weiter zur Kirche, einen Fotograf, der die schönen Momente zur Erinnerung festhält, und schließlich den Besuch in einer der urigen Inseltavernen.

Man kann aber auch alles selbst arrangieren. Für die standesamtliche Trauung benötigt jeder Partner eine Kopie der Geburtsurkunde samt griechischer Übersetzung – beglaubigt von der griechischen Botschaft im Heimatland –, dazu ein Ehefähigkeitszeugnis vom Einwohnermeldeamt, mit dem man gleicherweise verfährt wie mit der Geburtsurkunde. Schließlich dürfen die Pässe des Brautpaares und der Trauzeugen nicht fehlen. Spätestens 14 Tage vor der Trauung wird im Rathaus (Tel. 22 84 02 12 22) oder bei der Gemeinde ein Termin vereinbart und eine Gebühr von ca. 40 € für die Lizenz fällig. Einen Tag nach der Trauung erhält man die Hochzeitsurkunde auf Griechisch. Zu Hause lässt man sie bei der griechischen Botschaft übersetzen und die Ehe am Wohnort registrieren.

Spíros: Tel. 22 84 05 23 27, Fax 22 84 05 19 17. 5 ebenerdige, einfache Apartments mit großer Veranda am Strand, gegenüber dem Campingplatz. Dazugehörige Taverne mit griechischer Hausmannskost. DZ HS 55 €, sonst 30 €.
Camping Náoussa: Tel. 22 84 05 15 65, Fax 22 84 05 27 27. Vom Límnes Beach etwas landeinwärts gelegener Platz mit Baumschatten, Restaurant im Hochsommer geöffnet, kleine Bar, Minimarkt.

Kolimbíthres Beach

Reiseatlas: S. 233, D 1
Hinter der Abzweigung zur Mykenischen Akrópolis beginnt das Gebiet von Kolimbíthres mit einer Vielzahl kleiner und kleinster Sandstrände zwischen glatten Felsschollen und -knollen. Die Optik ist einzigartig, doch im Hochsommer ist es hier meist sehr voll.

Porto Páros: Tel. 22 84 05 20 10, Fax 22 84 05 17 20, reva@par. forthnet.gr, www.portoparos.gr. Weitläufige, einem Kykladendorf nachempfundene Hotelanlage am Privatstrand. Shopping Center und Massage, drei Restaurants und Wasserpark; nur mit Halbpension buchbar. Schöne Lage am Meer mit Blick auf Náoussa und den Golf. 130 Zimmer, 70 Studios, DZ HS 183 €, sonst 100 €.

Páros

Reiseatlas: S. 233

Ánemos: Taverne 100 m abseits der Strände von Kolimbíthres an der Asphaltstraße. Standard-Touristenküche zu akzeptablen Preisen. Moderat.

Aqua Páros: Juli/Aug. tgl.10–19 Uhr. Spaßbad mit 13 Rutschbahnen, Self-Service-Restaurant und Bar. Wassersport-Station am Strand hinter dem Abzweig zur Akrópolis (von Náoussa aus).

Monastíri und Kap Kórakas

Reiseatlas: S. 233, E 1
Vom Kolimbíthres Beach führt die Straße am Hotel Porto Páros vorbei weiter nach Norden. Wo der Asphalt endet, steht das verlassene, ganz in den Nationalfarben Weiß und Blau gehaltene Kloster Ágios Ioánnis direkt am Meer. Nochmals 300 m weiter lockt der Beach Club Monastíri in der Hauptsaison 24 Stunden täglich viel Publikum trotz überhöhter Preise an. Speisen und Getränke werden hier auch direkt am knapp 100 m langen, sehr flach abfallenden Sandstrand serviert.

Nochmals 300 m weiter endet der Feldweg. Von hier geht es nur zu Fuß weiter zum noch etwa 700 m entfernten Leuchtturm auf dem 17 m hohen Kap Kórakas, auf dem man meilenweit von allen Urlaubsscheinwelten entfernt zu sein scheint.

Halbinsel Santa María

Reiseatlas: S. 233, E/F 1
Im Osten wird die weite Bucht von Náoussa von einer flachen, vegetationsarmen Halbinsel begrenzt, an deren drei Seiten man Strände ganz unterschiedlicher Art findet. Auch auf dieser Halbinsel sind in den letzten Jahren einige Tavernen und Pensionen neu entstanden; insgesamt wirkt sie aber noch recht wild und unberührt.

Ág. Anárgiri Beach, Xifarás Beach, Zoodóchos Pigí und Lángeri Beach

Reiseatlas: S. 233, E 1
Am östlichen Ortsrand von Náoussa bietet der etwa 400 m lange, sandige und kinderfreundlich flach abfallende Ágii Anárgiri Beach etwas Schatten unter Tamarisken. Hinter dem Elektrizitätswerk der Insel schließt sich daran der Xifarás Beach an: ein 1 km langer, schmaler Sand- und Kiesstreifen ohne jeglichen Naturschatten.

Hinter einer kleinen, in die Bucht von Náoussa vorspringenden Halbinsel zeigt ein nur griechisch beschrifteter Wegweiser nach links zur sehr romatisch gelegenen Kapelle Zoodóchos Pigí, die auch als schattiger Picknickplatz bestens geeignet ist. Zunächst fährt man noch etwa 400 m über Asphalt, dann 120 m über einen Feldweg bis zu einem Bauernhaus. Von dort aus geht man die letzten 100 m zu Fuß. Den direkt am Wasser gelegenen Vorplatz der stets verschlossenen Kapelle beschatten drei alte Tamarisken, der Blick entlang der Küste reicht bis zum Lángeri Beach. Ihn kann man von hier aus in etwa 10–15 Minuten zu Fuß erreichen. Kleine Dünen säumen den langen Sandstreifen, FKK ist hier üblich.

Reiseatlas: S. 233

Inselnorden

Filítzi Beach, Alikí Beach, Aristófanes Beach, Santa María Beach und Platiá Ámmos Beach

Reiseatlas: S. 233, E/F 1/2

Die Asphaltstraße erreicht nun bei einem im Sommer ausgetrockneten Salzsee die Ostküste mit dem fast 2 km langen Alikí Beach. An ihm liegt der größte Campingplatz der Insel mit Beach Bar und Pool sowie einer Tauch- und Windsurfschule. Im Hinterland sind einige wenige Pensionen und Tavernen zu finden. Weiter nördlich schließen sich noch andere Strände an, darunter der Aristófanes Beach und der Santa María Beach. Schließlich endet die Straße im Weiler Ágios Geórgios. Von dort kann man zu Fuß querfeldein zum Platiá Ámmos Beach wandern (auch Ziel von Badebooten von Náoussa aus), an dem FKK üblich ist.

Schön ist auf alle Fälle auch der kleine Filítzi Beach, der sich südlich an den Alikí Beach anschließt. Man erreicht ihn über einen Feldweg vom Xifarás Beach aus. Hier herrscht auch im Hochsommer kein Trubel.

Kaliméra Páros: Tel. 22 84 05 28 84, Fax 22 84 05 28 85, www.kali meraparos.com. Luxus-Apartment-Anlage mit Pool, sehr ruhig am Strandabschnitt Filítzi gelegen. Für Windsurfer geeignetes Domizil. 16 Apartments, DZ HS 120 €, sonst ab 60 €.

Santa María Village: Tel. 22 84 05 10 13, Fax 22 84 05 19 37, www.surfbeach.gr. Moderne, für Wassersportler empfehlenswerte Bungalow-Anlage mit Pool und Tennisplatz auf dem Gelände des Cam-

pingplatzes Surfing Beach. Kostenloser Bus-Service bei Bedarf zum Hafen und zum Flughafen sowie mehrmals täglich ins Zentrum von Náoussa. 48 Zimmer, DZ HS 65 €, sonst ab 25 €.

Villa la Plaza: Tel. 69 72 63 87 36. Zweigeschossige Studio-Anlage hinter der Fischtaverne Dichti am Aristófanes Beach, nur im Hochsommer geöffnet. DZ HS ca. 50–60 €.

Villa Santa María: Tel. 22 84 05 18 15. Eingerahmt von Araukarien und Bougainvilleen steht die älteste Pension auf der ganzen Halbinsel etwa 250 m vom Strand entfernt mit viel Freiraum um sich herum in der Landschaft. Die Zimmer sind modern, dem Garten kommt sein Alter zu Gute. Hier kümmern sich die Wirte, die beiden Brüder Pávlos und Dimítris Skianós, noch auf traditionell-herzliche Weise um ihre Gäste. DZ HS 40–50 €, sonst ab 25 €.

Camping Surfing Beach: Tel. 22 84 05 24 91, Fax 22 84 05 19 37, www.surf beach.gr. Riesiger, moderner, aber nüchtern wirkender Platz auf ebenem Gelände am traumhaften Alikí Beach. Tauchen, Surfen und Wassersport, kostenloser Bustransfer nach Náoussa.

Katsoúnas: gemütliche Fischtaverne am Santa Maria Beach, in einem schönen Garten 50 m vom Strand entfernt. Moderat.

Santa Maria Surfclub: der Surfclub ist dem Camping Surfing Beach angeschlossen (s.o.).

Diving Club fly under: die Tauchschule ist dem Camping Surfing Beach angeschlossen (s.o.).

X-ta-Sea Divers: Tel. 22 84 05 15 84, mobil 69 32 41 70 83, www.x-ta-sea-divers. gr. Tauchschule mit über 25 Jahren Erfahrung, 1 km nördlich vom Campingplatz Surfing Beach gelegen.

Páros

Reiseatlas: S. 233

INSELINNERES UND INSELSÜDEN

Das Inselinnere von Páros ist weitgehend menschenleer. Nur entlang der Hauptstraße zwischen Parikiá und Píso Livádi sind einige schöne alte Dörfer zu finden. Eine Inselrundstraße erschließt die vielen Strände zwischen Píso Livádi und Alikí im Süden sowie entlang der Westküste gegenüber von Antíparos. Einen Überblick über die Region vermittelt die Fahrt hinauf auf den 776 m hohen Profítis Ilías (Ágii Pándes).

Ambelás

Reiseatlas: S. 233, E 2
Das Dorf Ambelás 3 km südöstlich von Náoussa lohnt keinen Abstecher, wenn man nur auf Inselrundfahrt unterwegs ist. Für Urlauber in Náoussa aber ist er ein nettes Ausflugsziel. Nur für Hobby-Archäologen interessant: 200 m hinter der Stichstraße nach Ambelás steht an der Inselrundstraße ein brauner Wegweiser mit der Aufschrift ›Tower of Hellenistic Period‹. Ein 800 m langer Feldweg führt zu drei Steinlagen, die von einem Wachturm aus dem 3./2. Jh. v. Chr. übrig blieben. Schön ist der Blick auf die Santa Maria-Halbinsel.

Damianós: alteingesessene Taverne am kleinen Fischerhafen von Ambelás. Empfehlenswert sind *kakaviá* (Fischsuppe) oder *arnáki sti ladókolla* (Lamm). Zum Oúzo schmecken *pastí lakérda* (gesalzener Thunfisch) und *kolioí xidátoi* (Makrele in Essig). Moderat.

 Tao's: An der Stichstraße nach Ambelás steht ein Wegweiser zum Tao's, das man über einen gut 2 km langen Feldweg erreicht. Dort paaren sich Zen und Zorbas, buddhistische Meditation und griechische Lebenslust. Nissim Amon, ein in koreanischen und japanischen Klöstern ausgebildeter Zen-Meister aus Israel, hat hier mit seiner Frau Merar und zwei befreundeten Paaren ein offenes Haus erbaut, in dem man stunden- oder tageweise an Meditationen, Tai-Chi- oder Yogakursen sowie Zen-Workshops teilnehmen kann oder ganz einfach nur gepflegte Getränke und die leichte fernöstliche Küche eines thailändischen Maitre bei entspannter Musik genießt. Zur Crew des ganzjährig geöffneten Lokals gehört auch die Deutsch-Schweizerin Franziska, die schon seit vielen Jahren auf Páros lebt und viele gute Tipps geben kann. Infos: www.taos-greece.com.

Die Marmorstollen von Maráthi und das Kloster Ágios Minás

Reiseatlas: S. 233, D 2/3
Im Weiler Maráthi zweigt eine Zementstraße von der Hauptstraße nach

Reiseatlas: S. 233

Inselinneres

rechts ins fast ausgestorbene Dorf ab. Auf Mauern gemalte Wegweiser führen über eine Piste, die man nur mit dem Jeep befahren sollte, zum 1300 m entfernten Kloster Ágios Minás, das man von den Mamorstollen von Maráthi aus auch bequem zu Fuß erreichen kann. Der Konvent aus dem 17. Jh. liegt einsam auf einem kleinen Hochplateau. Es wird vom etwas englisch sprechenden Bauern Minás Damianós bewohnt. Besonders idyllisch ist der kleine Innenhof mit Brunnen und Zypresse, in dem der alte Minás seine Gäste mit Oúzo oder Wein bewirtet.

Am östlichen Ortsende von Maráthi steht vor und hinter einer kleinen Brücke über einen Trockenbach (durch den man nach Náoussa wandern kann) ein brauner Wegweiser mit der Aufschrift ›Ancient Quarries‹. Ein mit Marmor gepflasterter Weg, der in einen breiten Feldweg übergeht, führt vom zweiten Wegweiser zu den beiden Stolleneingängen. Für den Einstieg wählt man den hinteren, oberen, in dessen Eingang ein wilder Feigenbaum wächst. Ein verrostetes Eisengitter schützt hier an der linken Stollenwand ein kleines hellenistisches Relief mit einer Darstellung des Hirtengotts Pan und mehrerer Nymphen. Hier beginnt der Abstieg über Geröll in die völlige Dunkelheit (unbedingt zwei Taschenlampen mitnehmen). Unten angekommen, wendet man sich nach links, geht gebeugt durch einen niedrigen, leicht bergan führenden Querstollen und erreicht bald den zweiten Längsstollen, der nach insgesamt etwa 20 Minuten wieder ans Tageslicht führt. Sicherheits-

Parischer Marmor

Parischer Marmor galt in der Antike als der kostbarste der Welt. Nur hier wurde er unterirdisch abgebaut und hieß dementsprechend ›Lichnítes‹, das heißt ›der bei künstlichem Licht gewonnene‹. Seine Besonderheit ist seine hohe Durchscheinfähigkeit, die 3,5 cm erreicht (Carrara-Marmor nur 2,5 cm). Wenn Sie eine Kerze hinter ein Bruchstück halten, können Sie es selbst überprüfen! Diese Eigenschaft machte es dem Künstler schwer, die Wirkung einer Skulptur auf den Betrachter vorauszusehen. Darum versuchten sich auch nur die großen Meister der Antike an diesem Marmor.

vorkehrungen darf man im Stollen nicht erwarten. Betreten auf eigene Gefahr!

Kóstos

Reiseatlas: S. 233, D 3
Das etwas abseits der Insel-Transversale gelegene Dorf mit knapp 400 Einwohnern wird nur selten besucht. Es besitzt eine besonders schöne Platía mit exzellenter Taverne – ein guter Platz für eine kühle Mittagspause oder lange Sommerabende fast nur unter Einheimischen.

 Kóstos: gemütliche Familientaverne von Anastasía Roumeliótou

Páros

Reiseatlas: S. 233

unter mehr als 20 schattigen Aleppo-Kiefern, in der die Wirtin und ihre Familie täglich wechselnde Gerichte der Saison, viele Vorspeisen und gutes Fleisch vom Holzkohlengrill servieren. Der offene Hauswein ist sehr süffig! Die Wandmalereien im Innenraum hat ein Maler aus Parikiá geschaffen. Moderat.

Studio Yria: Töpferei oberhalb der Hauptstraße nach Léfkes, in der Stelios und Monika hervorragende Keramik herstellen, Mo–Fr 8–15 und 17.30–20.30 Uhr, Tel. 22 84 02 90 07, Fax 22 84 02 90 24, www.studioyria.com

Kirchweihfest zu Ehren des hl. Athanásios am 24./25. Juni. Am 24. abends ab ca. 21 Uhr Musik und Tanz auf der Platía, Bewirtung mit Meeresfrüchten. Am 25. morgens um 10 Uhr Gottesdienst, anschließend Prozession mit vielen Ikonen durchs Dorf, danach gemeinsamer Verzehr von Süßspeisen und Oúzo.

136

Reiseatlas: S. 233

Inselinneres

Léfkes

Reiseatlas: S. 233, D 3

Mit 640 Einwohnern ist Léfkes das größte der parischen Binnendörfer. Es liegt am Hang über einem lang gestreckten Tal, begrenzt von terrassierten Feldern und einem Kiefernwäldchen. In den engen, stufenreichen Gassen des Ortes ist kein Platz für Autos. Fußgänger, Esel und ein paar unvernüftige Mo-

Das Binnendorf Léfkes

pedfahrer haben sie ganz für sich allein. Soziales Zentrum des Ortes ist neben der großen Platía am oberen Dorfrand vor allem die kleine Platía vor dem klassizistischen Kaffeehaus (zur Zeit geschlossen). An der Gasse zwischen beiden birgt ein altes Haus eine winzige **Volkskundliche Sammlung** (Juli/August tgl. 10.30–13.30 Uhr, in der Vor- und Nachsaison nur Sa/So). Eher bombastisch als schön ist die große Hauptkirche des Ortes, Agía Triáda. Für ihren Bau wurde reichlich parischer Marmor verwendet, die großen Leuchter sind aus venezianischem Murano-Glas gearbeitet.

An der Straße nach Píso Livádi liegt das Hotel Léfkes Village. Wer sich an der Rezeption meldet, wird auf Wunsch in das kleine, private **Museum der Ägäischen Volkskultur** geführt, dessen Sammlung die Hoteliersfamilie zusammengetragen hat. Seine Themen sind Schmiedearbeiten, Natur, Landwirtschaft, Keramik, Architektur, traditionelle Möbel und der Schiffbau. Ein kleiner, guter Katalog kann an der Rezeption erworben werden.

Léfkes Village: Tel./Fax 22 84 04 23 98, www.lefkesvillage.gr. Einzigartige, sich ins Ortsbild fügende HotelAnlage mit klassizistischem Ambiente. Blick über das Dorf und die Berghänge. Pool mit Bar, Restaurant. Auch über Reiseveranstalter (Attika) zu buchen, 20 Zimmer, DZ HS 146 €, sonst 96 €.

Agnántio: am oberen Hauptplatz beim Busstopp gelegen. Hier ge-

137

Páros

Reiseatlas: S. 233

nießt man einen schönen Panoramablick, traditionelle griechische Küche und eigenen Wein. Günstig .
Klarínos: ausgezeichnete Taverne am oberen Dorfplatz, ab 20 Uhr (Juli/August ab 19 Uhr). Gemüse und Fleisch stammen vom eigenen Bauernhof wie auch der Wein vom eigenen Weinberg. Moderat.
Café:
Kafeníon I Platía: Einfaches Kafenío mit kleinem Speisenangebot am und auf dem unteren Dorfplatz direkt neben dem – zur Zeit leider leer stehenden – klassizistischen Kaffeehaus. Günstig.

Ánemi: Werkstatt und Laden am unteren Dorfplatz. Nikoleta Chanioti fertigt hier Decken, Vorhänge und Stickereien nach traditionellen lefkianischen Vorbildern, wobei sie ausschließlich natürliche Garne und Farben verwendet.
Yría: Ganz nahe der unteren Platía gelegene Galerie der gleichnamigen Töpferei aus Kostós; ausgestellt sind ausgewählte eigene Werke und Objekte anderer Künstler.

Kirchweihfeste: am 19. August in der Kirche Ag. Triáda, am 29. Aug. zu Ehren des Ág. Ioánnis Pródromos.

Wanderung: Von Léfkes nach Pródromos und zu den Buchten der Ostküste

Anfahrt: Mit dem Linienbus nach Léfkes und zurück von Pródromos.
Weg: Gut begehbarer alter Pflasterweg (›Byzantinischer Weg‹) und steiniger Pfad, Erdstraßen.
Dauer: 2,5 Std.
Man verlässt den Bus an der Haltestelle am Rand von Léfkes und geht auf der

Auf dem ›Byzantinischen Weg‹ geht's Richtung Pródromos

138

Reiseatlas: S. 232/233

Inselinneres

Hauptgasse in den Ort hinein. Nach zwei Minuten erreicht man den unteren Dorfplatz mit dem klassizistischen Kaffeehaus. Hier wendet man sich abwärts nach rechts (Wegweiser) und schwenkt danach auf den rot markierten Weg nach links ein. Das ist die alte Verbindungsstraße zwischen der Ost- und Westküste. Längere Abschnitte weisen noch die frühere Pflasterung auf. Weiter unten führt der Weg über eine schöne alte Brücke, zieht nach rechts über eine Hügelkante und wird zum steinigen Pfad, der nach Pródromos führt. Auf der Platía ist gut sitzen, ehe man durchs Dorf rechts weiter zur Hauptstraße aus dem Ort hinaus geht, wo sich die Bushaltestelle befindet. Bis hierher ist man etwa eine Stunde unterwegs.

Wer zu den Buchten der Ostküste will, kann mit dem Bus fahren. Es gibt auch die Möglichkeit, dorthin zu wandern: Man wendet sich auf der Hauptstraße nach rechts und geht gut 200 m bis zu einer Kapelle. Hier biegt man nach links auf einen Erdweg ab, der zum Ort Márpissa führt.

In einer zusätzlichen Stunde (für Hin- und Rückweg) kann man von der Bushaltestelle bei den drei Windmühlen den sich linker Hand erhebenden Kéfalos-Berg besteigen. Wer das nicht will, schlendert weiter zum Ortsrand und überquert bei einer Kapelle die Hauptstraße, um anschließend am Bachbett entlang auf einem Sträßchen bergab zu gehen. Unten hält man sich bei einigen Hausruinen links, steigt ein wenig auf und kommt auf einem Pfad wieder zur Hauptstraße hinab. Man folgt ihr ein ganz kurzes Stück, bis nach links die Betonstraße zum Sandstrand von Poúnda abbiegt. Immer am Meer entlang erreicht man von hier aus in südlicher Richtung den betriebsamen Golden Beach oder im Norden Strand und Ort Píso Livádi.

Wanderung: Von Kamári über Ágios Geórgios und das Kloster Ágios Ioánnis Káparos nach Léfkes

Anfahrt: Mit dem Linienbus nach Angeriá und ein Stück weiter zur Abzweigung nach Kamári; Rückfahrt mit dem Linienbus von Léfkes.
Weg: Gut begehbare Pfade, Sandstraßen, kurze Teerstraßen-Abschnitte.
Dauer: 3,5–4 Std.

Bitten Sie den Fahrer des Linienbusses nach Alikí/Angeriá, Sie an der Abzweigung der Teerstraße nach Kamári aussteigen zu lassen. Der Bus fährt nicht in das Dörfchen hinauf, so dass man knapp eine halbe Stunde auf der kaum befahrbaren Teerstraße nach Kamári gehen muss. Am Ortsrand weist ein Schild ›Ág. Theódori‹ nach rechts. Wir folgen diesem Wegweiser und kommen nach etwa 400 m zur Ortstafel Kamári. Es gibt dort weitere Wegweiser zum Theodorenkloster sowie die Gemeindetafel *(Ta néa tis kinótitas)*. Hier verlassen wir die Teerstraße und biegen auf einen Betonweg nach links aufwärts ab. Bald bleiben die Kirche sowie eine aus Bruchsteinen erbaute Villa links liegen. Am Ortsende (links Häuser mit Taubenturm) endet der Be-

139

tonbelag. Der Weg wendet sich nach rechts, bei einer Gabelung gehen wir links und steigen auf einen Kamm zu. Kurz unterhalb von diesem liegen zwei weiße Häuser etwas links abseits vom Weg. Vom Kamm geht es über einen steinigen Weg abwärts und dann durch einen Graben hindurch. Linker Hand sehen wir Anerátsa (Anerádscha sagen die Einheimischen).

Unmittelbar nachdem wir den Graben passiert haben, schwenken wir bei einem Stall auf einen Fahrweg nach rechts. Nach etwa 75 m verlassen wir den Fahrweg auf einem schmalen Pfad nach rechts, der zwischen Mauern hindurch führt. Er verläuft parallel zu einem rechts unterhalb liegenden Bachbett und wechselt nach 15 Minuten unmerklich auf dessen andere Seite. Nach links öffnet sich über Terrassenstufen der Blick auf den Profítis Ilías. Wir bleiben in der rechten Hangseite und nehmen 5 Minuten später einen undeutlichen Pfad nach rechts aufwärts. Er entfernt sich von der bisher links begleitenden Mauer und steigt mal mehr, mal weniger deutlich am Hang entlang bergauf. Jenseits der Schlucht zur Linken sehen wir am Hang oben einen Hirtenhof, den wir jedoch nicht anpeilen. Vielmehr gelangen wir auf einen von Steinmauern eingefassten Weg, steigen ihn aufwärts und erreichen – wir haben knapp 2 Stunden Weg hinter uns – die wenigen Häuser und die kleine Kirche des Weilers Ágios Geórgios. Neben der Kirche steht ein Denkmal für den hier geborenen Nikólaos Stéllas, der 1944 wegen Beteiligung an Partisanenaktionen von deutschen Besatzungstruppen hingerichtet wurde.

Für den weiteren Anstieg nehmen wir die Sandstraße nach links, halten uns an der folgenden Gabelung rechts und erreichen etwa 40 Minuten von Ágios Geórgios entfernt auf einem Sattel die Betonstraße auf den Profítis Ilías-Gipfel. Wir folgen ihr kurz nach rechts abwärts, bis wir auf einen fast nur an Autospuren erkennbaren Weg nach links einschwenken. Auf ihm geht es in einigen Kehren bergab. Wir biegen in die zweite nach rechts abführende Fahrspur ein. An der Stelle, an der diese steil bergauf führt, verlassen wir sie und gehen an einer Mauer entlang nach links. Am Ende der Mauer geht es links abwärts. Wir passieren den Steinkreis einer Dreschtenne und gleich darauf eine Quelle mit erfrischendem Trinkwasser und haben dann das in Privatbesitz befindliche Kloster Ágios Ioánnis Káparos erreicht. Wenn jemand in der Nähe ist, schließt er möglicherweise Hof und Kirche des Klosters auf. Im späten Frühjahr gibt es in der Umgebung des Klosters leckere Sauerkirschen, die man freilich nicht ohne das Einverständnis der Besitzer von den Bäumen pflücken sollte.

Geht man am Haus vor dem Klostereingang links vorbei auf dem Fahrweg weiter, ist man schon auf der Trasse nach Léfkes. Es geht bergab, man schneidet die Betonstraße und erreicht sie weiter unten wieder. Wir folgen ihr abwärts, bis man bei einem Kiefernwäldchen nach rechts direkt in die Ortsmitte absteigen kann, die man bei einem Supermarkt erreicht. Zu den Kafenía geht es nach rechts, zum Linienbus nach links.

Reiseatlas: S. 235

Inselinneres

Wanderung:
Von Léfkes über das Kloster Ágios Ioánnis Káparos nach Driós

Anfahrt: Mit dem Linienbus nach Léfkes und zurück mit dem Linienbus von Driós.
Weg: Teer- und Sandstraßenabschnitte, alter Pflasterweg, steinige Pfade.
Dauer: 3,5–4 Std.

Die ersten 45 Minuten des Weges sind identisch mit dem Schlussteil der Kamári-Léfkes-Wanderung, nur wandern wir in umgekehrter Richtung. Wir verlassen den Linienbus in Léfkes und gehen auf der Hauptgasse in den Ort hinein, bis wir beim kleinen Park den rechts liegenden Supermarkt erreichen. Noch vor dem Geschäft schwenken wir nach rechts und steigen die breite Treppe zum Kiefernwäldchen und weiter zur Straße hinauf, die auf den Ilías-Gipfel führt. Wir folgen ihr zunächst nach links, kommen an einer neuen Kapelle und an einem Wasserreservoir vorbei und gehen dann links von der Straße auf einen Sandweg, der parallel zu ihr aufwärts führt. An der Stelle, an der er sich gabelt, setzen wir den Weg geradeaus fort, überqueren die Straße und sind nun auf dem Erdsträßchen, das uns zum Kloster Ágios Ioánnis Káparos bringt (s. S. 142).

Hinter einem kleinen Haus vor dem Kloster biegen wir nach links aufwärts ab, passieren eine Quelle und steigen empor zu dem Steinkreis eines Dreschplatzes. Das Nahziel ist schon sichtbar: Oben im Hang eine weiße Doppelkapelle. An der Dreschtenne nehmen wir eine Fahrspur nach rechts. Später mündet sie in einen Fahrweg, dort halten wir uns links. Eine zweite Kapelle weiter rechts oben bleibt außer Betracht. Der Weg führt etwas links an der genannten Doppelkapelle vorbei. Wieder erreichen wir die Betonstraße zum Ilías-Gipfel, überqueren sie, kommen auf den alten Pflasterweg durch die Weinfelder, halten uns zweimal rechts und gelangen zu einer Sandstraße, der wir nach links folgen. An der nächsten Gabelung bleiben wir rechts, und bald läuft die Straße über einen Sattel. Rechts vor uns tut sich eine Schlucht (Langáda) auf. Am Weg steht ein Haus.

Wir gehen auf dem Fahrweg weiter und verlassen ihn in einer Rechtskurve, indem wir einen steinigen Pfad nach links abwärts aufnehmen (Markierungen), der sich vor einer Kapelle gabelt. Hier gehen wir rechts, um dann nach links auf einen alten Pflasterweg einzubiegen, der sehr gut erhalten zwischen Mauern ins Tal führt. Unten quert er die Talsohle, zuerst nach rechts und dann gleich wieder nach links (rote Punkte). Unmittelbar nach der zweiten Querung geht es nicht den deutlichen Weg nach links aufwärts, sondern rechts abwärts (Markierungen) über der Talsohle in die linke Hangflanke, in der der Pfad weiterläuft. Er führt stellenweise unmittelbar am Rand einer Schlucht entlang, kann aber gefahrlos begangen werden. Schließlich erreichen wir zwei Höfe, deren Hunde meist kräftig bellen. Bei der Gabelung unterhalb halten wir uns rechts und gehen dann quer nach links

Páros

ARCHILÓCHOS – MEHR POET ALS KRIEGER

Vor Archilóchos von Páros hat es keine europäische Lyrik gegeben. Homer dichtete zwar auch, schrieb aber Epen. Das bedeutet, er erzählt von geschichtlichen und mythischen Ereignissen, deren Verlauf die Götter bestimmen. Er selbst bleibt als Sänger und Erzähler unbeteiligt. Archilóchos jedoch spricht hauptsächlich von sich selbst, benutzt fast immer die Ich-Form. Seine Themen sind die Liebe, der Wein und der Kampf. Die Götter bleiben Randerscheinungen, der Mensch hat einen eigenen Willen. Seine Werke sind nur in 300 Fragmenten erhalten, von denen die meisten nur ein paar Wörter oder zwei bis vier Zeilen umfassen.

Über das Leben des Archilóchos ist wenig bekannt. Er lebte irgendwann zwischen 700 und 640 v. Chr. (Homer, wenn überhaupt, etwa 50 bis 100 Jahre zuvor). Sein Vater war ein angesehener Parier, seine Mutter dessen Sklavin, die er sich bei der gewaltsamen Kolonisierung der Insel Thássos zur Nebenfrau genommen hatte. Dieser Standesmakel haftete Archilóchos ein Leben lang an und führte dazu, dass er die Frau, die er liebte, nie bekam. Archilóchos verdiente sich seinen Lebensunterhalt als Soldat und Söldner, war aber nie ein tumber Kriegsheld. Das belegen ein paar Zeilen, die er schrieb, nachdem er in einer Schlacht seinen Schild einem Gegner überließ, um schneller flüchten zu können: »Mit dem Schild protzt jetzt ein Saier, den ich bei einem Gebüsch ... zurückließ, und wollt's doch nicht. Ich selbst aber hab' mich herausgerettet: was schert jener Schild mich? Fahre er hin! Von neuem werde ich mir einen erwerben, der nicht schlechter ist.«

durch den lockeren Bewuchs auf die ersten Häuser von Driós zu, bei denen wir auf die Teerstraße kommen, der wir in den Ort hinein folgen. Die Bushaltestelle ist beim Market Anousákis. Hier führt auch eine Sandstraße nach rechts, auf der man ein hübsches Restaurant erreicht.

Abstecher auf den Profítis Ilías (Ágii Pándes) und zum Kloster Ágios Ioánnis Káparos

Reiseatlas: S. 235, E 2
An der oberen Platía von Léfkes beginnt eine durchgehend gut ausgebaute, 8 km lange Straße auf den 776 m hohen Inselberg Profítis Ilías (Ágii Pándes). Die obersten 30 m des Gipfels sind zwar für Besucher gesperrt, trotzdem lohnt die Fahrt hinauf sehr: Die Straße windet sich fast einmal um den gesamten Gipfel herum und gibt so den Blick in alle Himmelsrichtungen frei.

Kloster-Fans können unterwegs noch einen hin und zurück 2 km langen Abstecher über eine schlechte und einspurige Piste zum Kloster Ágios Ioánnis Káparos unternehmen. Es ist nur zugänglich, wenn die Bauern, die hier nur gelegentlich leben, gerade anwesend sind.

Reiseatlas: S. 233

Inselinneres

Pródromos, Mármara und Mólos Beach

Reiseatlas: S. 233, E 3

Pródromos ist ein stilles Dorf mit altem, autofreien Ortskern (Zugang von der Platía rechts oberhalb der Hauptstraße). In den wenigen Gassen findet man das nostalgische Kallitechnikó Kafenío Ta Volta und gleich gegenüber vom gelben Dorfbriefkasten eine sehr urige Gemischtwarenhandlung. In der Dorfkirche Ágios Ioánnis Pródromos lohnt die Ikone des Sündenfalls rechts unten an der Ikonostase einen Blick: So viele knallrote Äpfel wie dieser Apfelbaum der Erkenntnis kann wohl nur ein Baum im Paradies tragen ...

Mármara ist etwas geschäftiger als Pródromos, doch fehlt dem Ort jeglicher Charme. Von Mármara führt eine schmale Asphaltstraße zum schattenlosen Halbrund des etwa 1100 m langen und 4–10 m breiten Mólos Beach vor weitgehend unverbautem Hinterland. Hier ist Páros noch sehr untouristisch.

Rooms Samiós/Taverna Mólos: Tel. 22 84 04 14 41. Vassilía, die Wirtin der Taverne an der Zufahrtsstraße zum Mólos Beach vermietet ganzjährig sechs kleine, moderne Zimmer mit Gemeinschaftsterrasse und Meerblick, ca. 100 m vom Strand. In der Taverne serviert sie traditionelle Hausmannskost. Restaurant günstig, DZ HS 45 €, sonst 25 €.

Tsitsánis: in Pródromos am Parkplatz. Restaurant mit traditioneller Küche, hausgemachter Käse und Gemüse aus dem eigenem Garten. Empfehlenswert: Kaninchen-Gerichte. Moderat.

Kirchweihfest in Pródromos am 24. Juni in der Kirche Ág. Ioánnis, in Mármara am 7./8. September zu Ehren der Mariengeburt.

Márpissa

Reiseatlas: S. 233, E 3

Márpissa ist mindestens ebenso schön wie Léfkes, wird aber weitaus seltener von Fremden besucht. Seinen Reiz offenbart es freilich nicht an der Hauptstraße, wo es mehrere Tavernen, Unterkünfte und eine gute Bäckerei gibt, sondern im oberhalb davon gelegenen alten Ortskern. Dazu fährt man am besten die Straße von Márpissa nach Mármara (Wegweiser zur ›Medical Unit‹) bergan bis zu den drei Windmühlen, an denen auch der Linienbus hält. Direkt gegenüber der untersten Mühle führt auf der anderen Straßenseite ein Blumentopfspalier auf die kleine Platía Mitr. Chris. Smírnis. Folgt man von hier der Gasse mit der Wasserablaufrinne in der Mitte weiter aufwärts und hält sich an der nächsten Gassengabelung links, kommt man an der Kirche Evangelismós vorbei zur winzigen, aber unglaublich friedvollen Platía Agíou Nikoláou mit einer der besten Inseltavernen. Ein paar verbleichende, großflächige Malereien an den umliegenden Hauswänden stammen von der Athener Malerin María Agouroú, die bis 2004 an der Platía eine Galerie führte.

Von den drei Windmühlen aus führt eine Stichstraße auf den 180 m hohen Bergkegel des Kéfalos hinauf. Das kleine Kloster Ágios Antónios auf dem Gipfel befindet sich in Privatbesitz und

143

Páros

Reiseatlas: S. 233

ist meist nur sporadisch und nur im Juli und August zugänglich. Sein Besuch lohnt einzig des Ausblicks wegen.

🍴 **Haroúla:** Wirtin Haroúla steht bereits seit 1977 in der Küche dieser Taverne, auch ihre Söhne kochen mit und bedienen. Der Vater kümmert sich um die Tiere der Familie: Ziegen, Schafe und Hühner. Die kommen hier natürlich äußerst schmackhaft auf den Tisch. Ab etwa Mitte Juli stehen stets auch Schnecken auf dem Küchenplan.

Kirchweihfeste am 5./6. August Metamórphosis in Márpissa, am 24. September Ág. Antonios auf dem Kéfalos-Berg.

Píso Livádi

Reiseatlas: S. 233, E 4
Píso Livádi lebt anders als Náoussa und Parikiá fast nur vom Tourismus und daher auch nur im Sommer. Schön ist die lange Mole mit ihren Tavernen, an der auch gleich der 400 m lange, sandige und von alten Tamarisken beschattete Sand-Kies-Strand Logarás Beach beginnt. An seinem südlichen Ende liegt der Ortsteil Logarás. Neubauten prägen das Bild, einen historischen Ortskern gibt es nicht, denn Píso Livádi war noch vor 30 Jahren nicht mehr als der Hafen für Fischer aus den umliegenden Binnendörfern. Einzige historische Sehenswürdigkeit ist die kleine Kapelle Ágios Geórgios Thalassítes (brauner Wegweiser an der Straße nach Driós, 180 m von der Hauptstraße entfernt). Der kleine, völlig unverputzte Natursteinbau steht ständig offen, die Fresken sind zum Teil verhängt. Gut zu erkennen ist ein schöner hl. Georg zu Pferde.

Reisebüro **Perantínos** am Hafen, Tel./Fax 22 84 04 11 35, perantin@ otenet.gr.

🛏 **Arca's Inn:** Tel. 22 84 04 11 76 und 22 84 04 10 85. Apartment-Hotel mit schönen schiefergepflasterten Terrassen in Hanglage am südlichen Ortsrand, Blick auf den Hafen und auf die Berge im Hinterland. DZ HS 100 €, sonst 60 €.
Albatross: Logarás, Tel. 22 84 04 11 57, Fax 22 84 04 19 40, www.albatross.gr. Die Anlage mit Pool liegt 250 m vom Strand ganz ruhig am Hang. Die sehr sympathische Inhaberin Stélla spricht gut Deutsch. 40 Zimmer, DZ HS 88 €, sonst 63 €.
Anna's: 2 Min. vom Hafen, Tel. 22 84 04 13 20, Fax 22 84 04 33 27, www.annas inn.com. Die jungen Frauen Dímitra und Ioánna vermieten im Namen ihrer Mutter sieben ruhig gelegene Apartments mit gut ausgestatteter Küche und zwei Doppelzimmer mit gemeinsamer Dachterrasse. Beide haben sich die Wahrung traditioneller Gastfreundschaft auf die Fahnen geschrieben. Ioánna spricht sehr gut Englisch. Ihr Computer steht für die Internetnutzung kostenlos zur Verfügung. Apartment mit Platz für 4 Personen HS 85 €, sonst ab 60 €, DZ HS 55 €, sonst 32 €.
Villa Giorgio: Tel./Fax 22 84 04 17 13, 22 84 04 22 06, www.villagiorgio.com. Haus in Kykladenarchitektur in Hanglage oberhalb des Hafens, toller Panoramablick. Sieben Zimmer und ein Apartment, DZ HS 60 €, sonst ab 40 €.
Akteon: Logarás, Tel. 22 84 04 10 98, Fax 22 84 04 17 33, www.greek-tourism.gr/ akteon-paros. Weißes Hotel mit blauen Fensterläden und Restaurant direkt am Strand, alle Zimmer/Studios mit Meerblick. 25 Zimmer, DZ HS 65 €, sonst 40 €.

Reiseatlas: S. 233

Inselsüden

 Mourágio: Gute Fischtaverne direkt am Hafen. Moderat.
Vrochos: Große Taverne zwischen Hafen und Logarás Beach, schon zum Frühstück geöffnet. Besonders gut das Kaninchen-Stifádo und der Kalamáres-Salat. Moderat.
Fisilanis: älteste Taverne am Logarás Beach, mit gutem Angebot an Fisch und griechischer Hausmannskost. Moderat.
Markakis: Familientaverne am Logarás Beach. Der Wirt ist Fischer. Moderat.

 Schiffsverbindungen: Zwischen Mitte Juni und Mitte September gibt es 4x wö. eine Autofähre zwischen Píso Livádi und Náxos und ebenfalls 4x wö. eine Autofähre zwischen Píso Livádi und Mykonos.

Von Píso Livádi nach Alikí

Poúnda Beach

Reiseatlas: S. 233, E 4
Am 150 m langen Poúnda Beach finden all die ihr Urlaubsparadies, die sich ohne Musikbeschallung nicht wohl fühlen. Zugleich lernt man hier ein Stück raue griechische Wirklichkeit kennen: Unmittelbar nebeneinander stehen an diesem Strand zwei große Beach Clubs mit Platz für bis zu 5000 Gäste. Sie ähneln sich so sehr, dass der Fremde geneigt ist, das Personal zu fragen, ob die beiden Besitzer enge Freunde sind. Antwort: enge Feinde!

Poúnda Beach Club: 11–21 Uhr, am Strand mit Pool, Beachbars, Snackbars, Party um den Pool-Bereich, Bowling, Billard, Internet-Access und Boutiquen. Der Club fasst 3500 Gäste. Daneben der neuere **Viva Poúnda Summer Club.**

Mesáda Beach und Tserdákia Beach

Reiseatlas: S. 233, E 4
Nur wenige hundert Meter südlich der Beach Clubs von Poúnda bietet der noch weitgehend unverbaute, nur 30 m lange Mesáda Beach ein absolutes Kontrastprogramm: Hier ist immer ausgesprochen wenig los, Liegestühle und Sonnenschirme werden nicht vermietet. Dafür badet die Hand voll Strandbesucher hier außerhalb der Hauptsaison meist nackt.

Wieder ganz anders ist der auch New Golden Beach genannte Tserdákia Beach, an dem ein paar Hotels stehen. Hier treffen sich vor allem Windsurfer.

Nostos Studios: Tserdákia, Tel. 22 84 04 26 06, Fax 22 84 04 26 07, www.nostos-studios.gr. Konstantin und Mechthild Stamatakis haben eine liebenswerte Anlage oberhalb des Strandes geschaffen. Dazu gehören ein kleines Theater mit gelegentlichen Aufführungen (in der Vergangenheit: Brecht) und ein Taubenhaus aus Naturstein, das auch zu mieten ist, HS 124 €, sonst 68 €. Außerdem acht Studios, DZ HS 82 €, sonst 50 €.
Paros Philoxenia: Tserdákia, Tel. 22 84 04 17 78, Fax 22 84 04 19 78, www.paros philoxenia.com. Komfortable Anlage im Kykladenstil mit Pool, Restaurant oberhalb des Strandes. Hostess-Hotel für den Windsurf-World-Cup (PWA World Tour) Anfang August, Tauchschule. 42 Zimmer, DZ HS 88 €, sonst 42 €.

145

Páros

Reiseatlas: S. 233/235

Skinikó: Restaurant, Pizzeria und Café-Bar in schöner Hanglage über dem Meer zwischen Poúnda und Mesáda Beach. Moderat.

Ta 5 F: Mesáda, einfache Bauerntaverne 200 m landeinwärts, absolut ruhig, schöner Blick auf den Süden von Náxos. Wirtin Déspina backt ihr Brot noch selbst und bringt viel Gemüse und Salat vom eigenen Land auf den Tisch. Sehr lecker die mit Zucchini und Käse gefüllten Blätterteigtaschen *kolokithópittes* und das Schweinegulasch mit reichlich Gemüse, *chirinó fricassé.* Moderat.

PWA Paros Grand Prix – Rennen für Windsurfer: Anfang August vom Golden Beach oder vom benachbarten Tserdákia Beach aus. Mehr Infos im Internet unter www.parosurf.gr

Paros Surf Club: Tserdákia, Tel. 22 84 04 32 64, Fax 22 84 04 19 78. Mitglied im Verband Deutscher Windsurfing Schulen. Auch Mountainbike-Verleih.

Chrissí Aktí/Golden Beach

Reiseatlas: S. 233, E 4
Der Golden Beach ist das Surfer-Paradies der Kykladen (s. S. 46). Am 1 km langen, sehr feinsandigen Strand fühlen sich aber auch andere Urlauber wohl. Der Ort selbst ist nur eine lockere Streusiedlung, das Leben spielt sich überwiegend in den Hotels und Bars entlang des Strandes ab.

Golden Beach: Tel. 22 84 04 13 66, Fax 22 84 04 11 95, www.goldenbeach.gr. Hotel mit für griechische Küche sehr gutem Restaurant am Ende der Zufahrtstraße am Strand. 30 Zimmer, DZ HS 85–90 €, sonst ab 40 €.

Lourídes: Tel. 22 84 04 17 89, Fax 22 84 04 17 14, www.fanatic-paros.com. Direkt am Meer hinter der Surfstation Fanatic Fun Center. Zur Anlage gehören eine Strandbar und Restaurant. 13 Studios und zwei Apartments für bis zu 4 Personen, DZ HS 55–60 €, sonst 30–35 €.

Discos am Chrissí Aktí Strand (open-air und innen). Sehr beliebt sind die **Golden Garden Bar** an der Inselrundstraße und der **Risalto Club** am südlichen Strandende.

Fanatic Fun Center: Tel. 22 84 04 17 89, mobil 69 38 30 76 71, Fax 22 84 04 17 14, www.fanatic-paros.com. Die Surfstation arbeitet mit dem Sun & Fun System in München zusammen und wird seit 1979 von Bernd Schulz aus Berlin geleitet.

Sun Wind: Tel. 22 84 04 29 00, Fax 22 84 04 23 84, www.sunwind.gr. Surf-Club, auch Kayak-Verleih und Wasserski.

Tanzen und Fotografieren: Zum Hotel Lourídes gehört die wohl außergewöhnlichste Tanzfläche der Ägäis. Michael Honig und Bettina Sterr geben dort (oder auf Wunsch am Strand) Tanzseminare. Latin, Klassik, Salsa und auch Pilates-Gymnastik stehen auf dem Programm, Das Angebot reicht vom zweistündigen Schnupperkurs bis zum 14-tägigen Vollprogramm und Einzelunterricht selbst für Turniertänzer. Bettinas Mann Kay Will veranstaltet vom selben Hotel aus Fotoseminare und -Exkursionen. Infos: www.paros-dance-academy.com.

Driós

Reiseatlas: S. 235, F 3
Driós ist ein kleiner Küstenort mit starkem Charakter. Mehrere nahe Quellen sorgen dafür, dass es hier in den Gär-

Reiseatlas: S. 235

Inselsüden

Da schlägt das Surfer-Herz höher: New Golden Beach

ten auch im Sommer üppig blüht, Bäume umgeben das weitläufige Dorf. Der zum Teil künstlich aufgeschüttete Strand ist schmal und zieht sich streckenweise unter einer niedrigen Steilküste entlang, deren Oberkante von einem autofreien Klippenweg gesäumt wird, der irgendwie an Nordeuropa erinnert. An der Uferstraße in Hafennähe liegen mehrere Tavernen unter schattigen Tamarisken; ein weiterer ›Tavernenschwerpunkt‹ ist die Platía direkt an der landeinwärts verlaufenden Inselrundstraße. Mit seinen antiken Trockendocks besitzt Driós eine auch überregional bedeutende historische Sehenswürdigkeit: Direkt am heutigen Hafen sind im Uferfels 15 tiefe, parallel zueinander verlaufende Rinnen zu entdecken, die um 300 v. Chr. in den Stein gemeißelt wurden und dafür sorgten, dass an Land gezogene Boote nicht umkippten.

Nissiótiko: Tel. 22 84 04 15 00, Fax 22 8404 19 50, www.nissiotiko-paros.gr. Zimmer und Studios in ruhiger Lage mit Garten. Vom Strand nur durch einige Stufen getrennt. 30 Zimmer, DZ HS 53 €, sonst 36 €.

To Kyma: Tel. 22 84 04 19 06 und 22 80 44 32 17. Die Studios liegen über der gleichnamigen Taverne, nahe des Hafens und sind nur durch die Uferstraße vom Strand getrennt. Große Sonnenterrassen mit schönem Meerblick. Sechs Studios, DZ HS 55 €, sonst 30 €.

Ávra: Tel. 22 84 04 10 16. Einfaches Hotel in einer ehemaligen Mehlfabrik unmittelbar am Meer. Die fünf Zimmer im Erdgeschoss besitzen kein eigenes Bad. Neun Zimmer, DZ HS 53 €, sonst 28 €.

To Kyma: an der Uferstraße zum antiken Trockendock mit Plätzen auf der Terrasse des Hauses und einer Tischreihe unter Tamarisken oberhalb des Meeres, gute griechische Küche und frischer Fisch. Günstig.

147

Páros

Reiseatlas: S. 235

Lolandóni Beach, Glifá Beach und Fáranga Beach

Reiseatlas: S. 235, D–F 3

Ein z. T. zementierter, 1500 m langer Feldweg führt von der Inselrundstraße zum sandigen, etwa 120 m langen Lolandóni Beach (Wegweiser nur auf Griechisch, Λωλαντωνη) mit zwei Tavernen: Man kann, muss aber nicht hin.

1100 m von der Inselrundstraße entfernt schließen sich die beiden über eine Zementstraße erreichbaren, sehr ruhigen und etwa 200 m langen Sand-Kies-Strände Glifá und Tripiti Beach an. Auch hier gibt es eine Taverne; ein paar Tamarisken spenden Schatten.

Weiter geht es am Südzipfel der Insel entlang. Es eröffnet sich ein schöner Blick auf Antíparos. Eine kleine Stichstraße zweigt von der Hauptstraße ab nach Fáranga. Zum Strand gelangt man über einen 150 m langen Erdweg zu Fuß. Ungewöhnlich für Griechenland sind die Hunde-Verbot-Schilder am Strand. Der 150 m lange, breite Sandstrand macht einen gepflegten Eindruck. Zum Picknicken laden Tische und Bänke unter Tamarisken ein.

Lolandóni: Tel. 22 84 04 26 79. Acht Zimmer mit Balkon oder Terrasse am gleichnamigen Strand, auch Taverne. Ende Juni–Anfang Sept. geöffnet. DZ HS 45 €, sonst 35 €.

Studios Anna: an der Nebenstraße zwischen der Fáranga Bucht und Alikí, 2 km zum Ortsanfang von Alikí, mobil 69 77 40 09 25, im Winter (Athen) Tel. 21 02 77 59 44, Fax 21 02 71 33 36. Ebenerdige Studios mit großer, begrünter Terrasse und sehr freundlichem Service. Sechs Studios, DZ HS 45 €, sonst 25 €.

Fárangas: Ouzerí und Beach-Bar mit dezenter Musik am gleichnamigen Strand, herrliche Plätze unter Palmwedelschirmen, im Juli/August 9–2 Uhr, ansonsten 10–20 Uhr geöffnet. Moderat.

Glifá: das Natursteinrestaurant mit grünen Fensterläden liegt etwas vom gleichnamigen Strand zurückversetzt, Ende Juni–Anfang Sept. tgl. und Nov.–Mai am Wochenende geöffnet. Da der Inhaber Hobby-Gärtner ist, speist man hier erntefrisches Gemüse und Kräuter aus eigenem, ökologischem Anbau. Moderat.

Alikí

Reiseatlas: S. 235, D 3

Alikí fehlen kykladisches Flair und wegen des flachen, eher öden Hinterlandes auch der landschaftliche Reiz. Dafür geht es hier außerhalb der Hauptsaison noch ruhig zu. Ein etwa 150 m langer Strand liegt im Ortszentrum. Gen Osten läuft der hellbraune Kieselstreifen in einen feinen Sandstrand aus. Von der südlichen Hafenpromenade aus gelangt man nach 500 m zum langen Kieselstrand Votsalákia.

6 km nordöstlich des Ortszentrums steht das Kloster Ágii Theódori in den Bergen. Seine Nonnen wünschen keinen Besuch nicht-orthodoxer Christen!

Nárges: Tel. 22 84 09 14 77, Fax 22 84 09 13 79, www.narges.gr. Bestes Hotel in Alikí mit Restaurant und Pool, 100 m zum Ortsstrand. 73 Zimmer und sechs Suiten, DZ HS 110 €, sonst 70 €.

Galátis: Tel. 22 84 09 13 55, Fax 22 84 09 16 51, www.galatishotel.gr. Modernes Hotel fast direkt am Ortsstrand, mit kleinem Pool. Außer Doppelzimmern auch

Inselsüden

Reiseatlas: S. 235

Studios mit Platz für bis zu 4 Personen. Familiäre Atmosphäre. DZ HS 90 €, sonst ab 70 €.
Ostría: Tel. 22 84 09 13 62, Fax 22 84 09 11 69. Schöner Komplex direkt am Meer, auch einige Studios mit vier Betten. Zur Anlage gehört ein Restaurant mit traditioneller griechischer Küche. 17 Studios, DZ HS 70 €, sonst 35 €.
Alikí: Tel. 22 84 09 12 35 und 22 84 09 13 18. Privatzimmer mit Meerblick vermieten die Inhaber der gleichnamigen Taverne über ihrem Lokal an der Hafenpromenade. Drei Zimmer ohne eigenes Bad und Aussicht aufs Binnenland sind sehr preiswert, Saisonbeginn Anfang Juni. Elf Zimmer, DZ HS 50 €, sonst 25 €.

Romantica Taverna: wie der Name verspricht: romantisch am Strand gelegene Taverne mit griechischer Küche. Moderat.
To Balkóni: freundliche Familientaverne gleich an der Hafenpromenade, in der hauptsächlich eigene Produkte verwendet werden. Spezialitäten sind Fisch, der vom Vater des Wirtes persönlich gefangen wird, und Schweinefleischgerichte. Günstig.

Am 6. August **Fest des Sotirós** (Erlösers), am 13./14. September **Fest der Kreuzeserhöhung.**

Scorpios Museum und Flughafen

Reiseatlas: S. 235, D 3
An der direkten Verbindungsstraße von Alikí zum Flughafen steht eins der sicherlich originellsten Museen der Kykladen. Sein Gründer, Herr Skiádas, hat mehrfach den Beruf gewechselt. Er war u. a. Schmied, Fischer und Bootsbauer – und nun ist er Museumsbesitzer. Er hat eine Art ›Legoland der Kykladen‹ geschaffen, einen

Verspricht einen ruhigen, erholsamen Urlaub: Alikí

149

Páros

Reiseatlas: S. 234/235

Köstliches Brot

Spezialität der Region ist das in einem mit Holz befeuertem Ofen gebackene Brot *karveláki,* das man im Supermarkt an der Hafenpromenade oder gleich beim Bäcker in Angeriá kaufen kann.

großen Garten mit über 80 als Miniaturen nachgebauten Gebäuden und archäologischen Stätten dieser Inselwelt. So kann man hier das Kloster Chozoviótissa sehen, das im Original auf Amorgós an einer Felswand klebt, das Kástro-Viertel von Parikiá, die Trockendocks von Driós, das älteste Kafenío von Páros, die Wallfahrtskirche von Tínos und vieles mehr. Das Modell einer Windmühle ist sogar begehbar. Hier geraten nicht nur Japaner in einen Fotorausch, sondern auch viele Griechen. Besonders stolz ist Herr Skiádas, dessen Frau Pópi meist anwesend ist, auf seine vielen selbst gebauten Schiffsmodelle im Museumssaal. Wie wär's mit einem Picknick im Museumsgarten? – Dafür ist unter einem weit ausladenden Johannisbrotbaum ein schöner Rastplatz geschaffen worden (Mai–Ende Sept. tgl. 10–14, Mi und Sa auch 18–20 Uhr, Eintritt 2 €).

Der Flughafen von Páros wurde im Jahr 1982 eröffnet. Seine 25 m breite, nur tagsüber nutzbare Landebahn ist mit 710 m Länge extrem kurz. Jährlich nutzen etwa 12 000 Passagiere den Airport, der nur von Athen aus angeflogen wird.

Die Westküste zwischen Alikí und Poúnda

Reiseatlas: S. 234/235, C/D 2/3
Wer nicht die Hauptstraße östlich am Flughafen vorbei nach Parikiá nehmen möchte, kann eine kleinere, küstennahe Straße benutzen. Sie passiert zunächst eine beschilderte Abzweigung zum Voutákos Beach. An dem 200 m langen, naturbelassenen Sandstrand stehen einige Sommervillen zwischen Palmen und Rebstöcken, Tavernen oder Pensionen gibt es nicht.

Poúnda ist der Hafen für den Autofährverkehr mit Antíparos. Viel zu sehen gibt es hier nicht, das Ortsbild prägen vor allem ein großer Parkplatz und ein großes Hotel. Der schmale Strand südlich des Hafens besteht überwiegend aus Kieselsteinen.

Kulturbeflissene können das 1997 eröffnete Anthemion Kulturzentrum besuchen. Auf der Terrasse finden Musikabende und Lesungen statt. Eine kleine Ausstellung illustriert die Inselgeschichte mit Münzen, Haushaltsgeräten, Ikonen, Kreuzen und Támata aus dem 16.–17. Jh. (das sind Votivtäfelchen, die als Weihgeschenke an Ikonen gehängt werden). Gezeigt werden auch Manuskripte aus dem 18. Jh., historische Fotos und Inselkarten. Bemerkenswert sind 32 Kupferstiche von der Höhle auf Antíparos, von denen nicht alle ausgestellt sind. Nr. 7 ist die Mittelseite eines Buches (in der Mitte ist noch der Falz erkennbar) mit einem Kupferstich von Richard Dalton aus dem Jahr 1752. Er zeigt den französischen Ab-

Reiseatlas: S. 235

Inselsüden

gesandten Marquis de Nointil während einer Weihnachtsmesse, die er 1673 in der Höhle zelebrieren ließ, wobei ein Stalagmit als Altar diente (unregelmäßig geöffnet, Tel. 22 84 02 34 53).

Holiday Sun: Tel. 22 84 09 12 84, Fax 22 84 09 12 88, www.holiday sunparos.com. Hotelanlage mit Restaurant, Pool, Tennis und Wassersportangeboten. 93 Zimmer, Suiten und Apartment, DZ HS 164 €, sonst 90–120 €.

Théa: am Fähranleger. Ausgezeichnetes Restaurant mit großer Auswahl, umfangreichste Weinkarte der Insel und über 50 verschiedenen Biersorten aus aller Welt. Tgl. ab 19 Uhr, teuer.
Bábis: Gleich gegenüber vom Théa und ganz anders. Tgl. ab 8 Uhr, bärtiger Wirt, auf Fähre wartende Gäste, Sardellen vom Holzkohlengrill, Retsína vom Fass, griechische Musik und laufender Fernseher – ganz normal eben. Günstig.

Eurodivers Club: gegenüber des Hotels Holiday Sun. Tel./Fax 22 84 09 20 71, www.eurodivers.gr. Höhlen- und Wracktauchen sind die Highlights im Programm.
Kite Surfing: Poúnda ist für Kite Surfer der Hotspot in der Ägäis. Hochprofessionell geht es im **Paros Kite Pro Center** zu, Tel. 22 84 04 27 57, www.paroskite-pro center.com. Konkurrent ist der **Poúnda Club** von George Georgoudákis gleich daneben, Tel. 22 84 09 13 50, Fax 22 84 09 22 50, www.paroskite.gr.

Agía Iríni

Reiseatlas: S. 235, D 1
Die kleine Bucht von Agía Iríni zwischen Poúnda und Parásporos wirkt mit ihren hohen Palmen am südlichen der beiden kurzen, schmalen Sandstrände beinahe wie ein Stück afrikanische Welt in der Ägäis. Für Camper gibt es wohl keinen besseren Platz auf der Insel.

Camping Agía Iríni: Tel. 22 84 09 14 96, Fax 22 84 09 11 44. Sehr romantisch gelegener Platz mit vielen schattenspendenden Olivenbäumen, Tamarisken und Ziersträuchern am Sandstrand mit den Palmen. Familiärer Service, Minimarkt und Zeltverleih. Ein Schild verspricht ›best camping of the universe‹.

Parásporos

Reiseatlas: S. 235, D 1
Der etwa 300 m lange, hellgraue und sehr breite Grobsandstrand wird von zwei niedrigen Felszungen eingerahmt. Ein großes Hotel gehobener Kategorie und ein Campingplatz sorgen für eine bunte Publikumsmischung am Strand. Ins nur noch 2 km entfernte Parikiá kann man von hier aus notfalls auch laufen.

Yria: Tel. 22 84 02 41 54-8, Fax 22 84 02 11 67, www.paros-hotels.gr. Großzügiger, im traditionellen Stil errichteter Bungalow-Komplex, Tennis, Pool, Bar, Restaurant, 300 m vom Strand, Bustransfer zum 2 km entfernten Parikiá. 67 Zimmer, DZ HS 240 €, sonst 106 €.
Camping Parásporos: Tel./Fax 22 84 02 22 68. Große, begrünte Anlage an der Stichstraße zum Strand, den man von hier nach nur 300 m erreicht. Restaurant, Bar und Pool, jede Stunde Bustransfer nach Parikiá.

151

Páros

Reiseatlas: S. 232

Schmetterlingstal Petaloúdes und Kloster Christoú Dásous

Reiseatlas: S. 232, C 3
Östlich der Hauptstraße zwischen Parikiá und Alikí liegen zwei der bedeutendsten Sehenswürdigkeiten der Insel, die man von Parikiá aus auch zu Fuß oder im Rahmen organisierter Maultierritte besuchen kann.

Das Schmetterlingstal (griech. Petaloúdes, engl. Butterflies Valley, Juni–Sept. tgl. 9–19.30 Uhr, Eintritt 2 €) ist eine grüne Oase am Berghang, in der auf engem Raum Zypressen, Oliven-, Johannisbrot-, Aprikosen-, Birn-, Orangen-, Zitronen-, Feigen- und Granatapfelbäume beieinander stehen. Wasser sprudelt hier das ganze Jahr über aus einer Quelle und sorgt für angenehme Feuchtigkeit. Sie lässt auch das Efeu gedeihen, das die eigentlich zur Familie der Motten gehörenden, des Klangs wegen aber lieber Schmetterlinge genannten Panaxia Quadripunctaria aus der Familie der *Arctiidae* in ihrer Paarungszeit so schätzen. Anfang Juni finden sich die ersten Pärchen zusammen, Anfang August wimmelt es von unzähligen der orangefarbenen Tiere mit schwarz-weiß gestreiften Flügeln. Mitte September legen sie ihre Eier ab, dann sterben sie. Während der gesamten Paarungszeit fressen sie nichts; sie benötigen all ihre Energie für die Fortpflanzung. Tagsüber sitzen sie auf Efeublättern, erst in der Dämmerung fliegen sie auf. Man sollte sie auf keinen Fall aufschrecken!

Besucher sind manchmal vom (eintrittspflichtigen, weil in Privatbesitz befindlichen) Schmetterlingstal enttäuscht. Man sollte es auf keinen Fall als Zoo, sondern einfach als schöne Landschaft verstehen, in der außerdem noch mehr oder weniger viele Motten zu finden sind – dann macht der Ausflug Freude, zumal man auf der Self-Service-Barterrasse an heißen Sommertagen angenehm kühl sitzt und die Touristenschwärme beobachten kann.

1100 m vom Schmetterlingstal entfernt gibt sich das orthodoxe Frauenkloster Christoú Dásous weniger gastfreundlich (tgl. 9–12, 18–20 Uhr). Seine Nonnen lassen Besucher nur in den engen Vorhof und die Klosterkirche. Stifter des Konvents war 1792 die Familie Mavrogénous, die auch die drei schönen Brunnen in Parikiá finanzierte. Zum Pilgerziel wurde das Kloster allerdings erst im 20. Jh., weil hier die Gebeine des hl. Arsénios, eines 1877 verstorbenen und seither wundertätigen Inselheiligen, beigesetzt wurden. Er ist auf mehreren Ikonen gegenwärtig, seine Reliquie ist in der modernen Grabeskapelle unmittelbar oberhalb des Klosters zu finden.

Den schönsten Anblick bietet das Kloster von der Rückseite aus, auf der auch der Friedhof liegt. Einen Beleg für die ungebrochene Gläubigkeit vieler Parier liefert der große Kirchenbau gegenüber des Klosters: Das Gotteshaus mit großer Kuppel und zwei Glockentürmen wird ausschließlich durch Spenden finanziert. Die Nummern der Spendenkonten bei vier Großbanken werden auf einer großen Tafel unübersehbar verkündet.

Reiseatlas: S. 234

Antíparos

DIE KLEINE SCHWESTER: ANTIPAROS

Antíparos stand touristisch lange im Schatten ihrer nur 2 km entfernten großen Schwester. Das hat sich geändert. Rucksackurlauber und überwiegend britische sowie skandinavische Ruhesuchende verbringen hier ihre Urlaubswochen, genießen die Atmosphäre des ursprünglich gebliebenen Ortes und die vielen Spazier- und Wandermöglichkeiten zu fast menschenleeren Stränden und Buchten.

Auf Antíparos gibt es nur einen wirklichen Ort, Antíparos im äußersten Nordosten. Viele ansonsten auf Páros oder in Athen ansässige Antiparier haben hier ihre Sommerhäuser. Wer ständig auf Antíparos lebt, arbeitet als Händler, Bauer, Winzer oder Fischer und bessert sein Budget durch den Tourismus auf. Der konzentriert sich auf den Ort und seine unmittelbare Umgebung, in der einige schöne Strände zu finden sind. Eine Asphaltstraße verbindet ihn mit der Streusiedlung Sorós und dem neu entstehenden Ágios Geórgios im Süden sowie der Tropfsteinhöhle.

Kástro (Antíparos-Ort)

Reiseatlas: S. 234, C 2
Die Ortschaft Antíparos hat zwei Zentren: zum einen den recht großen Hafen mit vielen Fischerbooten, einem von Tamarisken bestandenen Strand und zahlreichen Tavernen. Zum anderen die landeinwärts gelegene Platía Agíou Nikoláou gleich neben dem historischen Kástro-Viertel mit weiteren Tavernen und einigen Geschäften. Beide Zentren werden durch eine namenlose Betonstraße miteinander verbunden, auf der sich das öffentliche Leben der Insel abspielt. Auffällig ist der Blütenreichtum an den Häusern, angenehm das weitgehende Fehlen von Autos. Palmen und Araukarien erfreuen das Auge auf der außerhalb des Dorfes überwiegend baumlosen Insel.

Antíparos in Zahlen

Fläche: 35 km²
Höchster Berg: Profítis Ilías 300 m
Einwohner: 1040
Entfernungen vom Hafen:
- Parikiá/Páros 5 sm
Entfernungen zwischen Kástro und anderen Punkten auf der Insel:
Tropfsteinhöhle 9 km,
Ág. Geórgios 12 km

Antíparos

Reiseatlas: S. 234

KÁSTRO

Einzige historische Sehenswürdigkeit im Ort ist das kleine **Kástro-Viertel**. Anders als auf Páros oder Náxos ist es kein weitläufiges Stadtviertel, sondern nur ein Geviert aus ursprünglich 24 zweigeschossigen Häusern, die zugleich die ›Stadtmauer‹ bildeten, und 16 weiteren Häusern im davon eingeschlossenen Innenhof. Das unverputzte gotische Spitzbogentor nahe der Platía Agíou Nikoláou mit ihrem auffällig hohen Eukalyptusbaum bildet seinen einzigen Zugang. Nach dem gleichen Prinzip waren in der Zeit der venezianischen Herzöge die Hauptorte der meisten kleineren Kykladeninseln aufgebaut; so gut wie hier kann man die Struktur sonst aber nur noch auf Folégandros erkennen.

Informationen, Zimmervermittlung, Gepäckaufbewahrung, Bargeldautomat, Internet-Zugang und Olympic Airlines Vertretung im Reisebüro Oliáros Tours gegenüber dem Anleger, Tel. 22 84 06 12 31, Fax 22 84 06 14 96.

Mantaléna 1: Tel. 22 84 06 12 06, Fax 22 84 06 15 50, www.hotel mantalena.gr. Zweigeschossiges, modernes Hotel an der nördlichen Hafenbucht gelegen, schöner Blick, große Terrassen. 32 Zimmer, DZ HS 40–65 €, sonst 30–45 €.

Artemis 2: Tel. 22 84 06 14 60, Fax 22 84 06 14 72, www.artemisantiparos.com. Hotel mit schöner Frühstücks-Dachterrasse an der nördlichen Hafenbucht. 30 Zimmer, DZ HS 60 €, sonst 25 €.

Árgo 3: Tel. 22 84 06 14 19, Fax 22 84 06 11 86, www.argoanti.gr. Bei Stammgästen sehr beliebte Pension mit Garten an der Straße zum FKK-Strand, hauseigene Taverne, auch ein Apartment für 5 Personen. 9 Zimmer, DZ HS 45 €, sonst 25 €.

Cityplan

Kástro

Übernachten
1. Mantaléna
2. Artemis
3. Árgo
4. Antíparos
5. Koráli

Essen und Trinken
6. Klimatária
7. Sunset
8. Árgo
9. Stathéros

Antíparos 4: Tel. 22 84 06 13 58, Fax 22 84 06 13 40, www.antiparoshotel.gr. Geórgios Patélis ist Fischer und Hotelier zugleich. Im kleinen Hotel an einer Stichstraße nahe dem Anleger der Fähren nach Poúnda vermietet er schon seit Jahrzehnten 23 Zimmer. Inzwischen hat er auch 13 Studios und Apartments in Neubauten anderswo im Ort im Angebot. Er und seine Frau Georgía bieten ihren Gästen traditionelle Herzlichkeit und Gastfreundschaft. DZ HS ab 40 €, sonst ab 20 €.

Koráli 5: an einer Seitengasse zur Hauptgasse, Tel. 22 84 06 12 05, Fax 22 84 06 13 69. Hotel mit ältlichem Charme und von Bougainvillea berankter Frühstücksterrasse und Restaurant. 8 Zimmer und 2 Studios, DZ HS 40–45 €, sonst ab 20 €.

Camping Antíparos: Tel. 22 84 06 12 21. Schön gelegener Platz am flach abfallenden Sandstrand an der Nordwestküste. Supermarkt, Restaurant, Bar, 20 Gehminuten von Kástro. Nur im Juli/August gut besucht, sonst meist gähnende Leere.

🍴 **Klimatária** 6: in einer Seitengasse der Hauptgasse (vom Hafen kommend nach links). Die freundlichen Wirtsleute servieren schmackhafte griechische Kost. Moderat.

Sun Set 7: Vom norwegischen Paar Kurt und Nina betriebene Cocktail-Bar und Restaurant mit mediterraner Küche am Sifnéiko Beach. Schöne Sonnenuntergänge mit Blick auf Sífnos.

Árgo 8: an der Straße zum FKK-Strand sorgen die drei Brüder Damianós, Thanássis und Kóstas zusammen mit ihren Eltern Pothíti und Gérassimos fürs leibliche Wohl und griechische Gemütlichkeit. Günstig.

Stathéros 9: alteingesessenes Restaurant an der Paralía nahe dem Anleger, vor dem zwischen Tamarisken fast immer einige Kraken zum Trocknen an einer Leine hängen. Günstig.

🍸 **Rescue Bar:** Am Eingang zum Kástro-Viertel. Kleine Disco, in der überwiegend moderne griechische Musik gespielt wird.

🎭 **Kirchweihfeste:** am 7./8. Mai in der Kirche Ágios Ioánnis Spiliótis am Eingang zur Höhle, am 17. Juli das wohl stimmungsvollste Fest zu Ehren der Agía Márina im Hafen von Kástro, am 27. Juli Ágios Pandeleímonas in Kámbos, am 15. August Mariä Entschlafung, am 8. September in der Kirche Panagía Faneroméni an der Südspitze, vom Hafen geht es mit Booten zur Kirche.

🤿 **Blue Island Divers:** Tel. 22 84 06 14 93, www.blueisland-divers.gr. Die Tauchkurse erfolgen nach den Richtlinien von PADI und CMAS. Zum Angebot gehören Nacht- und Grottentauchen, Wracktauchen zu einem vor 30 Jahren gesunkenen Schiff in ca. 26 m Tiefe. Unterrichtssprache ist Englisch.

Antíparos

Reiseatlas: S. 234

Schiffsverbindungen: Die Insel erreicht man nur von Páros aus: mehrmals tgl. von Parikiá Personenfährverbindung vom Anleger nahe der Busstation, außerdem zwischen 7 und 24 Uhr alle 30 Min. Autofährverbindung mit Poúnda.
Badeboote fahren in der Hochsaison zu den Stränden. In Ág. Geórgios unternehmen Fischer Fahrten zur Insel Despotikó.
Inselbusse fahren mehrmals täglich vom Anleger der Poúnda-Fähre zur Tropfsteinhöhle und nach Ágios Geórgios, Fahrpreis 1 €. Zur Höhle fährt auch ein privater Bus, Fahrpreis hin und zurück 5 €.
Autoverleih: Autos und Zweiräder werden an der Paralía in Kástro vermietet.

Geld: Mehrere Banken mit Bargeldautomaten befinden sich an der Hauptgasse.
Post/Telefon: Post- und Telefonamt OTE an der Hauptgasse zur Platía in Kástro.
Wichtige Telefonnummern: Hafenpolizei und Polizei Tel. 22 84 06 12 02, Arzt Tel. 22 84 06 12 19.

Insel Sáliagos

Reiseatlas: S. 234, C 2
Auf dem Weg in den Hafen von Antíparos passieren die von Parikiá kommenden Boote die kleine, heute nicht mehr öffentlich zugängliche Insel Sáliagos, die eine der ältesten ägäischen Siedlungen trägt. Vor 6000 Jahren war Antíparos noch über eine Landbrücke mit Páros verbunden. Deren Überreste sind einige kleine Inselchen im Sund zwischen Páros und Antíparos, darunter Sáliagos. Britische Archäologen haben 1968 auf der Insel eine jungsteinzeitliche Siedlung ausgegraben. Hier lebten zwischen etwa 4500 und 3500 v. Chr. Menschen in Steinhäusern, betrieben Viehzucht und Fischerei und bauten sogar schon Gerste an.

Sifnéiko Beach und Diapóri Beach

Reiseatlas: S. 234, C 2
Von der Platía Agíou Nikoláou aus geht man in wenigen Minuten zum etwa 100 m langen, schmalen Sandstrand Sifnéiko Beach, der im touristischen Jargon auch Sunset Beach genannt wird. Man kann nun in ca. 25 Minuten – weitgehend am Ufer entlang – bis zum Diapóri Beach weiterwandern und lernt dabei eine flache Küstenlandschaft mit niedrigen Uferfelsen kennen, die ein wenig an Nordeuropa erinnert. Am über 200 m langen Diapóri Beach mit Dünen und vielen Wacholderbüschen wird überwiegend nackt gebadet. Das Wasser fällt so flach ab, dass man manchmal sogar zum gegenüberliegenden Felsinselchen Káto Firá hinüberwaten kann. Vorbei am Campingplatz der Insel geht es in weiteren 15 Minuten zurück in den Inselort.

 Zwei **Terrassenlokale** sorgen an den Stränden fürs leibliche Wohl.

Entlang der Ostküste zur Tropfsteinhöhle und nach Ágios Geórgios

Reiseatlas: S. 234, B/C 2/3
Durch eine flache Küstenebene führt die Inselhauptstraße bis in den äußers-

Westküste

Reiseatlas: S. 234

ten Inselsüden. Nach 5 km passiert sie den Glífa Beach (400 m, feinsandig), nach 8 km den kurzen Akrotíri Beach. Dann ist die Abzweigung zur Tropfsteinhöhle Ágios Ioánnis erreicht.

Die Höhle liegt am Hang des 301 m hohen Berges Profítis Ilías auf etwa 250 m Höhe. 354 teilweise feuchte und folglich rutschige Stufen führen über 100 m tief auf ihren Grund. Stalagmiten und Stalaktiten sind hier nicht schöner als in anderen der vielen griechischen Tropfsteinhöhlen – was sie auszeichnet, sind Inschriften auf den Tropfsteingebilden, die namhafte Besucher hinterließen. Auf einem der Stalagmiten sind die Namen von neun Verschwörern gegen Alexander den Großen eingeritzt, die sich vor ihren Verfolgern hierher geflüchtet hatten. Ein anderer Stalagmit, Agía Trápeza (Heiliger Tisch) genannt, trägt eine lateinische Inschrift, die übersetzt bedeutet: »Christus erschien um Mitternacht zum Fest, 1673«. Zu jener Zeit hatte der Marquis de Nointel, französischer Gesandter bei der Hohen Pforte in Istanbul, während einer Ägäisreise vor Antíparos Anker geworfen. Ein Geistlicher in seiner Begleitung zelebrierte die Weihnachtsmesse in der Tropfsteinhöhle und der Marquis und sein Gefolge begingen gemeinsam das Weihnachtsfest. Schließlich verewigte sich am 27. September 1840 der aus Bayern stammende erste König des freien Griechenland, Otto I., auf einer Kalksäule. All diese Prominenten und ihre Begleiter waren noch nicht über Stufen und mit elektrischem Licht in die Höhle hinabgestiegen, sondern mit Hilfe von Seilen im Fackelschein.

Die Küstenstraße führt nach der Abzweigung zur Höhle an der Streusiedlung Sorós vorbei (zwei Sand-Kies-Kieselsteinstrände) nach Ágios Geórgios, wo bis vor wenigen Jahren nur eine gleichnamige Kapelle stand. Jetzt entstehen in dem Gebiet immer mehr Sommerhäuser von Griechen und Ausländern. Es gibt Tavernen und Pensionen; baden kann man am schattenlosen Kiesstrand Almirá. Ágios Geórgios dicht vorgelagert ist die 189 m hohe, unbewohnte Insel Despotikó mit zwei schönen Sandstränden. Noch laufende Ausgrabungen befördern dort die Überreste einer archaisch-klassischen Stadt ans Tageslicht. Fischer bringen Urlauber gegen ein Entgelt hinüber.

🍴 **Greek Mexico:** Geht man vom Busstopp neben den drei Ufertavernen die Straße senkrecht zum Meer etwa 250 m landeinwärts, kommt man zu dieser einzigartig altertümlichen Taverne von Anna und Jánnis, gut erkennbar an der grafischen Araukarie im Garten. Das Essen ist einfach, die Atmosphäre superherzlich.

Die Westküste

Reiseatlas: S. 234, B 2/3
Die einzigen beiden Strände an der Westküste, Livádi und Monastíria, sind durch Anspülungen leider meist stark verschmutzt. Auf Wanderungen dorthin gewinnt man jedoch einen guten Eindruck von der Landwirtschaft und unberührten Natur der Insel. An beiden Stränden gibt es weder Tavernen noch Unterkunftsmöglichkeiten.

157

Náxos – tolle Strände, viel Ursprünglichkeit

Tempeltor
Palatía

Reiseatlas S. 236–239

Náxos

Reiseatlas: S. 236–239

DIE GRÖSSTE UND VIELFÄLTIGSTE DER KYKLADEN

Náxos ist mit 428 km^2 Fläche immerhin so groß, dass sie als einzige Insel der Kykladen auf allen Euro-Banknoten zu finden ist (auf denen ja nur Inseln mit über 400 km^2 Fläche abgebildet werden). Ihre 148 km lange Küste ist so vielfältig wie der Rest der Insel. Zwischen der Inselhauptstadt Chóra und Pirgáki im Süden erstreckt sich ein fast nahtloses Band breiter Sandstrände, die in ihrem südlichen Bereich von Dünengürteln mit stellenweise fast wüstenartigem Charakter gesäumt werden. An den anderen Küsten wechseln Steilufer mit felsigen Gestaden ab, zwischen die immer wieder kleinere Sand- und Kiesstrände eingestreut sind. Náxos-Stadt ist die einzige große Küstensiedlung; ansonsten findet man an den Ufern nur kleine Dörfer, die selbst der Tourismus nur im Hochsommer zu nennenswertem Leben erwecken kann.

Mit dem 1004 m hohen Zas besitzt Náxos den höchsten Berggipfel der Kykladen. Er ist Teil eines Gebirgszuges, der die gesamte Insel in ihrer Mitte von Nord nach Süd durchzieht. Nach Osten hin fällt dieses Gebirge relativ steil ab, so dass hier nur wenig Landwirtschaft betrieben werden kann und die Zahl der Siedlungen dementsprechend gering ist. Die großen Ebenen im Westen hingegen sind dank reichlich vorhandenem Grundwasser fruchtbarer und dichter besiedelt. So gedeiht auf der Tragéa-Ebene der größte zusammenhängende Olivenhain der Kykladen.

Die Inseldörfer haben sich weitgehend ihren historisch-ländlichen Charakter bewahrt. Der Tourismus hat sie bisher wenig verändert, abseits der Küsten sind kaum Hotels und Pensionen zu finden. Eine Zersiedlung der Landschaft mit Villen und Ferienhäusern hat hier anders als auf Mykonos und in Teilen von Páros nicht stattgefunden.

Seine Fruchtbarkeit und sein Marmorreichtum haben Náxos immer wieder ins Zentrum der ägäischen Geschichte gerückt. Zahlreiche Idolfunde beweisen, dass Náxos eins der Siedlungszentren im 3. und 2. Jt. v. Chr. war.

Náxos in Zahlen

Fläche: 428 km^2
Höchster Berg: Zas 1004 m
Einwohner: 18 200
Entfernungen vom Hafen Náxos:
- Piräus 103 sm
- Páros 16 sm
Entfernungen zwischen der Stadt Náxos und anderen Punkten auf der Insel:
Filóti 20 km, Apíranthos 28 km, Apóllonas über die nördliche Küstenstraße 35 km und durch das Inselinnere 55 km, Agía Ánna 7 km, Pirgáki 19 km

Náxos

Auf der Tragéa-Hochebene

Im 7. und 6. Jh. v. Chr. war Náxos neben Sámos einer der mächtigsten Inselstaaten der Ägäis. Im Mittelalter begann eine erneute Blütezeit, als die Kreuzritter aus dem venezianischen Adelsgeschlecht der Sanudo sie zum Mittelpunkt ihres 1207 gegründeten Herzogtums der Kykladen machte. Bis auf die Türken, die von 1566–1830 über Náxos herrschten, hinterließen alle Herren der Insel deutliche Spuren, so dass Náxos auch für Urlauber mit historischem Interesse eine Fundgrube ist. Im Kástro-Viertel der Chóra wird die venezianische Epoche lebendig, überall auf der Insel verstreut stehen bergfriedartige Wohntürme des venezianischen Adels. Idyllisch in Olivenhainen versteckte Kirchlein zeugen von der Gläubigkeit der Griechen in byzantinischer und venezianischer Zeit; festungsähnliche Klöster sind eindrucksvolle Relikte in der Glaubenslandschaft.

Die Überreste aus der Antike locken auf Náxos keine touristischen Heerscharen an, sondern ermöglichen noch eine stille Betrachtung. Neben den Koúroi, unvollendet in antiken Steinbrüchen zurückgelassenen Monumentalstatuen nackter Jünglinge, findet man einen gut erhaltenen hellenistischen Wehrturm und kann seit 2001 sogar einen teilweise rekonstruierten Tempel aus der Antike bestaunen.

NÁXOS-STADT (CHÓRA)

In den Gassen des mittelalterlichen Kástro-Viertels scheint die Zeit stehen geblieben zu sein. Im Hinterland ragen bizarre Felszacken auf, in der Ferne sind die höchsten Berge der Kykladen zu sehen. Die Chóra von Náxos kombiniert historisches Flair mit schönster landschaftlicher Lage – und ist nur wenige Gehminuten von langen Sandstränden entfernt. Mit dem Linienbus kann man von hier aus die Insel erkunden.

Stadtrundgang

Reiseatlas: S. 236, B 3
Alle Schiffe machen am Fähranleger im äußersten Nordwesten der Inselhauptstadt fest. Linkerhand ragt auf einer niedrigen Felshalbinsel das Tempeltor Palatía auf, rechts bildet die kleine, schneeweiße Kapelle der Panagía Mirtidiótissa auf einem winzigen Inselchen im Hafenbecken für die Fischer- und Ausflugsboote einen Blickfang. Dahinter erhebt sich der 30 m hohe Kástro-Hügel, den die Häuser der mittelalterlichen Stadt bedecken.

Nach wenigen Schritten über die Mole ist man von Zimmervermietern umringt, von denen die meisten mit ihren Autos und Kleinbussen gekommen sind. Auch der Linienbusbahnhof grenzt direkt an den Fähranleger.

Uferpromenade

Entlang der Uferpromenade, die abends für den Fahrzeugverkehr gesperrt ist, reihen sich Cafés, Tavernen, Reisebüros, Banken und Zeitschriftenläden. Vor allem am Abend herrscht hier reges Treiben. Popi's Lamm dreht sich über Hühnern am Grillspieß, anderswo wird bayrisches Weizen unter Palmen serviert. Ein Maler verkauft seine Werke, junge Mädchen verschönern andere junge Leute mit Abzieh-Tattoos. Eine Pferdekutsche fährt regelmäßig vorbei, einheimische Kinder üben sich im Basketball, Naxier und Fremde flanieren auf und ab.

In ihrem nördlichen Teil trägt die Uferpromenade den Namen von Pétros Protopapadákis, dessen überlebensgroße Statue in der kleinen Grünanlage unmittelbar südlich des Fähranlegers ein beliebter Treffpunkt für Traveller ist. Die Karriere des 1860 geborenen naxiotischen Politikers verlief anfangs wie am Schnürchen. Zunächst wurde er Professor an der TH in Athen, dann Parlamentsabgeordneter für die Kykladen und schließlich Wirtschafts- und Finanzminister. Das jedoch zur falschen Zeit: Als er Kabinettsmitglied war, versuchten die Griechen, ihren

Cityplan: S. 164

Náxos-Stadt

Traum von Groß-Griechenland zu verwirklichen und die Türkei zu erobern. Weil ihnen das misslang, wurde der Großteil der Regierung im Namen des wütenden Volkes standrechtlich erschossen – darunter auch Protopapadákis (1922).

Soziales Zentrum der Uferpromenade ist eine kleine, landseitig gelegene Platía mit ihren Cafés und Bars. Von hier aus ist der Weg über verwinkelte Gassen ins Kástro-Viertel am leichtesten zu finden.

Rundgang durchs Kástro-Viertel

Im Mittelalter führten drei Tore ins Kástro-Viertel hinein. Unser Weg führt über die Marktgasse des Boúrgos-Viertels zur Tráni Pórta (Mächtiges Tor), neben dem der Crispi-Turm als einzig verbliebener von einst zwölf Festungstürmen noch 12,5 m hoch aufragt. Seine Mauern sind bis zu 1 m dick.

Die uralte Holztür der Tráni Pórta wurde zuletzt während des Zweiten Weltkriegs noch allnächtlich verschlossen, da sich im Kástro die italienische Militärdiktatur eingenistet hatte. Die Einkerbungen im rechten marmornen Türrahmen sind älter: sie dienten im Mittelalter als Messlatte für Tuchwaren.

Unmittelbar nach Durchschreiten des Tores lädt rechter Hand das **Domus della Rocca Barozzi** 1 zur Besichtigung ein. In diesem privaten Museum hat man die Gelegenheit, hautnah zu spüren, wie es sich einst in einem mittelalterlichen Palazzo lebte und welch prächtige Aussicht seine Bewohner genossen. Es lohnt sich,

---

> ## Originelle Führungen
>
> Es lohnt sich, an Führungen durchs Kástro-Viertel teilzunehmen. Dienstags bis sonntags bietet das Domus della Rocca Barozzi um 11 Uhr zweieinviertel Stunden dauernde Rundgänge an, die von engagierten jungen Leuten auf Englisch und Griechisch geführt werden.

---

an einer Führung teilzunehmen (tgl. 10–15 und 19–22 Uhr, Eintritt ca. 5 €).

Nur zehn Schritte entfernt liegt der Eingang zum kleinen, noch im Aufbau befindlichen Byzantinischen Museum, das in einer Kaserne aus der Herzogszeit untergebracht ist. Es beherbergt bisher nur einige Architekturfragmente aus dem Mittelalter, ein paar Fotos, Grundrisse und ausführliche Erklärungstafeln auf Englisch. Beeindruckender sind die Räumlichkeiten selbst und der Blick aus den Fenstern auf den Hafen und das Tempeltor Palátia (tgl. 10–14 Uhr, Eintritt frei).

Geht man nun die Hauptgasse weiter zum Archäologischen Museum hinauf, kann man an den alten Häusern aus venezianischer Zeit immer wieder Wappen entdecken. Über einem Haus linker Hand haben sich (über dem Stromzähler Nr. 11200) drei steinerne Ringe erhalten, die einst als Standartenhalter dienten. Hält man sich an der kurz darauf folgenden Gabelung rechts, kommt man zum zweiten Stadttor, der Parapórti; geradeaus geht es weiter zum Archäologischen Museum.

Náxos

Reiseatlas: S. 236

Das Archäologische Museum

Das **Museum** [2] ist in einem von einst drei römisch-katholischen Klöstern des Kástro-Viertels untergebracht. Bis 1929 unterhielten in ihm Jesuiten eine Handelsschule, die auch der berühmte kretische Schriftsteller Níkos Kazantzákis 1869 einige Monate lang besuchte. Bei den ›Frankenmönchen‹ sollte er auf Wunsch seines Vaters viel lernen, um eines Tages zur Befreiung Kretas von der Türkenherrschaft beitragen zu können, blieb aber nur sechs Monate, weil mittlerweile Kreta auch ohne ihn die Türken erfolgreich vertrieben hatte.

Lustloser und uninteressierter als in diesem Museum können Objekte kaum präsentiert werden. Die Beleuchtung ist katastrophal, jeder museumspädagogische Ansatz fehlt. Dennoch lohnt der Besuch wegen der Schönheit vieler Ausstellungsstücke.

Cityplan

Náxos-Stadt

Sehenswürdigkeiten
1. Domus della Rocca Barozzi
2. Archäologisches Museum
3. Ursulinen-Kloster
4. Kathedrale
5. Mitrópolis
6. Mitrópolis-Museum
7. Palatía

Übernachten
8. Chateau Zevgóli
9. Corónis
10. Venétiko
11. Ánixis
12. Rooms María Veríkokkou-Drillí
13. Lítsa Studios
14. Boúrgos

Essen und Trinken
15. Élli
16. Oniró
17. To Smyrnaíiko
18. Vassílis
19. Typografío
20. Koutoúki
21. Pópi's Grill

Vom Kassenraum, in dem vier Grabstelen und eine steinerne Urne stehen, deren Deckel das Ziegeldach eines Hauses nachahmt, führen Stufen hinaus auf eine Terrasse. Auf ihr liegt ein gut erhaltenes, aber keineswegs meisterliches Mosaik aus hellenistischer Zeit. Thema ist die Entführung der phönizischen Königstochter Europa durch den in einen Stier verwandelten Göttervater Zeus. Die Tierdarstellungen in den Winkeln – Pfaue und springende Rehe – muten recht bäuerlich-naiv an.

Eine Innentreppe führt vom Kassenraum ins Untergeschoss mit einer großen Sammlung von Kykladenidolen (s. Kunstgeschichte, S. 32f.). Außerdem findet man hier auch kykladische Spiegel aus Marmor und Ton, römisches Glas und einige besonders schöne, originelle Gefäße. Im ersten Saal steht in einer Vitrine an der rechten Wand ein frühkykladischer Tonkessel (ca. 2500 v. Chr.): Ein Bär mit zwei Armen, aber ohne Beine hält eine Schale vor seiner Brust. Im zweiten Saal wird in einer Vitrine nahe der Tür eine mykenische Vase in Vogelgestalt präsentiert. Besonders kurios sind zwei kleine Vasen in Form eines Stiefelpaares im vierten Saal, die aus geometrischer Zeit (9. Jh. v. Chr.) stammen (Di–So 8.30–15 Uhr, Eintritt 3 €).

Fortsetzung des Kástro-Rundgangs

Dem Archäologischen Museum gegenüber liegt der stets verschlossene Eingang zum ehemaligen **Ursulinen-Kloster** 3. Es beherbergte bis 1976 eine der katholischen Eliteschulen Griechenlands. Daran schließen sich linkerhand die unverputzten Gemäuer eines mittelalterlichen Bergfrieds an, der im Mittelalter zum Palast der venezianischen Herzöge gehörte. Er grenzt an den Vorplatz der **römisch-katholischen Kathedrale** 4 von Náxos. Die dreischiffige Basilika wurde im 13. Jh. von Marco Sanudo gestiftet; heute erscheint sie nach vielen Umbauten im Stil des Barock. Von besonderem In-

165

Náxos

DAS LEBEN IM HERZOGTUM

Die Namen der mittelalterlichen Herrscher im Herzogtum der Kykladen sind uns lückenlos überliefert. Darüber, wie die Menschen unter ihnen lebten, wissen wir aber nur wenig. Aus der Zeit um 1420 liegen zwei Reisebeschreibungen vor, von Christoforo Buondelmonti und Joseph Virennios. Buondelmonti berichtet, Náxos sei fruchtbar, habe viel Wein, Schmirgelbergbau und einen Frauenüberschuss. Virennios schwärmt in Versen von den paradiesischen Besitztümern des Herzogs. Über die anderen Inseln des Herzogtums weiß Buondelmonti nur Trauriges zu berichten: Man findet dort nichts anderes als viel Elend. Für das Jahr 1470 liegen Bevölkerungszahlen vor: Náxos 5000 (davon 300–400 Katholiken), Mykonos zusammen mit Tínos 3000, Páros 3000 und Antíparos 100 Einwohner.

Das Herzogtum der Kykladen war ein Feudalstaat. Sein Gründer, Marco Sanudo, war ein Vasall zunächst des Königs des Lateinischen Kaiserreiches, dann des Fürsten von Achaia. Von ihnen erhielt er das Herzogtum als Lehen und war ihnen dafür Waffendienst schuldig. Theoretisch galt die feudalistische Rechtsordnung westlicher Prägung. De facto wurde sie aber wohl nur auf die katholischen Untertanen angewandt, während die orthodoxen Einheimischen weiterhin byzantinischem Recht unterstanden. Allerdings mussten alle Urkunden vom Herzog oder seinen Repräsentanten beglaubigt werden. Katholiken und Orthodoxe wurden vom Herzog häufig für besondere Verdienste mit erblichen Ländereien, also Lehen, belohnt. Dafür musste der Lehnsmann seinem Lehnsherrn einmal im Jahr einen Monat lang als Soldat mit Ausrüstung zur Verfügung stehen. Eine Urkunde aus dem 15. Jh. erwähnt einen Zimmermann als Lehnsmann, der im Dienste des Herzogs fiel. Seine Witwe erhielt das Recht, das Lehen weiterhin zu bewirtschaften.

Außer den freien Lehnsmännern gab es viele unfreie Abhängige verschiedenen Grades. Die *Vasmoúli,* in der Regel Nachkommen aus einer Mischehe zwischen einem Katholiken und einer griechisch-orthodoxen Frau, waren an den Boden gebunden, den sie bebauten. Sie konnten mit Zustimmung des Herzogs von ihrem Herrn freigelassen werden und dann häufig auch Land gegen Tributzahlung an ihren ehemaligen Herrn bewirtschaften. Die *Villianí* hingegen waren Eigentum ihres Herrn, der sie und ihrer Familie verkaufen, verschenken oder verleihen konnte.

Vasmoúli und *Villianí* mussten ihren Herren Abgaben leisten: In der Regel hatten sie ihm ein Drittel des Wintergetreides abzutreten. Sie hatten zudem Steuern auf alle anderen landwirtschaftlichen Erträge, auf Mühlen und Feuerholz, Weiden und Vieh, Brunnen und Quellen zu zahlen. Häuser durften sie nur bauen, erweitern oder reparieren, wenn sie ihrem Herrn dafür eine Gebühr bezahlten.

Außerdem hatte der Herr das Recht, jedes Tier zu töten, dass er auf seinen Ländereien vorfand. Aus einem Reisebericht weiß man, dass dies oft missbraucht wurde: Wollte der Herr ein Fest geben, befahl er, das Vieh von Abhängigen auf seine Ländereien zu treiben, wo er es rechtmäßig erlegen konnte.

Cityplan: S. 164

Náxos-Stadt

teresse sind nur das Marienbildnis aus dem 13. Jh. und die in den Marmorboden eingelassenen Grabplatten venezianischer Adliger. Zum Gottesdienst versammeln sich hier außer Touristen auch die letzten etwa 50 Katholiken der Insel (Mo–Sa 18 Uhr, So 9.30 Uhr). Ihr Bischof lebt noch immer in dem inzwischen viel zu großen Palast unmittelbar hinter der Kathedrale (zu erkennen am markanten gusseisernen Balkon; Innenbesichtigung nur im Rahmen von Führungen).

Zwei kurze Abstecher lohnen vom Vorplatz der Kathedrale aus: Geht man die schmale Gasse zwischen Bischofspalast und Kathedrale hindurch abwärts, gelangt man auf einen kleinen Platz mit dem 1958 geschlossenen Kapuzinerkloster; folgt man der schmalen Gasse am Bergfried des Herzogspalastes etwa 10 m, steht man vor dem Katholischen Kulturzentrum, in dem im Sommer häufig Ausstellungen moderner griechischer Kunst stattfinden.

Boúrgos-Viertel und Mitrópolis Museum (Epitópio Museum)

Unmittelbar nördlich des Kástro-Viertels irritiert das Gassengewirr des Boúrgos-Viertels Besucher. Hier lebten im Mittelalter die nicht-adligen griechisch-orthodoxen Stadtbewohner. Östlich schloss sich daran das im späten 16. Jh. gegründete Judenviertel Evraikí an. Das Boúrgos-Viertel grenzt an den Vorplatz der orthodoxen **Kathedrale Mitrópolis Zoodóchou Pigís** [5] aus dem 18. Jh. mit einem reliefver-

zierten Templon aus Marmor. Die monolithischen Granitsäulen sollen aus dem antiken Delos stammen. Auf der Westseite des Platzes steht das **Mitrópolis-Museum** [6], das modernste und museumspädagogisch beste Museum der drei Inseln. Dem Besucher präsentiert sich kein Museum im herkömmlichen Sinn, sondern ein Stück überdachter und verglaster, für den Laien durch Erklärungstafeln und Rekonstruktionszeichnungen bestens aufgearbeiteter Ausgrabung (Di–So 8.30–15 Uhr, Eintritt frei).

Es umschließt einen winzigen Teil einer mykenischen Stadt, deren erste Bauphase ins 14. Jh. v. Chr. fiel und die nach 1300 v. Chr. noch einmal erweitert wurde. Kurz vor 1000 v. Chr. gab man die Siedlung auf. Das einst bewohnte Areal wurde im 9. Jh. v. Chr. nur noch zu Bestattungen in Gräbern von Familienclans genutzt. Im 8. Jh. v. Chr. umgab man diesen Friedhof mit einer Mauer und fasste um 700 v. Chr. schließlich all die alten Familiengräber als Ehrenmal der mythischen Vorfahren unter einem einzigen Grabhügel zusammen, der aus den Lehmziegeln der mykenischen Stadtmauer zusammengefügt war. In römischer Zeit wurde das Gelände wieder mit Wohnhäusern überbaut, deren Spuren die Archäologen bei den Ausgrabungen 1982–85 weitgehend entfernten.

Der Besucher geht über gläserne Laufstege, so dass er auch sieht, was unmittelbar unter ihm freigelegt wurde. So sieht man z.B. einen *hermax* unter sich, Teil eines großen Steinhaufens aus mykenischer Zeit. Damals warf jeder Besucher, der den Friedhof betre-

167

Náxos

ten hatte, an dieser Stelle einen Stein hinter sich, um anzudeuten, dass er hofft, nicht so bald selbst als Toter zurückkehren zu müssen. An einer anderen Stelle sieht man unter sich die Reste einer Töpferwerkstatt. Deutlich zu erkennen ist die Tonbank mit markanten Vertiefungen, in denen Tonvasen zum Trocknen plaziert wurden. In verschiedenen Gräbern stehen flache, kreisrunde Steintische, auf denen zerbrochene Tongefäße liegen: Sie waren in Kontakt mit den Toten gekommen und wurden von den Lebenden nach dem Vollzug von Opferzeremonien mit Hilfe eines Kieselsteins zerschlagen. Eine kleine Vase liegt noch neben einem solchen Stein. Unmittelbar daneben erkennt man ein Wasserbassin aus ungebranntem Ton: Darin war Meerwasser, mit dem sich die Friedhofsbesucher beim Verlassen rituell waschen mussten.

Tempeltor Palátia

[7] Als Wahrzeichen von Náxos gilt das gewaltige marmorne Tor auf der klei-

Cityplan: S. 164

Náxos-Stadt

nen, felsigen Halbinsel Sto Paláti gleich nördlich vom Fähranleger. Die Halbinsel ist durch einen künstlichen Damm mit der Chóra verbunden. Besonders schön ist der Blick durch diesen 2500 Jahre alten ›Diarahmen‹ auf den Kástro-Hügel zur Zeit des Sonnenuntergangs und in Vollmondnächten. In jeder Nacht kann man von hier aus besonders gut nachvollziehen, wie das Kástro im Mittelalter aussah. Das Licht von geschickt installierten Strahlern lässt allabendlich die erhaltenen mittelalterlichen Teile der Burganlage besonders deutlich hervortreten. Der 5,95 m hohe und 3,65 m breite Torrahmen war einst Teil eines Apollon-Tempels, dessen Bau der Tyrann Lygdámis 530 v. Chr. befahl. Er wurde wahrscheinlich nie ganz fertiggestellt. Die frühen Christen wandelten die Bauruine im 5. oder 6. Jh. in eine Basilika um; in späteren Jahrhunderten nutzte man die Konstruktion als Steinbruch. So sind vom einstigen Tempel heute nur noch die 35,5 x 15,5 m messenden Grundrisse zu erkennen.

Spaziergang zum Kloster Ágios Chrisóstomos

3 km nordöstlich der Chóra bildet das weiße Kloster hoch oben am bizarren Fels einen markanten Blickpunkt. Man erreicht es über eine steil ansteigende Stichstraße von der Hauptstraße aus, die nach Engarés führt. Der festungsartige Bau stammt aus dem 17. und 18. Jh., besondere Kunstschätze besitzt er nicht. Leider liegt am Hang hinauf zum Kloster viel Papier- und Plastiktütenmüll. Am Klostereingang macht ein Schild darauf aufmerksam, dass Touristen im Kloster nicht willkommen sind. Außerhalb des Klosters lehnt sich die kleine Kapelle Ágios Ioánnis Theológos an einen Fels. Schön ist der Ausblick von hier.

Gleich am Fähranleger stehen drei Buden: zwei für Hotelzimmer-Nachweis und eine für Camping. Zahlreiche

Blick vom Tempeltor auf Náxos-Stadt

169

Náxos

Reiseatlas: S. 236

Reisebüros reihen sich entlang der Hafenpromenade aneinander.

Im sehr hilfsbereiten **Náxos Tourist Information Center** gegenüber vom Fähranleger an der Hafenfront Auskünfte aller Art, Buchung von Touren und Ausflügen, Gepäckaufbewahrung sowie Zimmervermittlung; Tel. 22 85 02 29 93, Fax 22 85 02 52 00.

Im Reisebüro **Naxos Tours** an der südlichen Hafenpromenade guter Service, Autoverleih, Ticketverkauf für Olympic Airlines; Tel. 22 85 02 30 43 und 22 85 02 20 95, Fax 22 85 02 39 51, www.naxos tours.gr

Chateau Zevgóli 8: Tel. 22 85 02 29 93, Fax 22 85 02 52 00, www.chateau-zevgoli.gr, ganzjährig geöffnet. Hervorragendes Hotel mit traditioneller Einrichtung, begrüntem Innenhof, Dachgarten, Bar und Kamin im Boúrgos-Viertel nahe der Tráni Pórta. Zehn Zimmer, DZ HS 94 €, sonst 77 €.

Corónis 9: Tel. 22 85 02 22 97, Fax 22 85 02 39 84, www.hotel-coronis.gr, ganzjährig geöffnet. Renoviertes Stadthotel an der südlichen Uferpromenade (zwischen 20 und 8 Uhr autofrei). Schöner Blick auf den Hafen und die Nachbarinsel Páros. Auf Wunsch kostenloser Transfer vom Hafen und Flughafen. 30 Zimmer, DZ HS 65 €, sonst 45 €.

Venétiko 10: Tel. 69 77 99 80 34, Fax 22 85 06 21 20, www.venetiko.com und www.guestinn.com. Mit Antiquitäten und archäologischen Fundstücken eingerichtete Studios in einem Haus, dessen Kern aus dem Jahr 1650 stammt. Absolut ruhig, mit Balkon oder Veranda, ideal für Romantiker. Abholung vom Hafen durch den Inhaber, Vangélis Michelopoúlos. DZ HS 55 €, sonst ab 30 €.

Ánixis 11: Tel. 22 85 02 29 32, Tel./Fax 22 85 02 21 12, www.hotel-anixis.gr. Sehr empfehlenswerte, kleine weiß-blaue Hotelanlage im ruhigen Boúrgos-Viertel am Fuße des Kástro. Von den Balkonen und der Frühstücksterrasse aus hat man einen wunderbaren Blick aufs Meer. 18 Zimmer, DZ HS 50 €, sonst 30 €.

Rooms María Veríkokkou-Drillí 12: Zehn Zimmer in zwei Häusern hinter der südlichen Hafenpromenade, Tel. 22 85 02 35 64 und 22 85 02 34 51. Besonders empfehlenswert sind der Aussicht wegen die beiden kleinen Zimmer auf der Dachterrasse des älteren Hauses. DZ HS 50 €, sonst 22 €.

Lítsa Studios 13: Tel. 22 85 02 43 90, Fax 22 85 02 91 02. Fünf schöne Studios nahe der Kirche Panagía Pantánassa vermietet Lítsa Adelfoulákos, die im gleichen Haus wohnt. Da Kiría Lítsa nur wenig Englisch spricht, übernehmen Ihr Sohn und ihre Schwiegertochter die telefonische Reservierung. Diese vermieten auch gleichnamige Studios in Agía Ánna, so dass man deutlich machen sollte, dass man die Unterkunft in Chóra bei Lítsa wünscht. Man kann auch einfach bei ihr vorbeigehen und nach einem freien Studio fragen. DZ HS 50 €, sonst 28 €.

Boúrgos 14: Tel. 22 85 02 59 79, mobil 69 78 18 28 47. Sehr ordentliche Pension mit Dachgarten im Boúrgos-Viertel unterhalb des Zevgóli-Turms. DZ HS 50 €, sonst 23 €.

... am Ág. Geórgios Strand:

Alkyóni Beach: Tel. 22 85 02 61 36 und 22 85 02 59 87, Fax 22 85 02 34 99, www.alkyonibeachhotel.gr. Schön gelegenes Hotel in der Mitte der Bucht mit Aussicht auf die Dünen und das Meer, 30 m vom Strand. Im Kykladenstil erbaut, Pool mit Bar, Restaurant. 46 Zimmer, DZ HS 100 €, sonst 55 €, mit Meerblick 1–5 € mehr.

Gláros: Tel. 22 85 02 31 01, Fax 22 85 02 48 77, www.hotelglaros.com. Renoviertes Hotel direkt am nördlichen Strand-

170

Cityplan: S. 164

Náxos-Stadt

ende, 10 Gehminuten von der Altstadt entfernt, Balkone mit Meerblick. 17 Zimmer, DZ HS ab 70 €, sonst ab 40 €.

Pópi's Rooms: Tel. 22 85 02 23 89 und 22 85 02 37 25, Fax 22 85 02 90 23, popis_grill@otenet.gr. Strand- und zugleich stadtnah gelegene Pension mit 12 Zimmern. Wer sich dort einmieten will, fragt in der Taverne Popi's Grill an der Uferpromenade von Náxos-Stadt nach und wird dann dorthin gefahren. DZ HS 40 €, sonst 20 €.

Camping Náxos: Tel. 22 85 02 35 00, Fax 22 85 02 35 01. Gut ausgestatteter Platz an der Straße nach Agía Anna, 1,5 km von Náxos-Stadt und 300 m vom Ág. Geórgios Strand entfernt. Kostenloser Bustransfer zum Hafen.

🍴 **Élli** 15: modern gestyltes Café und Restaurant an der Meerseite der Umgehungsstraße, etwa 150 m vom Hafen entfernt. Inhaber Aléxandros Vintziléos hat in der Schweiz und in Athener Luxus-Hotels seine Ausbildung zum Koch absolviert und bietet kreative griechisch-mediterrane Küche. Unbedingt probierenswert ist der Oktopus-Orangen-Salat; seine Steaks sind die besten der Insel. An lauen Sommerabenden genießt man von der Terrasse aus einen grandiosen Blick auf das angestrahlte Tempeltor. Teuer.

Oniró 16: sehr schönes Dachterrassen-Restaurant mit Panoramablick südlich des Kástro-Viertels, ab 18 Uhr. Gutes Angebot an Vorspeisen-Platten (warm oder kalt) und traditionellen Spezialitäten. Moderat.

To Smyrnaíiko 17: *Mezedopolío* direkt an der Uferpromenade mit einer Riesenauswahl täglich frisch zubereiteter Salate, Gemüse-, Fisch- und Fleischgerichte. Besonders gepflegt wird hier die Küche des ehemals griechischen Kleinasiens, die sich durch Raffinesse und viele Kräuter auszeichnet. Moderat.

Pópi's Grill

Auf Náxos heißt die alte Pópi nur *Kyrá Pópi*, also ›Herrin Popi‹. 1948 hat ihr Vater ihr von seinem in den USA hart erarbeiteten Geld als Mitgift das Haus an der Uferpromenade gekauft und ihr darin eine Gemischtwarenhandlung eingerichtet, die zugleich Kafenío und Schänke war. Inzwischen ist es vornehmlich Grillrestaurant 21, in dem das exzellente Souvláki mit Öl und Senf bestrichen auf den Grill gelegt wird und die fettarme Landwurst ganz ohne Innereien aus eigener Herstellung stammt. Das Tzazíki ist reinweiß, weil die Gurken vor der Verarbeitung geschält werden, und seit 2004 serviert man sogar in Flaschen abgefüllten Wein aus den eigenen Weinbergen. *To Krassí tis Kyrá Pópis* steht auf dem Etikett. Kyrá Pópi selbst sitzt inzwischen nur noch an der Kasse und dirigiert ihr Personal. Das sind vor allem ihre Töchter Georgía und Katína. Wenn Not am Mann ist, arbeiten auch die Schwiegersöhne mit. In den Semesterferien ist auch Enkeltochter Pópi im Team, die ansonsten Psychologie studiert. Mama Pópi aber bleibt der Big Boss. Zum Bezahlen werden die Gäste zu ihr an die Kasse geschickt. Als Lohn für die Mühe schenkt ihnen die alte Dame dort einen Oúzo, Rakí oder Kítro ein und gibt Kindern ein Stück Schokolade.

Náxos

Reiseatlas: S. 236

Alles Käse: Das Geschäft Tirokomiká Eídi

Vassílis [18]: Eine der ältesten Tavernen der Insel. Gute Tavernenkost, freundlicher Service, sehr romantische Lage. Günstig.
Typografío [19]: an einem kleinen Platz oberhalb der Kirche Panagía Pantánassa. 200 Sitzplätze auf mehreren Terrassen auf verschiedenen Ebenen mit dem Gebäude einer alten Druckerei als Zentrum, in der von 1926 bis 1936 die erste Inselzeitung hergestellt wurde. Wirt Dimítris Chambás verwahrt noch sämtliche alten Ausgaben in seinem Archiv. Die internationale Küche versucht vielerlei Wünschen gerecht zu werden. So gibt es mit Schinken, Mozarella, Tomaten und Kräutern gefüllte Auberginenrollen ebenso wie marinierte Zucchini, im Backofen gegartes Lamm, Pasta und Fleisch vom Holzkohlengrill. Die Auswahl an köstlichen Desserts ist groß
Koutoúki [20]: ab 18 Uhr geöffnet. Taverne mit griechischer Atmosphäre und Musik im Boúrgos-Viertel am Weg ins Kástro-Viertel. Romantisch sitzt man unter bunten Glühbirnen in einer schmalen Gasse der Altstadt, einige Tische lehnen sich an die Kirche Panagía Christoú mit einem gut erhaltenen Relief im Tympanon über dem Portal. Das gibt dem Ambiente einen historischen Touch. Moderat.
Café:
To Roúbel: ein liebenswertes Kafeníon der alten Art. Oberhalb der Platía an der nördlichen Hafenpromenade biegt man links in die Old Market Street ein, wo wenig später an einem kleinen Platz das Kafeníon liegt. Stélla Pantelías und ihr inzwischen verstorbener Mann haben es 1949 eröffnet. Im Kafeníon steht noch ein Wägelchen, mit dem ihr Mann Manólis einst Süßigkeiten an der Uferpromenade verkaufte.
Rendez Vous: Die klassische Konditorei und Patisserie der Stadt, neben der Eu-

Náxos-Stadt

Cityplan: S. 164

robank an der Uferpromenade. Kuchen, Torten, Frühstück, Eis, Milchshakes, leckere *loukoúmia;* freundlicher Service.

... am Ág. Geórgios Strand:
Kavoúri: am nördlichen Strandabschnitt mit Tischen und Stühlen im Sand. Es werden täglich fangfrischer Fisch und griechische Gerichte serviert. Das Kavoúri zählt zu den ältesten Inseltavernen.

Ein Bummel durch die Old Market Street ist zu jeder Tageszeit schön und ein absolutes Muss für Náxos-Urlauber. Zur leichteren Orientierung hängt oberhalb der Platía an der nördlichen Uferpromenade ein Übersichtsplan.

Antico Veneziano: 10–14 und 18–21 (22) Uhr geöffnet. Stilvoller Antiquitätenladen der Familie della Rocca Barozzi im Kástro nahe dem Archäologischen Museum. Nicht nur Möbel, sondern auch Gläser, Porzellan und filigrane Silberarbeiten.

Argaleiós: in der Altstadt, Odós Apóllonos. In diesem ›Webstuhl‹ genannten, über 25 Jahre alten Laden sind die typischen griechischen Baumwollpullover erhältlich. Antiquitäten zieren die Wände, nicht alle sind verkäuflich.

Ingbert Brunk: im ehemaligen Ursulinenkloster im Kástro, www.ingbertbrunk.de. Der aus dem wendländischen Dannenberg stammende Künstler arbeitet seit 1984 auf Náxos und verwendet für seine vielfältigen Objekte (mit Kaufpreisen ab ca. 400 €) ausschließlich naxischen Marmor, an dem ihn besonders die Fähigkeit fasziniert, sich vom Licht durchdringen zu lassen. Besonders beeindruckend ist, wie er Alltagsformen in Ewigkeit umsetzt – zum Beispiel in seinen kuschelweich wirkenden Kissen aus steinhartem Marmor.

Táki's Shop: 10 m von der Platía in der Parallelgasse zur Uferpromenade. Zwei Läden in einem. Takis verkauft Schmuck, darunter die von ihm erfundenen, legen-

dären ›Náxos-Augen‹, und ausgezeichnete griechische Weine, die man bei ihm ebenso wie die diversen naxischen Kítro-Spezialitäten in netter Atmosphäre auch verkosten kann. Nicht zu verkosten, aber zu kaufen sind bei ihm auch die auf den Inseln nur ganz selten angebotenen griechischen Pflaumen- und Birnenbrände sowie edle Destillate von Babatzím und Methéxis, die mit erstklassigen italienischen Grappe oder französischen Eau de Vie durchaus mithalten können. Exklusiv für Náxos präsentiert er zudem eine Auswahl von Arbeiten namhafter griechischer Goldschmiede.

Techní: Kunsthandwerksgeschäft in der Old Market Street (oberhalb der Platía an der Hafenpromenade nach rechts einbiegen und an der folgenden Gabelung links). Spezialität: seltene alte Leinen- und Seidendecken.

Tirokomiká Eídi: altes, uriges Käsegeschäft an der Papavassilioú Straße, die hinter dem Telefonamt OTE stadtauswärts führt. Der Käse wird auf traditionelle Weise selbst hergestellt und hier in Regalen im Kellergewölbe gelagert. Außerdem kann man Gewürze, getrocknete Feigen und Oliven sowie die kleinen Körbe, in denen die Käselaibe gereift sind, erstehen.

Fragile: ansprechende Bar mit guter Musikauswahl in einer Parallelgasse zur nördlichen Hafenpromenade.

Lálos: Maritim angehauchte Bar im ersten Stock eines Hauses im zentralen Teil der Uferpromenade, betrieben vom kauzigen Fischer Lálos. Vom kleinen Balkon aus kann man den Sonnenuntergang bei Oldies und Jazz erleben.

Melodía: Ouzerí gleich neben dem Fragile, ca. 20 m vom kleinen Hauptplatz an der Uferpromenade entfernt. Während der Saison wird hier auf der engen Alt-

Naxos

Reiseatlas: S. 236

stadtgasse jeden Abend klassische griechische Rembétiko-Musik live gespielt.
Super Island Dancing: Die größte Diskothek der Insel, an der Umgehungsstraße nahe der Mitrópolis gelegen.

Konzerte auf der Terrasse des venezianischen Museums im Kástro. Infos im Domus della Rocca Barozzi im Kástro, Reservierung Tel. 22 85 02 23 87.

Kirchweihfeste: am 14. Juli Ág. Nikodímos (Inselheiliger). **Weinfestival ›Dionyssia‹** in der ersten August-Woche an der Uferpromenade.

Ausflugsboote nach Delos: In der Saison mindestens zweimal wöchentlich, Auskunft in den Reisebüros.
Foto-Workshops: Der britische Fotograf Stuart Thorpe bietet auf der Insel ein- und fünftägige Foto-Workshops an, an denen maximal acht Interessenten teilnehmen können. Dabei wird viel Zeit zu Fuß in der naxischen Natur verbracht. Eine Fotoausrüstung kann auf Wunsch auch geliehen werden. Auskunft im Diónysos-Fotogeschäft an der Uferpromenade nahe dem Fähranleger oder unter Tel. 69 46 78 62 04, www.naxosphotoworkshop.com.
Flisvos Sport Club: Tel./Fax 22 85 02 43 08, www.flisvos-sportclub.com. Der Club und das angeschlossene Beach Café sind bis in die späten Abend Treffpunkt für alle Sportbegeisterten auf der Insel. Windsurfen für Anfänger auf der flachen Lagune, Kite- und Windsurfen sowie Katamaran-Segeln auf dem offenen Meer. Reine Materialmiete und Kurse möglich. Außerdem geführte Mountainbike-Touren und MTB-Verleih, Beach-Volleyball, geführte Wanderungen in den Bergen. Auch Yoga und Massagen werden angeboten; auf Wunsch kann man in angeschlossenen Sport-Hotels wohnen.

Yacht-Törns: Kapitän Geórgios Fragískos bietet auf seiner schnittigen S/Y Annabella Tagestörns für 40–50 € nach Páros oder zu den Kleinen Kykladen an. Kontakt über Tel. 69 44 35 57 17.
Naxos Horse Riding: Tel. 69 48 80 91 42. Iris Neubauer aus Bremen führt den Reiterhof in Agidia, 2 km von Naxos-Stadt entfernt (ausgeschildert). Sowohl für Erwachsene als auch für Kinder bietet sich hier die Möglichkeit auszureiten. Frau Neubauers einfühlsamer Umgang mit Kindern macht einen Nachmittag auf ihrem Reiterhof zu einem besonderen Erlebnis.

Schiffsverbindungen: Zwischen Náxos-Stadt und Parikiá auf Páros bestehen ganzjährig Verbindungen per Autofähre und Katamaran. Náxos und Mykonos verbindet von Mitte Mai bis Mitte Okt. tgl. ein Schnellschiff.
Inselbusse: in Náxos-Stadt vom großen Platz gegenüber dem Fähranleger nach: Pláka–Agía Ánna–Ágios Prokópios alle 30 Min.; Filóti–Chálki 6x tgl.; Apíranthos 5x tgl.; Apóllonas–Kóronos 3x tgl.; Pirgáki–Trípodes 4x tgl.; Komiakí 2x tgl.; Mélanes 3x tgl.; Sangrí und Moutsoúna 1x tgl; Keramotí–Potamiá–Engarés 3x wöchentlich.
Taxis stehen am Platz gegenüber dem Fähranleger, Tel. 22 85 02 24 44.
Autoverleih: an der Hafenpromenade und an der Platía Protodíkio.

Geldwechsel: Banken an der Hafenpromenade in Náxos-Stadt.
Post/Telefon: Postamt im Neustadtviertel Agathákia; Telefonamt OTE an der südlichen Hafenpromenade.
Wichtige Telefonnummern: Polizei Tel. 22 85 02 21 00, Hafenpolizei Tel. 22 85 02 23 00, Hospital Tel. 22 85 02 33 33 und 22 85 02 35 50, Flughafen Tel. 22 85 02 32 90.

Reiseatlas: S. 236

Strände an der Westküste

STRÄNDE ZWISCHEN NÁXOS-STADT UND PSILÍ ÁMMOS

Was Náxos unvergleichlich macht, sind die Sandstrände, die unmittelbar südlich der Inselhauptstadt beginnen. Wer viel Trubel und gute Wassersportmöglichkeiten sucht, bleibt im Norden. Weiter südlich herrschen streckenweise paradiesische Zustände und Adams- und Evakostüm sind en vogue. Für ungestörte Tête-à-Têtes sind die Sanddünen von Pirgáki und Psilí Ámmos ideale Refugien.

Der Reigen der schönsten naxiotischen Sandstrände beginnt unmittelbar jenseits des Flughafens auf der Südseite der felsigen, 150 m hohen Halbinsel Stelída. Die Küstenstraße führt teilweise unmittelbar an den Stränden entlang, die anfangs noch von vielen Pensionen und Tavernen gesäumt werden, schlängelt sich manchmal aber auch landeinwärts durch Felder und üppiges Grün. Südlich von Mikrí Vígla werden die Dünen immer höher, bis sie bei Pirgáki zu einer ›Miniatur-Sandwüste‹ werden. Badehose und Bikini benötigt man auf dieser Fahrt nicht unbedingt, denn an vielen südlicheren Strandabschnitten wird auch nackt gebadet.

Ágios Prokópios

Reiseatlas: S. 236, A 4
Unmittelbar hinter dem über einen Kilometer langen, feinsandigen und leicht geschwungenen Strand liegen drei rosafarben schimmernde Brackwasserseen, die eine Bebauung des Strandsaums glücklicherweise verhindern. Pensionen und Hotels liegen darum zurückversetzt am niedrigen Hang; Tavernen stehen überwiegend am nordwestlichen Strandende. Die Busverbindungen in die nur 5 km entfernte Stadt sind gut; bleibt man dort abends einmal länger hängen, kostet auch ein Taxi zurück ins Quartier nicht viel.

Liános Village: Tel. 22 85 02 63 66, Fax 22 85 02 63 62, www.lianosvillage.com. Einem Dorf nachempfundene, schöne Anlage am Hang des Stelída-Hügels mit einer traumhaften Aussicht auf die drei rosafarbenen Salzseen und das Meer. 400 m zum Strand. 39 Zimmer, DZ HS 115 €, sonst ab 45 €.

Vangélis Rooms: Tel./Fax 22 85 02 44 47. Gabi aus Bremen und ihr griechischer Ehemann Vangélis betreiben die kleine Natursteinpension mit sechs Studios, einem Bungalow und Garten. Auf leichter Anhöhe gelegen, nur wenige Gehminuten zum Meer. Weitere Studios näher am Strand. DZ HS 45 €, sonst ab 20 €.

175

Náxos

Doppelbett im Fischerboot

Dimítris Kouteliéris, der Vater der jungen Wirtin der Pension Danái in Agía Ánna, ist einer der berühmtesten Kunsthandwerker Griechenlands. Er kreiert aus Teilen alter Möbel und anderer Holzobjekte neue Möbel, bezieht alte Malereien, Spiegel und Gegenstände wie Sättel und Fischerboote mit ein. Für die Pension seiner Tochter hat er alle sechs Studios eingerichtet. Für zwei von ihnen halbierte er ein 100 Jahre altes Kaïki und fertigte daraus zwei romantische Doppelbetten. Alle Studios tragen statt Nummern fantasievolle Namen wie ›Träume und Erinnerungen‹ oder ›Reisen in der Ägäis‹. Wirtin Danái und ihr Mann Kóstas Katerínis sind charmante Gastgeber, die für gepflegtes Flair sorgen. Das Haus liegt landeinwärts, 150 m vom Agía Ánna Strand entfernt. Von Ágios Prokópios kommend hinter dem Parkplatz im Zentrum von Agía Ánna links einbiegen.
Tel. und Fax 22 85 04 25 41, www.villadanai.com
DZ HS 85 €, sonst 45 €.

Villa Adriána: Tel. 22 85 04 28 04, Fax 22 85 04 21 28, www.adrianahotel.com. Auf leichter Anhöhe mit Blick auf das Meer liegt die geschmackvoll im Kykladenstil gestaltete Anlage. Herrliche Dachterrasse zum Relaxen und freundlich-familiäre Bewirtung durch Familie Kerrás. Zum Strand und zum nächsten Busstopp sind es nur wenige Gehminuten. 14 Studios, DZ HS 70 €, sonst 25 €.

Áváli: seit 1995 gibt es dieses Familien-Restaurant in windgeschützter Lage (daher leitet sich der Name des Restaurants ab) oberhalb des nördlichen Strandendes. Mutter Dímitra kocht hervorragende traditionelle griechische Gerichte wie *kókkoras kokkinistós* (Hähnchen in Tomatensauce) und *tomatokeftédes* (Tomatenbällchen). Moderat.

Anesis-Spíros: am Strand nahe dem Busstopp. Gemütliche Taverne mit preiswerter leckerer Hausmannskost, seit 1974. Besonders empfehlenswert sind *lachanodolmádes* (Kohlrouladen) und *risógalo* (Reispudding). Günstig.

Agía Ánna und Márangas

Reiseatlas: S. 236, A 4
Der Strand von Ágios Prokópios geht fast nahtlos in den Sandstrand Agía Ánna über, an den sich wiederum fast nahtlos der Márangas Beach anschließt. Agía Ánna besitzt im Gegensatz zur Streusiedlung Ágios Prokópios ein deutlich erkennbares, freilich völlig vom Tourismus geprägtes Ortszentrum mit Kirche und Tavernen. Wer auf Náxos einen Badeort mit viel Trubel sucht, ist hier am besten aufgehoben. Idylle findet man bestenfalls am kleinen Bootshafen im Süden des Ortes am Felsvorsprung Kap Ágios Nikólaos.

Hinter diesem Kap beginnt der Márangas Beach, der von Tavernen, Pensionen und Campingplätzen gesäumt wird.

Reiseatlas: S. 236/238

Strände an der Westküste

Iría Beach: Tel. 22 85 04 26 00, Fax 22 85 04 26 03, www.iria beach-naxos.com. 1991 erbautes Hotel im Kykladenstil mit 24 Apartments und vier Vierbett-Zimmern am Agía Ánna Strand. DZ HS 83 €, sonst 45 €.

Parádiso: Tel. 22 85 04 20 26, Fax 22 85 04 20 27, www.paradiso-naxos.com. Die Inhaber Adónis und Vangélis Karamanís der gleichnamigen Taverne vermieten 15 Studios und Apartments in zwei Häusern nah am Márangas Strand. Frühstücken kann man in der Taverne. DZ HS 70 €, sonst 35 €.

Lítsa Studios: Tel./Fax 22 85 02 43 90. Komfortable Studios 15 m vom Agía Ánna Strand. DZ HS 50 €, sonst 28 €.

Camping Máragas: Tel./Fax 22 85 02 45 52, www.maragascamping.gr. Am Márangas Strand beim Busstopp, schattiger Platz unter Bambus oder Bäumen. Vermietung von Zelten und Studios, Mopedverleih, Taverne unter Tamarisken.

Fáros: urige Taverne südlich vom Hafen, frischer Fisch vom eigenen Boot. Moderat.

Palátia: Strandtaverne 30 m nördlich vom Busstopp. Zu den angebotenen Spezialitäten gehören u. a. die Tomatenkroketten *tomatokeftedes* und die sonnengetrockneten Makrelen *goúna*. Moderat.

Parádiso: Taverne mit Terrasse und einigen Tischen unter einer Tamariske am nördlichen Beginn des Márangas Beach. Sehr gute Auswahl an hausgemachten Gerichten. Die Wirte Adónis und Vangélis sind stolz darauf, dass sie vor etwa 30 Jahren als Hippie-Treff berühmt wurden und sehen ihr Lokal noch immer als das Paradies für Freaks. Aus den Lautsprechern ihrer Taverne erklingt nur griechische Musik – und wenn Ausländer in der kleinen Ágios Nikólaos Kapelle schräg gegenüber heiraten wollen, besorgen sie ihnen den Priester dafür. Günstig.

Pláka Beach und Orkós

Reiseatlas: S. 238, A 1

Der Márangas Beach geht in den Pláka Beach über, der bereits von ansehnlichen Dünen gesäumt wird. Hier wird überwiegend nackt gebadet. Hinter den Dünen stehen locker in der flachen Landschaft verteilt mehrere Hotels und Pensionen, von Massentourismus aber findet man keine Spur. Am Übergang zwischen Márangas und Pláka Beach wendet sich die schmale Küstenstraße landeinwärts und führt kreuz und quer durch die Felder. Mancher verliert hier die Orientierung, wenn mal ein Wegweiser fehlt oder übersehen wird. Schließlich landet man aber doch in der Gemarkung Orkós mit vielen schmalen, kleinen Strandbuchten.

Vlássis: Tel. 22 85 04 16 41, www. hellasislands.gr/naxos/vlassis-family. Vier einfache Zimmer mit Blick auf die Felder und die naxischen Berge auf der Rückseite der guten gleichnamigen Taverne direkt an der Uferpiste. Wirtin Iríni und ihr Mann Vlássis sind nach althergebrachter Art sehr lieb um ihre wenigen Gäste bemüht. DZ HS 40 €, sonst ab 15 €.

Pláka Camping: Tel. 22 85 04 27 00, Fax 22 85 04 27 01, www.united-hellas. com. Gut ausgestatteter, schattiger Platz am Pláka Strand, Zelte, Studios und Bungalows zu mieten, Mini-Markt, Restaurant, Bar, kostenloser Bustransfer zum Hafen.

Pláka Watersports: www.plaka-watersports.com. Windsurfstation neben der Taverne Vlássis, auch Bananarides und Wasserski im Angebot.

Náxos

Reiseatlas: S. 238

Mikrí Vígla

Reiseatlas: S. 238, A 1

Mikrí Vígla ist wohl der originellste Badeort an diesem gesamten Küstenstreifen. Er nimmt eine kleine Halbinsel ein, die aussieht, als habe ein Riese auf ihr Steine verloren. Unmittelbar nördlich und südlich der Halbinsel beginnen lange Sandstrände; im Ortsbereich selbst stehen am Strand etliche Wohnwagen und Wohnmobile. Alles scheint

Reiseatlas: S. 238

Strände an der Westküste

Badespaß!

Sie ist alljährlich am orthodoxen Himmelfahrtstag Schauplatz eines Kirchweihfestes. Die Teilnehmer fahren mit Booten hinüber, besuchen den Gottesdienst und laben sich anschließend bei Musik und Tanz bis zum frühen Nachmittag. An manch anderen Tagen des Jahres lassen sich hier besonders romantisch veranlagte Naxioten gern trauen.

Mikrí Vígla Hotel: Tel. 22 85 07 52 41, Fax 22 85 07 52 40, evripiot@internet.gr. Weitläufige Bungalow-Anlage am Strand, Surfschule. 82 Zimmer, DZ HS 90 €, sonst 44 €.
Panagía Parthená: Tel. 22 85 07 51 06. Die neun Studios für 2–4 Personen liegen auf dem Kap, etwas westlich vom Parthená Strand. Die Inhaber betreiben die gleichnamige Taverne. DZ HS 60 €, sonst 30 €.
Corálli: Tel. 22 85 07 52 29, Fax 22 85 07 50 80, coralli@mv.hotmail.com. Etwa 100 m vom Strand entfernte Pension. Elf Apartments für 2–4 Personen, DZ HS 50 €, sonst 29 €.

Kontós: am Weg Richtung Orkós. Stets frischer Fisch, der Wirt ist selbst Fischer. Moderat.
Mikrí Vígla: traditionsreiche Strandtaverne am Felsen des südlichen Kaps. Hausgemachte und tiefgefrorene Speisen sind unterschiedlich gekennzeichnet, sehr gutes Preis-Leistungsverhältnis. Moderat.
Panagía Parthená: am nördlichen Kap. Wirtin Colóna kocht echt griechische Hausmannskost mit Produkten von der eigenen Farm. Günstig.

hier völlig ungeordnet, wirkt alternativer als in den Standard-Badeorten weiter nördlich. Der Halbinsel im Nordwesten vorgelagert ist das kleine Inselchen Panagía Parthená mit einer kleinen, deutlich erkennbaren Kirche.

Náxos

Reiseatlas: S. 238

Mikrí Vígla Watersports: Tel. 69 73 05 17 07, www.naxos-windsurf. com. Der Surfclub arbeitet mit dem Hotel Mikrí Vígla zusammen.

Kastráki, Pirgáki und Psilí Ámmos

Reiseatlas: S. 238, A 3, B 2/3
Der lange Sandstrand gleich südlich von Mikrí Vígla, in dessen Hinterland ein kleiner Salzsee liegt, trägt den treffenden Namen Sahara Beach. Im Ortsbereich von Kastráki wird der Strand viel schmaler und gliedert sich in mehrere kleine Buchten. Kastráki selbst ist eine nicht sonderlich stimmungsvolle Streusiedlung, die im Winter nahezu ausgestorben ist. Südlich davon beginnt wieder ein langer, breiter Sandstreifen, der Glifáda Beach. Auch in seinem Hinterland bildet ein Salzsee eine Barriere für jedwede Bebauung. Im Süden schließen sich daran unterhalb des Kaps Angáli und des Kaps Kouroúpia kleine, versteckte Strandbuchten an. Die kleine, flache Felshalbinsel Angáli wird leider durch die Bauruine eines Hotels leicht verschandelt. Trotzdem ist die Heidelandschaft hier sehr eindrucksvoll. Südlich der Halbinsel geht sie in die grandiose Zedern-Dünenlandschaft von Pirgáki über, an die sich der Wüstensand von Psilí Ámmos anschließt. Hier muss man bei Sturm sogar auf der Asphaltstraße mit hohen Sandverwehungen rechnen. Der Dünenstreifen ist mehrere hundert Meter breit, wilde Camper finden darin blickgeschützte Verstecke. Wassersport und Sonnen-schirme werden hier nirgends angeboten: die Küstenszenerie gleicht einem Paradies, wie man es auf touristischen Ägäis-Inseln kaum noch zu finden hofft.

Summerland: Tel. 22 85 07 54 61-2, Fax 22 85 07 53 99, summerland@ath.forthnet.gr. Zweigeschossige Hotelanlage mit Pool in Kastráki, ruhig und strandnah gelegen. DZ HS 84 €, sonst 48 €.
Fáros: Tel. 22 85 07 55 57, Fax 22 85 07 52 44, www.faros-naxos.com. Kleine Anlage mit 10 Zimmern und Studios für bis zu 5 Personen hinter der gleichnamigen, sehr guten Taverne. Nur wenige Schritte bis zum Meer am Rande eines ausgedehnten Zedernwäldchens und nahe dem Alikó Beach gelegen. Hauseigener Pool, Haustiere willkommen. DZ HS 60 €, sonst 35 €.
Aréti: Tel. 22 85 07 52 92, Fax 22 85 07 55 22. Studios für 2–4 Personen und Restaurant am Strand von Kastráki, auch behindertengerecht eingerichtete Apartments im Erdgeschoss. 13 Zimmer, DZ HS 50 €, sonst 35 €.
Glifáda: Tel. 22 85 07 54 67. Ganz einsam am Strand von Glifáda gelegen, zur gleichnamigen Taverne gehörend. Alle sechs Studios für 2 bis 4 Personen haben Meerblick. DZ HS 45 €, sonst ab 18 €.
Psilí Ámmos: Tel. 22 85 07 53 51. Sechs Studios hinter der gleichnamigen Taverne, 50 m vom Strand entfernt. DZ HS ca. 50 €, sonst 25 €.

Axiótissa: an der Inselhauptstraße von Kastráki. In der nach dem alten Inselnamen benannten Taverne lässt man sich exzellente Salate und hausgemachte Vorspeisen schmecken. Moderat.

NÁXOS KREUZ UND QUER

Ob zu Fuß, mit dem Linienbus, per Mietwagen oder Motorrad: auf Náxos gibt es viel zu entdecken. Eigentlich sollte man immer das Notwendigste für eine Übernachtung unterwegs bei sich haben, denn viele der kleinen Küstenorte und Bergdörfer sind so charmant, dass man es leicht bedauert, dort nicht morgens aufwachen zu dürfen.

Von Naxos-Stadt über Yria und Sangrí nach Agiassós

Yría

Reiseatlas: S. 236, B 3
Das Dionysos-Heiligtum von Yría gleicht einer netten Grünanlage mit antiken Überresten, deren Kern wenige wieder aufgerichtete Säulenreste bilden. Genial ist die Erklärungstafel, die etwas westlich des Tempels leicht erhöht steht. Steht man richtig, legen sich die vier Schiebefolien genau über die sichtbaren Reste und man erkennt, wie der Tempel in seinen verschiedenen Phasen innen und außen aussah. Leider sind die Erklärungen nur auf Griechisch und Englisch abgefasst, obwohl hier die Universität Athen und die TU München zusammmen gearbeitet haben (Di–So 8.30–15 Uhr, Eintritt frei).

Pírgos Belonías

Reiseatlas: S. 236, B 4
Kurz hinter dem oberen Ortsende von Galanádo steht rechts der Straße einer der vielen venezianischen Wohntürme der Insel, der Pírgos Belonías (auch: Tower of Belogna). Ende der 1980er Jahre war er nur noch eine unansehnliche Ruine. Dann kaufte ihn eine sehr gut Deutsch sprechende Grande Dame und ließ ihn unter Leitung einer griechischen Archäologin und eines Mitarbeiters der Kölner Dombauhütte restaurieren. Alle tragenden Mauern mussten aus Beton erneuert werden, wurden anschließend aber mit neuen und alten Natursteinen und Balken verkleidet. Wer höflich fragt, kann die gleich links vom Eingangstor zum Garten gelegene Doppelkapelle Ágios Ioánnis besichtigen, die von der religiösen Toleranz der Venezianer auf den Kykladen zeugt: Eine Hälfte war für den römisch-katholischen, die andere für den orthodoxen Ritus bestimmt.

Ágios Mámas

Reiseatlas: S. 236, C 4
3,3 km weiter zweigt von der Hauptstraße ein sehr holpriger Feldweg nach links unten ab. Mit einem Jeep oder Motorrad kann man über diese Piste

Náxos

einen 1,4 km langen Abstecher zur eindrucksvollen Ruine der Kirche Ágios Mámas unternehmen, die man aber auch über einen besseren, ausgeschilderten Feldweg von Káto Potamiá (s. S. 185) aus erreicht. Sie liegt auf freiem Feld unterhalb eines palastartigen venezianischen Turms (Pírgos), von dem her meist lautes Gebell zu hören ist; der Hund ist jedoch angebunden. Im Mittelalter residierte in diesem Bau der katholische Bischof der Insel. Der imposante, heute fenster- und türenlose Kuppelbau aus dem 9. oder 10. Jh. ist dem Verfall preisgegeben.

Sangrí und der Demeter-Tempel

Reiseatlas: S. 238, B 1
Vorbei an Káto Sangrí kommt man nun nach Áno Sangrí. Mit seinem Pinienwäldchen, seinen engen Gassen und alten Windmühlen lohnt das Dorf einen kurzen Stopp. 500 m unterhalb (Wegweiser an der Straße zum Demeter-Tempel) liegt die kleine, leider verschlossene byzantinische Kirche Ágios Nikólaos mit Wandmalereien aus dem Jahr 1270 fotogen zwischen Feldern und Olivenbäumen.

Die gut ausgeschilderte Straße zum Demeter-Tempel *(Naós Dímitras)* führt ins Tal des Trockenbachbettes Gíroula. Ein aufwändig gepflasterter Weg führt durch eine Parkanlage hinauf zum Tempel. Die Universität Athen hat ihn unter Verwendung zahlreicher originaler Bauteile anschaulich rekonstruiert. Das kleine, erst 1949 entdeckte Heiligtum aus dem 6. Jh. v. Chr., das der Schutzgöttin des Getreideanbaus Demeter und dem Gott Apoll geweiht war, gilt als ältester Tem-

Der Demeter-Tempel bestand vom Fundament bis zu den Dachziegeln aus Marmor

pel Griechenlands im ionischen Stil. Er war ganz aus weißem Marmor errichtet; sein Bauherr war der gleiche Tyrann Lygdámis, der auch für das Tempeltor von Náxos-Stadt verantwortlich zeichnet. Die vielen Löcher im Boden des Vorplatzes sind älter und stammen schon aus geometrischer Zeit; wahrscheinlich dienten sie der Aufnahme von Opfergaben. Das Taufbecken und der apsidiale Abschluss sind Überreste einer frühchristlichen Basilika (Di–So 8.30–15 Uhr, Eintritt frei). Das Museum unterhalb des Tempels ist winzig, aber toll. Eins der beiden marmornen Tempel-Innentore ist hier teilweise rekonstruiert, sogar ein hölzernes Türgelenk hat man nachgebaut. Die Dachkonstruktion aus Marmorplatten, die auf fünf unterschiedlich hohen Innensäulen ruhte, wird sehr verständlich. Auch ein Tempelmodell im Maßstab 1:50 ist aufgestellt (Di–So 8.30–15 Uhr, Eintritt frei).

Weiter nach Agiassós und Psilí Ámmos

Reiseatlas: S. 238, B 3
Für die Rückfahrt auf die Hauptstraße wählt man am besten wieder den Weg über Áno Sangrí. Von der Hauptstraße zweigt dann nach 300 m eine Straße ab (Wegweiser) zum nahen Bazéos Tower (auch: Pírgos Timíou Stavroú) aus dem Jahr 1671, der im Sommer häufig für Konzerte und Ausstellungen genutzt wird (während Ausstellungen tgl. 10–17 Uhr, Tel. 02 84 03 14 02). Fährt man diese nur anfangs noch asphaltierte Straße weiter, erreicht man nach 7,7 km den Küstenweiler Agias-

sós. Vom breiten, 500 m langen Strand aus blickt man auf die Nachbarinseln Amorgós, Íos und Páros. Eine gute Piste führt von hier weiter zu einem der schönsten Strände der Kykladen: Psilí Ámmos. Von dort kann man über Kastráki und Vívlos nach Náxos-Stadt zurückkehren.

🛏️ 🍽️ **Vrahia:** Café-Restaurant-Bar der Familie Vlaserós am südlichen Strandende von Agiassós. Besonders gut: das *spetsofaï* und das *pastítsio*. Günstig. Hinter dem Restaurant liegen 18 geräumige Studios, Tel. 22 85 07 55 33, Tel./Fax 22 85 07 50 53, nur Juni–Sept., DZ HS 50 €, sonst 20 €.

Von Sangrí nach Chalkí

Abseits der Hauptstraße zwischen Sangrí und Filóti liegen die beiden sehr schönen, fast autofreien Dörfer Damalás und Damariónas. An der Stichstraße nach Damalás kann eine Töpferei besichtigt werden.

Chalkí

Reiseatlas: S. 237, D 4
Chalkí ist der Hauptort der Tragéa und lohnt einen mindestens zweistündigen Aufenthalt. Direkt an der Durchgangsstraße steht rechts die Dorfkirche Panagía i Protóthronos aus dem 9./10. Jh. unter einer alten Platane. Sie ist meist nur geöffnet, wenn vorangemeldete Reisegruppen erwartet werden. Rechts daneben zeigt ein kleines Museum Ikonen und Freskenreste aus der Kirche. Ein paar Schritte südöstlich der Kirche erhebt sich der viergeschossige vene-

Náxos

Reiseatlas: S. 236/237

In der Destillerie

Die Familie Vallindrás in Chalkí stellt schon seit 1896 alljährlich zwischen Oktober und Januar den typisch naxiotischen Kítro her. In dieser Zeit sind die Blätter des Zitronatzitronenbaums am aromatischsten. Inzwischen reichen die auf Náxos geernteten Blätter nicht mehr aus, da immer mehr junge Bauern kein Interesse mehr an den Bäumen haben. So müssen vermehrt Blätter vom Peloponnes importiert werden. Bei einer Besichtigung der Destillerie (tgl. 10–14.30 Uhr) kann man Blätter und Früchte des Baumes einmal aus der Nähe sehen und natürlich auch die drei verschiedenen Kítro-Varianten (Gelb 36 % vol., Weiß 33 % vol., Grün 30 % vol.) verkosten.

zianische Wohnturm Pírgos Gratsía. Man betrat ihn über eine steinere Brücke im ersten Stock; Zinnen bekrönen die Umfassungsmauer und das Dach. Die Außenwände schmücken verschiedene Wappensteine.

Geht man an der Kirche auf der anderen Seite der Durchgangsstraße ein paar Schritte ins Dorf hinein, kommt man sogleich zur Destillerie Vallindrás (s. o.). Nur wenige Schritte weiter steht man auf der kleinen, trapezförmigen Platía mit einigen Läden und schöner Taverne unter schattigen Akazien.

Folgt man der Durchgangsstraße bergan, weist rechts ein Schild zum 180 m entfernten Pírgos Papadáki,

links ein brauner Wegweiser zur ›St. George Diasorítis Byzantine Church‹. Der Weg dorthin lohnt mehr als das Ziel: Er führt durch Gärten und Olivenhaine in 7 Minuten zur Kreuzkuppelkirche Ágios Geórgios Diasorítis aus dem 11. Jh. Sie birgt wertvolle Wandmalereien aus der gleichen Zeit, ist jedoch meistens verschlossen.

O Giánnis: gemütliche Taverne unter Weinreben und einer Akazie an der Platía, serviert werden Fleisch- und Gemüsegegerichte und Weine aus lokaler Produktion. Ein Genuss zu jeder Tageszeit sind auch die orientalischen Kuchenspezialitäten Kataífi, Baklavás und Galaktoboúreko. Teuer.

Éra: Kleiner Laden nahe der Platía und der Galerie L'Olivier, in dem Ex-Grafikdesigner Jánnis und seine aus der Kítro-Familie Vallindrás stammende Frau Honig aus der Region, hausgemachte Marmeladen und in Sirup eingelegte Früchte anbieten.

L'Olivier: www.fish-olive-creations.com. Laden und Galerie für Keramik und einige wenige andere Objekte wie marmorne Wandlampen, Flaschenhalter aus Olivenholz und Silberschmuck mit zwei Motiven in allen Variationen: Oliven und Fischen.

Von Náxos-Stadt über Potamiá (und Apáno Kástro) nach Chalkí

Reiseatlas: S. 236, B 3/C 4–S. 237, D 4
Statt von der Stadt über Sangrí nach Chalkí zu fahren, kann man auch die nicht ganz so gut ausgebaute Strecke über die besonders grünen und stillen Dörfer Káto, Mésa und Áno Potamiá

Chalkí

EIN DORF BLEIBT AM LEBEN

Das Dorf Chalkí wäre auch ohne seine vielen Tagesbesucher überlebensfähig, denn es ist das Schul- und Verwaltungszentrum der fruchtbaren Tragéa. Aber es erschiene den jungen Leuten aus der Gegend weitaus unattraktiver, gäbe es hier nicht ein wenig touristisches Leben, das neue Perspektiven auch für Arbeitssuchende bietet. Die drei Keimzellen des Tourismus liegen rund um die winzige Platía: Die Kítro-Destillerie Vallindrás, die aus einem einfachen Kafenío hervorgegangene Taverne O Giánnis und das Töpferatelier L'Olivier der deutschen Künstler Katharina Bolesch und ihres polyglotten Mannes Alexander Reichardt (alle drei s. S. 184).

Katharina, die in Siegburg Keramik studiert hat, ist bereits seit den 1980er Jahren auf Náxos zu Hause. Sie lässt sich einzig und allein vom Olivenbaum zu immer wieder neuen Werken aus hochwertigem Steinzeug inspirieren. Einige ihrer Objekte haben bereits Einzug in das Naturgeschichtliche Goulándris-Museum in Athen gehalten und wurden während der Olympischen Spiele 2004 im Rahmen einer großen Ausstellung in Athen gezeigt. Ihr Mann Alex hat sich total dem Fisch als Motiv verschrieben. Im Winter 2005/6 haben die beiden ein verfallenes Haus an einer anderen Gasse nahe des Dorfplatzes aufwändig restaurieren lassen. Darin finden jetzt die Galerie mit besonders erlesenen Objekten und ihr Atelier Platz.

Gleich davor hat eine junge Naxierin ein stilvolles kleines Café eröffnet, in dem man bei Spielen und guter griechischer Musik das Dorfleben genießen kann. Nur ein paar Schritte entfernt soll 2007 die erste kleine Pension im Dorf eröffnet werden. So entwickelt sich Chalkí vielleicht langsam zu einem alternativen Urlaubsort.

(also Unter-, Mittel- und Ober-Potamiá) wählen. In Káto und Áno Potamiá gibt es je ein schönes Lokal; besondere Sehenswürdigkeiten hat keiner der drei Orte zu bieten. Zwischen Áno Potamiá und Tsikalarió überragt ein 421 m hoher Berg die Straße, auf dessen Gipfel Ruinen der venezianischen Burg Apáno Kástro auszumachen sind. Von Tsikalarió kann man in gut 30 Minuten querfeldein hinauf wandern (s. S. 189). Die Weiterfahrt nach Chalkí führt jetzt durch eine bizarre Felslandschaft, in der zwischen Mitte September und Ende Oktober die Heide inselförmig blüht.

Káto Potamiá: auf dem Kirchplatz des gleichnamigen Dorfes. Terrasse am Bach unter Bäumen. Günstig.
Pigi/Paradise: große Taverne in einem üppig grünen Garten in Áno Potamiá, typisch griechische Tavernenkost.

Von Chalkí über Moní nach Kourounochóri und zurück in die Chóra

Am östlichen Ortsrand von Chalkí biegt die Straße nach Moní ab. 850 m danach steht links die kleine, stets verschlossene byzantinische Kirche Panagía Damiótissa aus dem 11. Jh.

Náxos

Reiseatlas: S. 237

Panagía Drossianí

Reiseatlas: S. 237, D 3

Gut ausgeschildert folgt unterhalb des Dorfes Moní eine der bedeutendsten Kirchen der Insel: die Panagía Drossianí. Der fast immer geöffnete Bau stammt in seinem Kern schon aus dem 5. Jh. Er gehört einem seltenen Architekturtypus an, dem der Drei-Konchen-Kirche. Einem einschiffigen Hauptbau sind seitlich drei Nebenbauten angesetzt, so genannte Konchen, von denen zwei überkuppelt sind.

Garínou Spring

Reiseatlas: S. 237, D 3

Vorbei am Dorf Moní geht es nun weiter nach Kinídaros. 200 m vor dem Ort

186

Reiseatlas: S. 236/237

Inselinneres

Small talk

Koúros von Flério

Reiseatlas: S. 236, C 3
Zwischen Kinídaros und Kourounochóri verläuft die Straße unterhalb eines riesigen Steinbruchs. Ein ganzer Marmorberg wird hier abgetragen. Kurz darauf zeigt ein brauner Wegweiser mit der Aufschrift ›Flério‹ nach links. Folgt man ihm, steht man nach 500 m vor einem paradiesischen Garten voller Feigen-, Zitronen- und Olivenbäumen, in dem eine Bauernfamilie ein uriges kleines Kafenío betreibt (s. S. 188).

Nur wenige Meter davon entfernt liegt der Koúros von Flério. Vor über 2600 Jahren hat man begonnen, aus einem hier vor Ort gebrochenen Marmorblock eine fast 6 m lange Jünglingsstatue herauszumeißeln. Man hat sie nie vollendet, weil während der Arbeiten das rechte Bein am Knie durchbrach. So blieb sie hier bis heute liegen. Inzwischen fehlt auch ein Stück vom linken Bein samt Fuß; das deutlich herausgearbeitete Schamdreieck und die ägyptisch anmutende Haartracht sind allerdings noch gut zu erkennen.

Über die Hauptstraße geht es anschließend zurück in die Chóra.

Filóti

Reiseatlas: S. 237, D 4
Filóti thront hoch oberhalb der Tragéa-Ebene am Hang des Zas-Massivs. An der Hauptstraße umstehen zahlreiche

macht ein blauer Wegweiser auf die Garínou Spring aufmerksam. Die 2,6 km lange Piste dorthin, die man nur zu Fuß oder mit dem Jeep bewältigen kann, führt in eine der unbekanntesten Naturlandschaften der Insel: ein von einem übermannshohen Oleander-Urwald ausgefülltes Trockenbachtal. Die naxischen Jäger schätzen es wegen seiner vielen Schnepfen.

Náxos

Reiseatlas: S. 236/237

Paradiesgärtchen

Im kleinen Kafenío nahe dem Koúros von Flério sitzt man wie im Garten Eden. Weinreben ranken sich durch die Zitronenbäume, ein Marmortisch steht unter einem uralten Olivenbaum. Zwischen Weinstöcken und Feigenbäumen finden sich neuere Tische. Im Frühjahr tragen die Mispeln Früchte, ab August die Kítro-Bäume. Für jeden Kunden werden die Salate frisch geschnitten und zubereitet, die Eier stammen von den nebenan gackernden Hühnern. Wirt Stélios hat tagsüber Dienst im Café. Kommt seine Schwester Evdókia von ihrer Arbeit als Kindergärtnerin zurück, übernimmt sie die Gäste und Stélios geht zu seiner Schaf- und Ziegenherde.

Tavernen und Kafenía die Platía des Dorfes; wer früh am Morgen zur Gipfelbesteigung des Zas (s. S. 192f.) aufbrechen will, kann hier auch übernachten.

Rooms Babúlas: Tel. 22 85 03 14 26. Geórgios Vassilákis vermietet sechs Zimmer an der Hauptstraße nahe der Platía. Ideale Unterkunft für diejenigen, die dörfliche Atmosphäre lieben oder früh den Zas besteigen wollen. DZ HS 36 €, sonst 24 €.

O Péfkos: wenn es in den berühmten Kafenía unterhalb der Platanen zu voll ist, empfiehlt sich die Einkehr in das unterhalb der Platía versteckt gelegene Restaurant. Moderat.

Wanderung: Von Chalkí über das Apáno Kástro zum Koúros von Flério

Anfahrt: Mit dem Linienbus nach Chalkí oder per Taxi nach Tsikalarió (verkürzt die Tour um ca. 45 Min.). Rückfahrt vom Koúros mit dem Taxi oder mit dem Linienbus von Míli/Kourounochóri bzw. von Áno Potamiá (Zeiten bei der KTEL am Hafen in Chóra fragen!).
Weg: Gut begehbare, z. T. steinige Pfade, kurze Stücke auf Sand- und Betonstraßen, gelegentlich dornige Strecken.
Dauer: 4 Std.

In Chalkí folgt man dem Wegweiser an der Hauptdurchgangsstraße etwas oberhalb der Dorfkirche zur byzantinischen Kirche ›Ágios Geórgios Diasorítis‹. Der Kirchenbau links am Weg birgt schöne Fresken, ist jedoch immer verschlossen. Aber auch sein Äußeres lohnt das Anschauen. Man setzt den Weg abwärts fort, gelangt im Olivenhain zwischen Mauern zu einem Bachbett, aus dem, leicht nach links versetzt, ein Pfad nach rechts herausführt, dem man folgt. Rechts oberhalb verläuft eine neue Straße, zu der unser Pfad hinaufführt. Man hält sich auf der Straße nach links, geht in einigen Kehren abwärts und schwenkt, unmittelbar bevor man die Fahrstraße nach Tsikalarió erreicht nach rechts auf einen Pfad (Markierungen), der beim Waschhaus von Tsikalarió endet. Hierher könnte man sich auch von einem Taxi bringen lassen.

Vom Waschhaus kommend, biegt man hinter der Kirche nach rechts in

188

Reiseatlas: S. 236/237

Inselinneres

Nur für Wanderer zu erreichen: Koúros in der Umgebung von Flério

eine Gasse ein (rote Punkte an Leitungsmasten) und folgt diesem Weg zum Dorf hinaus. Man wandert durch eine Felslandschaft, über der ein Hügel in den Blick kommt, der das Apáno Kástro trägt. Unser Weg verläuft rechts um den Fuß des Hügels herum, wobei wir zwei links hinter einer Feldsteinmauer liegende Kapellen passieren. Nach der zweiten, dem heiligen Andreas geweihten senkt sich der Weg flach abwärts und erreicht die alte Zufahrtstraße zum Kástro. Von hier aus führt nach links der bequemste Aufstieg zur Festung hinauf. Man sollte für den Auf- und Abstieg etwa eine Stunde veranschlagen.

Wieder zurück auf der alten Zufahrtstraße, folgt man dem deutlichen Weg über freies Gelände. Zuletzt schneidet er einen von links kommenden Fahrweg und geht zur Hauptgasse des Dorfes Áno Potamiá hinab. Hier biegt man nach rechts ab und gelangt in einer Art Halbkreis nach links zum Dorfende hinauf, wo sich die große Taverne I Pigi (I Piji gesprochen), davor eine gefasste Quelle und gegenüber eine Kirche befinden. (Hierher muss man wieder zurück, wenn man von Áno Potamiá mit dem Bus abfahren will.)

Bei der Kirche geht es auf altem Pflasterweg nach rechts aufwärts. Am

Reiseatlas: S. 239

Inselinneres

besten hält man sich an die roten Punkte, die bei der Gabelung nach rechts verweisen. Man erreicht eine Hochfläche. Auf dem Weg über diese – wir verfolgen inzwischen wieder einen steinigen Pfad – gibt es eine Abzweigung, die einen zusätzlichen Abstecher nach rechts anzeigt. Über einen mit Marmor gepflasterten Weg gelangt man zu einem weiteren, weniger bekannten Koúros in der Umgebung von Flério. Die Jünglingsstatue liegt in klobigem Rohzustand in freier Natur. Um zu zeigen, wie sie ursprünglich stand oder gestanden haben könnte, haben die Archäologen Rekonstruktionen der beiden Füße neben der liegenden Statue aufgestellt.

Der Marmorweg führt von hier zum bekannteren Koúros von Flério (s. S. 187), der sehr viel leichter erreichbar am Rande eines üppig grünen Tals liegt. Von dort sind es dann nur noch ein paar Schritte zu einem sehr einfachen Kafenío im Paradiesgärtchen (s. S. 188). Ein bisschen oberhalb des Lokals öffnet sich ein Mauerdurchlass zu einem eigenen Mauergeviert, in dem der Koúros seit über zweieinhalb Jahrtausenden liegt. Kommt man außerhalb der Saison, weist ein Schild einen Weg, auf dem man unter Umgehung des Gartens zum Koúros gelangt. Zum Bus nach Áno Potamiá muss man auf demselben Weg zurück; kann man einen Bus in Míli/Kourounochóri erreichen, geht man auf der Betonstraße zurück zum Parkplatz und von dort die Straße ins Dorf hinauf. Dort hält der Bus, der von Kinídaros kommt.

Auf dem Weg zum Gipfel des Zas

Abstecher zur Zeus-Höhle, zum Pírgos Chimárrou und nach Kaladós

Kurz hinter dem südlichen Ortsausgang von Filóti steht zunächst ein Wegweiser mit der Aufschrift ›Tower Chimarrou‹ und dann einer zum ›Mount Zas‹.

Die Straße zum Mount Zas endet nach 1,7 km auf 500 m Höhe; die Parkmöglichkeiten sind sehr beschränkt. Der Blick auf das Bergmassiv ist fantastisch. Zu Fuß gelangt man von hier aus an einen Platz mit Quellen und Platanen hinter dem der Weg zur 600 m hoch gelegenen Zeus-Höhle beginnt. Für den Aufstieg, der teilweise durch Geröllfelder und ein trockenes Bachbett führt, benötigt man Wanderschuhe. Die Höhle ist glitschig und unbeleuchtet, man bleibt besser draußen, wenn man kein Höhlenforscher ist.

Bis zum Pírgos Chimárrou (13 km) ist die Straße asphaltiert. Zum Strand von Kaladós (24,5 km ab Filóti) führt sie dann als breite, auch von Pkw gut befahrbare Piste weiter. Der hellenistische Rundturm von Chimárrou ist ca. 15 m hoch und steht in völliger Einsamkeit. Seine bis zu 1 m dicken Mauern sind aus hellem Marmor errichtet. Der über ein Kilometer lange Sandstrand von Kaladós ist menschenleer; hier stört sich niemand an wilden Campern. Eine Taverne gibt es nicht.

Wanderung: Besteigung des Zas

Anfahrt: Mit dem Linienbus der Strecke Chóra–Filóti–Apíranthos bis zur Ab-

191

Náxos

Reiseatlas: S. 239

zweigung der Straße nach Danakós oder mit dem Taxi zur Kapelle Agía Marína auf dem Sattel über Danakós, Dort kann man sich wieder abholen lassen.
Weg: Teerstraße; nicht allzu steile, z. T. steinige Plattenwege und Pfade, kurzes dorniges Wegstück
Dauer: 3,5–4 Std.

Der hier beschriebene Weg bietet die kürzeste und einfachste Möglichkeit, den höchsten Berg der Kykladen zu besteigen. Die Angaben über seine Höhe schwanken zwischen 1001 und 1004 m. Die Tour stellt keine besonderen körperlichen Anforderungen. Trotz teilweise vorhandener Farb- und Steinmännchen-Markierungen kann die Orientierung im oberen Bereich schwierig werden, wenn man in Nebel oder Wolken gerät. Daher ist sie nur an klaren Tagen zu empfehlen und das auch wegen der Aussicht vom Gipfel.

Man verlässt den Linienbus oberhalb von Filóti an der Stelle, an der nach rechts aufwärts die Teerstraße nach Danakós abzweigt und geht die Kehren dieser Straße etwa zehn Minuten lang hinauf. Dann erreicht man an einem Sattel die Kapelle Agía Marína. Dort schlägt man den markierten Pfad ein, der rechts am Kirchlein vorbei zu einem Gatter und bald darauf zu einer Tränke führt. Unmittelbar davor befindet sich rechts, in den Rand eines überhängenden Felsblocks gemeißelt, eine aus der Antike stammende Inschrift ›OROS DIOS MILOSIOU‹, was ›Berg des Herdenbeschützers Zeus‹ oder ›Grenze (des Heiligtums) des Herdenbeschützers Zeus‹ bedeuten kann.

Beides zeigt, dass der Zas – so sein heutiger, wohl aus dem antiken dorischen Dialekt abzuleitender Name – eben der ›Zeusberg‹ ist. Man verfolgt den nunmehr ›gepflasterten‹ Weg in einigen Kehren aufwärts und geht bei einer Gabelung nach rechts (auf die Markierung achten!), bis der Weg auf eine Mauer zu läuft. Hier steigt man rechts der Mauer durch Stachelpolster parallel bergan und wendet sich nach links. Wo die Mauer endet, bleibt man noch etwa 70 m rechts neben einem Drahtzaun, der sie fortsetzt, und schlägt dann einen schmalen Pfad ein, der sich schräg nach rechts vorwärts vom Zaun löst und in der Ostflanke des Berges den Hang bergauf quert. Je weiter man an Höhe gewinnt, umso mehr verlieren sich die Dornensträucher. Der Pfad wendet sich langsam nach rechts und führt in einer Art flachem Graben in mäßiger Steigung geradeaus aufwärts. Man gelangt auf einen breiten Rücken, auf dem man nach links einschwenkt (viele Steinmännchen). So erreicht man etwas rechts oberhalb einer mit wenigen Steineichen bestandenen Mulde (schattiger Rastplatz!) den Fuß des Gipfels, zu dem man in wenigen Minuten hinauf steigt. Insgesamt dauert der beschriebene Aufstieg knapp zwei Stunden.

Hat man die viel gerühmte Aussicht auf die Inseln rundum genossen, steigt man am einfachsten auf demselben Weg wieder ab. Eine ebenfalls markierte Abstiegsvariante, die 10 Minuten unterhalb des Gipfels vom breiten Rücken des Zas nach links steil abwärts zur so genannten Zeus-Höh-

Reiseatlas: S. 237

Inselinneres

le und von dort weiter nach Filóti führt, ist nur Wanderern mit Bergerfahrung zu empfehlen. Sollte man kein Taxi nach Agía Marína bestellt haben oder sollte auf der von Apíranthos kommenden Straße in absehbarer Zeit nicht mit einem Bus zu rechnen sein, kann man von der Kreuzung, an der man den Bus zum Aufstieg verlassen hat, etwa 100 m nach links in Richtung Filóti gehen und findet einen nach rechts von der Straße abführenden alten Saumpfad, auf dem man den unten sichtbaren Ort erreicht, in dessen Kafenía man schön sitzen kann, bis ein Linienbus eintrifft. Für diesen Abstieg braucht man zusätzlich rund 40 Minuten.

Von Filóti nach Danakós und Apíranthos

Die Insel-Transversale steigt hinter Filóti ständig bergan und eröffnet grandiose Panoramablicke über Náxos und die Ägäis. Wer mit eigenem Fahrzeug unterwegs ist, sollte von ihr einen Abstecher ins stille Dorf Danakós unternehmen und eine Rast in der schönen Dorftaverne einlegen.

Kloster Fotodótis

Reiseatlas: S. 237, E 4
800 m nach der Abzweigung nach Danakós passiert man rechts die moderne Kapelle Agía Marína. Hier beginnt der kürzeste Pfad hinauf zum Zas (s. S. 192f.). Gegenüber der Kapelle setzt ein 1,5 km langer, befahrbarer Erdweg zum verlassenen, nur sehr selten be-

suchten Kloster Fotodótis an, das zur Zeit restauriert wird. Es gehört zu den am schönsten gelegenen Turmbauten der Insel. Das gesamte Erdgeschoss des Baus aus dem 15. Jh. nimmt eine Kirche ein. Stufen führen hinauf auf das Dach, in dessen Mitte sich die Kirchenkuppel wölbt.

🍴 **Fotodótis:** Urige Taverne mit prächtigem Blick hinüber zur Nachbarinsel Donoússa, von einem mutigen Wirt in völliger Weltabgeschiedenheit neben dem Kloster Moní Fotodótis eröffnet. Man kann allerlei Vorspeisen, Gegrilltes und Salate genießen. Romantikern ist der Besuch am Abend zu empfehlen: Die Klosterruine ist angestrahlt, am Himmel funkeln die Sterne hell und in der Ferne sind die wenigen Lichter von Donoússa zu erkennen. Nur ca. 20. Juli bis ca. 20. August geöffnet! Günstig.

Danakós

Reiseatlas: S. 237, E 4
Im Dorf Danakós endet die Straße. Seine Häuser ziehen sich einen steilen Hang hinab bis auf die Sohle eines engen Tals, das auf der anderen Seite von einer schroff aufragenden Bergwand gesäumt wird. In kleinen Vorgärten werden Ziegen, Hühner und Truthähne gehalten. Läuft man die Gassen hinunter zur Talsohle, gelangt man an einen Platz mit Quellen, Platanen und der weiß getünchten Kirche Zoodóchos Pigí (Lebensspendender Quell).

🍴 **Florákas:** im oberen Ortsteil von Danakós. Traditionelle griechische Küche auf der kleinen Terrasse eines Natursteinhauses. Man kann mit dem Auto

193

Náxos

Reiseatlas: S. 237

direkt bis zur Taverne fahren, dort parken und von da aus das Dorf erkunden. Günstig.

Apíranthos

Reiseatlas: S. 237, E 4
Das große Bergdorf mit 760 Einwohnern, das auch Aperáthos genannt wird, liegt auf 600 m Höhe am Rande eines fruchtbaren, gut bewässerten Hochtals. Die Vorfahren der heutigen Bewohner kamen im 17. Jh. aus der Gegend um Viánnos im Süden Kretas. Noch heute sprechen die Apiranthier einen kretischen Dialekt, pflegen Sitten und Gebräuche, die sich von denen der anderen Naxier unterscheiden. Die verwinkelten Gassen des Dorfes sind marmorgepflastert und erweitern sich mehrfach zu kleinen, idyllischen Plätzen. Aus privater Initiative heraus sind vier kleine, interessante Museen entstanden, so dass man für den Ortsbesuch mindestens zwei Stunden einplanen sollte.

An der Hauptgasse, die vom Parkplatz durch den Ort bis zur Platía führt, stehen zunächst die Grundschule und die Dorfkirche. Unterhalb des venezianischen Wohnturm Pírgos Zevgólis führt die Hauptgasse weiter zum winzigen archäologischen Museum, das offiziell **Museío Micháli G. Bardáni** heißt. In einem einzigen, nur gut wohnzimmergroßen Raum sind zahlreiche Kykladenidole zu sehen. Besonders schön ist ein Dreifußgefäß aus dem 8. Jh. v. Chr. mit geometrischen, kammartigen Einritzungen. Noch immer rätselhaft bleiben große Steinplatten aus dem 3. Jt. v. Chr. mit eingeritzten

Spiralen, punzierten Löchern und ersten Darstellungen von Menschen und Tieren.

Auf der schattigen Platía am Ende der Hauptgasse stehen ein über 50 Jahre alter Kiosk sowie die Tische und Stühle zweier Kafenia. Links unterhalb der Platía arbeitet ein Bildhauer in seinem Atelier, am Rande der Platía steht das kleine **Volkskundliche Museum.** Hier sieht man, wie ein Haus in der Zeit um 1900 eingerichtet war. Ausgestellt sind auch Musikinstrumente, traditionelles Werkzeug und zahlreiche Handarbeiten.

Zum Schluss kann man noch das **Naturhistorische Museum** und das **Geologische Museum** unmittelbar daneben am unteren Parkplatzrand besuchen. In rührend-unwissenschaftlicher Einfachheit präsentiert das Naturhistorische Museum z. B. Pilze in Spiritus, eine getrocknete Eidechse, die aussieht, als wäre sie von einem Auto überfahren worden, getrocknete Agavenblüten und als Höhepunkt ein Baby-Krokodil über einem Eselsschädel. Das Geologische Museum zeigt vor allem die in Griechenland vorkommenden Mineralien, darunter auch zahlreiche Varianten des in dieser Gegend gewonnenen Schmirgels. (Alle vier Museen in Apíranthos sind im Sommerhalbjahr tgl. 10.30–14.30 Uhr geöffnet. Mit Ausnahme des Naturhistorischen Museums wird die Öffnungszeit Juli–Mitte Sept. nachmittags bis 17 Uhr verlängert.)

Leftéris: Fast wie ein kleines Volkskundemuseum eingerichtetes Café-Restaurant an der Hauptgasse. Draußen sitzt man unter Pflaumen- und Nussbäu-

Reiseatlas: S. 237 | **Inselinneres**

men. Spezialitäten sind hausgemachte Kuchen, Zucchinibällchen *(kolokithókeftédes)* und *tirópitta.* Nur Juni–Anfang Sept. geöffnet.Teuer.

O Plátanos: an der Hauptgasse, besonders schön am Felsen unterhalb des Pírgos Zevgóli gelegen mit Tischen und Stühlen unter einer Platane, ganzjährig geöffnet. Teuer.

O Giórgos: Unprätentiös, aber gut von jungen Leuten betriebene Kafé-Ouzerí im vorderen Teil der Hauptgasse. Vor allem Liebhaber deftigen Essens werden sich hier wohlfühlen. So gibt es z. B. *spetsofaí, bekrí mezé* und ein Oktopus-*stifádo.* Olivenöl wird in der Küche reichlich verwendet. Wer das nicht mag, bekommt aber auch Omelettes und Joghurt sowie *sweets in syrup*, in Sirup eingelegte Früchte aller Art. Günstig.

Moutsoúna

Reiseatlas: S. 237, F 3/4

11 km unterhalb von Apíranthos liegt Moutsoúna direkt am Meer. Bis vor kurzem war es noch ein trostloses Nest; jetzt rüstet es sich für eine Zukunft als Geheimtipp unter den Badeorten. In Moutsoúna endete die heute stillgelegte Seilbahn, mit der der in den Bergwerken der Region gewonnene Schmirgel zur Verschiffung gebracht wurde. Direkt am Ufer wartet noch ein großer Stapel Schmirgelgestein auf seine Verladung. Auf dem Anleger sind Schienen verlegt, zwei Verladekräne stehen für immer still. Im Sommer 2000 hat man das ganze Hafenareal neu gepflastert und schöne Tavernen eröffnet, an deren Tischen man unter Tamarisken ganz unterschiedlichen Alters mit Blick auf die Nachbarinsel Amorgós sit-

zen kann. Baden kann man an zwei kleinen Sandstränden unmittelbar an der Hafenbucht und in zahlreichen weiteren kleinen Strandbuchten weiter südlich, die alle auch gut zu Fuß zu erreichen sind.

🛏 **Ostría:** Tel./Fax 22 85 06 82 35. Architektonisch schöne Pension mit Taverne in leichter Hanglage oberhalb der Bucht. Neun Studios, DZ HS 50 €, sonst 36 €.

Rooms Michaloúkos: Tel. 22 85 06 82 40. Die Wirtsleute der gleichnamigen Fischtaverne am Hafen vermieten vier Studios mit Meerblick 200 m vom Hafen landeinwärts. HS 30 €, sonst 18 €.

🍴 **To Díchti/The Net:** maritim gestaltete Fischtaverne gegenüber der Verladestation, auch ein paar schöne Sitzplätze auf der Meerseite unter Tamarisken. Empfehlenswert sind die Platte mit Fisch-Vorspeisen: *pikilía díchti* und der Schweinebraten mit Spaghetti und pikanter Tomatensauce, *rósto.* Moderat.

Ífalos: Taverne mit üppig begrünter Terrasse etwa 200 m landeinwärts an der Straße nach Pánermos, abseits jeden Trubels gelegen. Man sitzt teilweise unter großen Gummibäumen und lässt sich das Essen schmecken, das in einem kleinen Backofen draußen gegart und warm gehalten wird. Günstig.

Von Moutsoúna zum Strand von Pánermos

Reiseatlas: S. 237, F 4–S. 239, E 1–3

Südlich von Moutsoúna folgen an der Ostküste keine Dörfer mehr, sondern meist menschenleere Strände und ein paar Sommerhäuser. Die Straße ist nur

195

Náxos

Reiseatlas: S. 237

auf den ersten 13 km asphaltiert, aber auch danach noch gut mit Pkw befahrbar. Am etwa 600 m langen, feinsandigen Strand Psilí Ámmos gibt es inzwischen eine Taverne mit Zimmervermietung. An den drei kurzen Sand-Kies-Stränden von Klidós fehlen sämtliche touristischen Einrichtungen. Die Piste endet nach 17 km am Sand-Kies-Strand von Pánermos (auch Pánormos geschrieben), wo nur ganz wenige kleine Häuser stehen.

Nikolas: mobil 69 77 98 25 79. Fünf ebenerdige Studios mit Terrassen und Blick nach Koufounísi, auch im Winter zu mieten. Zum Strand 1–2 Gehminuten. DZ HS 50 €, sonst 25 €.

Kóronos und Umgebung

Reiseatlas: S. 237, E 3
Kóronos ist das schönste Dorf der Insel. Es liegt auf etwa 300–350 m Höhe und ist im Gegensatz zu Apíranthos touristisch noch ganz jungfräulich. Die Menschen lebten hier noch bis vor 25 Jahren hauptsächlich vom Schmirgelabbau. Heute ist es ruhig geworden in dem großen Ort, dessen Häuser sich von der Hauptstraße aus tief die Hänge hinunterziehen. Autos und lärmende Mopeds haben in den steilen, teilweise stufenreichen Gassen keinen Platz. Ziel eines Spaziergang durchs Dorf könnte die kleine, auf mehreren Ebenen angelegte Platía mit ihren beiden guten Tavernen sein, von denen eine direkt neben oder über dem tiefen Einschnitt eines Trockenbachtals steht.

Am oberen Dorfrand sind, anfangs ausgeschildert, die Überreste eines Kuppelgrabes aus mykenischer Zeit zu sehen.

Interessante Informationen und viele Fotos zu Korónos hat der Freundschaftskreis Bochum/Koronos-Naxos e.v. unter www.koronos.de ins Internet gestellt.

Matína-Stávros: Matína Koumertá und ihr Mann Stávros betreiben an der kleinen Platía des Dorfes eine der besten Inseltavernen. Das Wasser, das auf den Tisch kommt, holt Matína direkt aus dem Brunnenquell neben ihrem Lokal. Die Bechamel-Sauce für ihr grandioses Moussaká rührt sie aus Milch und Eiern aus eigener Tierhaltung an, den Mizíthra-Käse für den griechischen Salat macht sie selbst jeden Tag frisch aus der Milch der eigenen Ziegen und Schafe. Wenn keine Gurkenzeit ist, fehlen Gurken in ihren Salaten, auch die Tomaten stammen nie aus Gewächshäusern. Ganzjährig geöffnet. Günstig.
To Gefíri: Die zweite Taverne des 400-Seelen-Dorfes liegt gleich neben der von Matína. Hier sitzt man teilweise direkt auf der Brücke, die über den Trockenbach führt.

Beide Tavernen (s. o.) vermieten auch Zimmer, DZ ab ca. 20 €.

Panagía i Agrokiliótissa und Atsipápi

Reiseatlas: S. 237, E 3
Kommt man aus Richtung Apíranthos nach Kóronos, zweigen kurz vor dem Ortsanfang zwei Straßen nach rechts ab. Wir wählen die erste. Sie ist 5 km lang und führt zunächst zu einer der

Reiseatlas: S. 237

Inselnorden

bedeutendsten Wallfahrtskirchen der Insel, der Panagía i Agrokiliótissa. Für viel Geld, das allein durch Spenden der Gläubigen zusammen kommt, wird hier gerade eine neue, große Kirche samt Bibliothek, Museum, Pilgerherberge und Refektorium gebaut. Ein Modell des geplanten Komplexes steht in der jetzigen Kirche. Ihr unmittelbar gegenüber wird in einer Grottenkapelle mit Brunnen die hl. Anna verehrt. Stufen führen vom Ende der Grotte auf das Kapellendach mit herrlichem Ausblick hinauf. In der Kapelle wurde die wundertätige Ikone gefunden, die immer am Freitag nach Ostern Ziel von tausenden von Pilgern ist.

Etwa 1 km weiter passiert die Straße das von seinen Bewohnern verlassene Dorf Atsipápi. Eine deutsch-griechische Organisation hat sich seiner angenommen und restauriert hier mit viel Geld aus EU-Mitteln alte Pfade, Brunnen und die gesamte ehemalige Kulturlandschaft. Die Straße endet 1,5 km weiter an der wenig einfühlsam restaurierten, den Weg nicht lohnenden Kapelle Panagía i Kerá.

Schmirgelabbau-Region und Liónas

Reiseatlas: S. 237, F 2

Die 8 km lange Stichstraße von Kóronos nach Liónas führt durch das Zentrum des naxiotischen Schmirgelabbaus. Mehrmals sind unmittelbar an der Straße große Haufen des Gesteins aufgestapelt, die auf ihren Abtransport irgendwann in einem der nächsten Jahre warten; mehrfach sind von der Straße aus die Eingänge zu den alten

Bergwerksstollen zu sehen. Vor einem solchen Stolleneingang stehen einige fensterlose Bauruinen aus Naturstein. Eine Viehtränke und viel Ziegenkot künden davon, dass sich hier Hirten des Geländes bedienen. Dabei sind diverse EU-Mittel nach Náxos geflossen, um hier ein Schmirgel-Museum anzulegen, das **Sarantára Emery Museum.** Ob die EU-Gelder wohl im Stollen verschwunden sind?

Kurz darauf ist unterhalb der Hauptstraße deutlich die Station der Lastenseilbahn zu erkennen, die von hier bis zum Hafen Moutsoúna führt. Die Seile sind noch gespannt, rostende Loren hängen daran. Neben der Seilbahnstation stehen noch die sieben Wohngebäude der Arbeiter, alte Pfade führen durchs Gelände, Antriebsmaschinen rosten vor sich hin. In einer Ecke liegt ein umgefallenes Schild. Es verkündet, dass die EU im Rahmen ihres Leader-Hilfsprogramm 5 179 800 Drachmen für die Restaurierung der **Stravolangáda Cableway Station** spendiert hat – umgerechnet etwa 15 000 €. Allein mit der asphaltierten Zuwegung zu diesem trostlosen Gelände kann das Geld wohl nicht verbraucht worden sein …

Die erst 1980 gebaute Straße endet im Weiler Liónas. Bis zum 2. Weltkrieg war es der Hauptverladehafen für den Schmirgel, der von hier aus vor allem in Aufbereitungsanlagen in der Türkei verschifft wurde. Das Schmirgelgestein wurde damals mit Maultieren zum Kai gebracht und von dort mit kleinen, offenen Booten zu den vor dem Ufer ankernden Frachtern transportiert. Zu jenen Zeiten lebten hier

197

Náxos

Reiseatlas: S. 237

500 Menschen, heute sind es noch drei Familien. Tourismus findet in Liónas kaum statt, zumal der etwa 120 m lange Strand nur aus großen Kieselsteinen besteht. Dennoch gibt es drei Tavernen, von denen eine ein einziges Fremdenzimmer vermietet.

Delfináki: Tel. 22 82 05 12 90. 2001 eröffnete Taverne. Manólis Koufópoulos vermietet auch ein Doppelzimmer. DZ HS 35 €, sonst 20 €.

Von Kóronos nach Apóllonas

Reiseatlas: S. 237, E 1–3
In Skadó, dem Nachbardorf von Kóronos, teilt sich die Insel-Transversale. Die bessere Straße führt über Mési direkt hinunter nach Apóllonas; interessanter ist aber die alte Hauptstraße über Koronída.

Apóllonas

Reiseatlas: S. 237, E 1
Apóllonas wird als Ausflugsziel deutlich überbewertet; als Badeort hat es in den letzten Jahren stark an Kundschaft und Attraktivität verloren. Im Grunde reicht es, wenn man sich hier den berühmten Koúros am Ortsrand anschaut, der Apóllonas touristischen Ruf begründete, und dann in weniger vom Ausflugstourismus geprägte Orte weiterfährt. Der steinerne Jüngling liegt gut ausgeschildert wenige Meter oberhalb der Ortsumgehungsstraße.

Hier sollten Arbeiter oder vielleicht auch Sklaven irgendwann im 6. Jh. v. Chr. aus einem Marmorfels die Monumentalstatue eines jugendlichen Gottes herausmeißeln, einen Koúros. Die grobe Form konnten sie vom anstehenden Fels herauslösen, doch beim Beginn der Feinarbeiten zeigten sich Risse in der Jünglingsgestalt. Man ließ ihn daher einfach liegen. Wen der 10,45 m lange Koloss darstellen sollte, ist nicht eindeutig geklärt: Früher war man der Meinung, es handele sich um Apoll. Darum wurde auch das Dorf

Apóllonas

Inselnorden

entsprechend benannt. Heute neigen die Archäologen eher zu der Annahme, die Statue stelle den Gott Dionysos dar. So trägt der braune, von den Archäologen zu verantwortende Wegweiser an der Straße denn auch die Aufschrift ›Statue of Dionysos‹.

Zentrum des Ortes ist das Hafenbecken mit seinen Tavernen und Cafés direkt am Ufer. Nordöstlich schließt sich daran ein breiter, flach abfallender, etwa 300 m langer Sand-Kiesstrand an. Leider wirkt er meist sehr verschmutzt und daher wenig einladend.

Für die Rückfahrt in die Inselhauptstadt bietet sich die nur 35 km lange, erst Ende der 1990er Jahre fertig asphaltierte Küstenstraße an. Da hat man noch Gelegenheit zu einer Badepause, kann in einer traumhaft schönen Strandtaverne in Ambrám zu abend essen – und dort oder in Galíni vielleicht sogar in aller Ruhe übernachten.

Koúros: Tel. 22 85 06 70 00, Fax 22 85 06 71 40. Das größte Gebäude des Dorfes steht an seinem Rand

Náxos

Reiseatlas: S. 236/237

direkt am Strand. Inhaber Vassílis hat es um 1980 mit dem Geld erbaut, dass er als Mineralölhändler auf der Insel verdiente. Als einzige Unterkunft im Ort ist es ganzjährig geöffnet – oft bietet es noch Anfang Mai und schon ab Anfang Oktober wieder die einzige Übernachtungsmöglichkeit in Apóllonas. 26 Zimmer, DZ HS 50 €, sonst 20 €.

Agiá

Reiseatlas: S. 237, E 1
Zunächst passiert die zumeist hoch über dem Meer entlang führende Straße den Weiler Agiá. Unmittelbar rechts unterhalb der Straße steht hier die frei zugängliche Ruine eines venezianischen Wohnturms. Stufen führen hinauf in die erste Etage, wo in einer Ecke sogar noch der mittelalterliche Kamin erhalten ist. In einem Nebengebäude sind noch Reste einer mittelalterlichen Ölpresse zu finden. In der Südostecke des Turmareals beginnt ein romantischer Pfad, der in fünf Minuten unter Laubendächern und begleitet von zahllosen Schmetterlingen zu den Überresten eines alten Klosters hinüberführt. Die Gebäude sind uninteressant, doch der Platz davor eignet sich mit seinem Brunnen unter hohen Platanen bestens für eine Rast im Grünen.

Ambrám

Reiseatlas: S. 237, D 1
7 km weiter zweigt eine Stichstraße zum Meer hin ab. Sie endet im winzigen Weiler Ambrám direkt neben einer

der besten Tavernen der Insel, die während ihrer Öffnungszeit von Mai bis September auch Übernachtungsmöglichkeiten bietet. Auf der Terrasse unmittelbar über dem schmalen, 250 m langen, von einigen Tamarisken beschatteten Sand-Kiesstrand stehen zahlreiche Skulpturen des griechischen Künstlers Kiriákos Rókos, der hier häufig Urlaub gemacht hat.

To Pétrino: Tel. 22 85 06 32 72. Schöne Pension mit sieben Studios und einer Suite in einem Natursteinturm, in Hanglage, 500 m vom Strand entfernt. DZ HS 39 €, sonst 24 €.
Efthímios: Tel. 22 85 06 32 44, Fax 22 85 06 32 23. Die Pension der Familie Alibertis am abgeschiedenen Strand ist besonders für Robinsonaden und bei Wanderern beliebt. Zum Hotel gehört auch eine Taverne (s.u.). 15 Zimmer, DZ HS 36 €, sonst 21 €.

Efthímios: familiär geführte Taverne direkt über dem Strand, in der ungespritztes Gemüse aus eigenem Anbau und Wein vom eigenen Weinberg serviert werden. Die Brüder Efthimios und Georgios spielen abends häufig Bouzoúki; zu den Stammgästen zählen deutsche Sänger und Künstler. Günstig.

Kloster Faneroménis, Engarés und Galíni

Reiseatlas: S. 236, C 2/3
Zwischen Ambrám und dem Kloster sieht man von der Straße aus mehrfach einsame Strände. Zu dem von Kámbos Komiatís führt eine holprige, 700 m lange Piste. Der 150 m lange Sand-Kiesstreifen wird von Spanisch-Rohr ge-

200

Reiseatlas: S. 236

Inselnorden

säumt. Hinter Chília Vríssi senkt sich die Straße dann in eine weite Küstenebene hinab, aus der sich deutlich das wie eine Festung wirkende Kloster Faneroménis hervorhebt. Der heute weiß gekalkte, schon im 17. Jh. erbaute, fast fensterlose Komplex ist gerade aufwändig restauriert worden. Die Klosterkirche wurde innen vollständig neu ausgemalt. Zum Bildprogramm gehören u. a. auch die 24 Szenen des Akathist-Hymnus, einer Lobpreisung Mariens. Sie sind daran zu erkennen, dass auf jedem der 24 Bildfelder ein anderer Buchstabe des griechischen Alphabets die jeweilige Strophe des Hymnus angibt. Wer nicht Mitglied der griechisch-orthodoxen Kirche ist, darf nur den kleinen Innenhof und die Klosterkirche betreten.

Kurz darauf passiert die Straße die Staumauer des neuen Stausees von Skepóni, mit dessen Wasser und dem eines zweiten, kleineren Staubeckens die äußerst fruchtbare Küstenebene von Engarés-Galíni bewässert wird. Zwischen einer unüberschaubaren Zahl dichter Hecken aus bambusähnlichem, bis zu 5 m hohem Spanisch-Rohr gedeihen hier allerlei Obst- und Gemüsesorten und machen das Tal zu einem kleinen Garten Eden. Die beiden Dörfer Engarés und Galíni werden denn auch von der Landwirtschaft geprägt und sind ganz ursprünglich geblieben. In Galíni zweigt eine etwa 2,5 km lange, schmale Stichstraße zum Amítis Beach ab, einem etwa 500 m langen Sandstrand ohne jedwede touristische Einrichtungen.

Von Galíni sind es dann noch etwa 5 km bis zur Chóra.

Urlaub auf dem Lande

Eurogites, die Europäische Vereinigung des Farm- und Dorfurlaubs, ist seit 2004 auch in Griechenland präsent. Das griechische Mitglied der Organisation nennt sich ›Guest Inn‹. Auf Náxos sind ihm die Hotel-Apartments Náxos Filoxénia in Galíni angeschlossen. Wer hier in einem der sieben im kykladischen Stil neu erbauten Bungalows wohnt, kann Náxos einmal auf ungewöhnliche Weise kennenlernen. Je nach Interesse kann man mit den Bauern des Dorfes in die Gärten und auf die Felder gehen sowie nach Lust und Laune an deren Arbeiten teilnehmen. Und in den Gärten des Hotelinhabers Vangélis Michelopoúlos kann der Gast sich am reifen Obst der jeweiligen Saison nach Herzenslust satt essen. Tel. 22 85 06 21 00, 69 77 99 80 34, Fax 22 85 06 21 20, www.guest inn.com und www.naxos-filoxe nia.com, ganzjährig geöffnet, DZ HS 60 €, sonst 30–38 €.

🍴 **O Xáris:** ländliche Taverne rechts am Ortsende von Engarés in Richtung Chóra. Die herzliche Wirtin Evgenía zaubert hervorragende griechische Spezialitäten auf den Tisch. Gemüse, Hühner und Wein stammen von der eigenen Farm. Für die Spezialität des Hauses – Omelett mit Eiern von glücklichen Hühnern – sollte man großen Appetit mitbringen. Günstig.

REISEINFOS VON A BIS Z

Alle wichtigen Informationen rund ums Reisen auf einen Blick – von A wie Anreise bis Z wie Zeitungen

Extra: Ein Sprachführer mit Hinweisen zur Aussprache, wichtigen Redewendungen, einem Überblick über die griechische Speisekarte und Zahlen

REISEINFOS VON A BIS Z

Anreise .205
... mit dem Flugzeug 205
... mit dem Schiff 205
   Schiffsverbindungen von Piräus
   und Rafína auf die Inseln 205
... mit dem Auto 206
... mit der Bahn 206
... mit dem Bus 206
Apotheken 206
Ärztliche Versorgung 207
Autofahren 207
Behinderte 207
Diplomatische Vertretungen 207
Drogen .207
Einreisebestimmungen 208
Eintrittspreise 208
Elektrizität 208
Erdbeben 208
Feiertage 208
FKK 209
Fotografieren 209
Frauen unterwegs 210
Geld 210
Gesundheitsvorsorge 210
Informationsstellen 210
Infos im Internet 211
Internet-Cafés 211
Karten und Pläne 211
Kioske .211
Literaturempfehlungen 212
Notfälle 212
Polizei .213
Post 213
Radio und Fernsehen 213

Reisekasse 213
Sicherheit 214
Souvenirs 214
Telefonieren 214
Toiletten 214
Trinkgeld 214
Umgangsformen 215
Unterkunft 215
   Hotels 215
   Pensionen und Privatzimmer . .215
   Ferienhäuser 216
   Urlaub auf dem Lande 216
   Jugendherbergen 216
   Camping 216
Verkehrsmittel 216
   Linienbusverkehr 216
   Mietfahrzeuge 216
   Taxifahren 217
   Schiffsverbindungen zwischen
   den Inseln 217
   Badeboote 217
Zeitungen und Zeitschriften 217
Zeitunterschied 217

Glossar 218

Sprachführer 220

Register 225

Reiseatlas 229

**Abbildungsnachweis/
Impressum** 240

Reiseinfos von A bis Z

Anreise

... mit dem Flugzeug

Alle drei Inseln besitzen einen Flughafen. Jets können aber nur auf Mykonos landen; nach Páros und Náxos fliegen nur Propellermaschinen.

Charterflüge verbinden Mykonos zwischen Anfang Mai und Mitte Oktober mit Berlin, Düsseldorf, Frankfurt, Hamburg, München, Salzburg und Wien. Náxos wird von Österreich aus angeflogen. Internationale Linienflüge gibt es nicht. Olympic Airlines (www.olympicairlines.com) und Aegean Airlines (www.aegeanair.com) fliegen Mykonos von Athen aus mehrmals tgl. an. Sky Express (www.skyexpress.gr) verbindet Mykonos im Sommerhalbjahr mehrmals wöchentlich mit Santorin, Rhodos und Kreta.

Nach Náxos fliegt Olympic Airlines im Sommer 7x wö., im Winter 5x wö. mit ATR-42. Páros wird von der gleichen Gesellschaft ganzjährig 2–3x tgl. mit Maschinen vom Typ DASH-8 angeflogen.

Der einfache Flug von Athen nach Mykonos kostet normalerweise ca. 90 €, nach Náxos oder Páros etwa 65 €. Manchmal gibt es Sonderangebote für Frühbucher. Um danach zu suchen, geht man am besten auf die Webseiten der Fluggesellschaften.

Von den Ankunftsflughäfen auf den Inseln fahren keine speziellen Flughafenbusse in die Inselorte. Taxis stehen meist in ausreichender Zahl bereit.

Vom Flughafen Athen (www.aia.gr) nach Piräus und Rafína: Vom Athener Flughafen Elefthérios Venizélos fährt der Schnellbus E 96 rund um die Uhr zur Platía Karaiskáki am Haupthafen von Piräus. Dort fahren der Katamaran und die Autofähren auf die Inseln ab. Eine zweite Buslinie verbindet den Flughafen mit dem Hafen von Rafína.

Die Fahrt (www.oasa.gr) vom Flughafen nach Piräus ist mit der Metro etwa doppelt so teuer wie mit dem Bus; außerdem muss man an der Endstation der Flughafenlinie, Monastiráki (auch: Monastíri genannt), in die Linie 1 nach Piräus umsteigen. Die Metro braucht nach Piräus etwa 1 Std., der Bus je nach Verkehrslage 60–100 Min.

... mit dem Schiff

Es gibt keine direkten Fährverbindungen aus dem Ausland nach Mykonos, Páros oder Náxos. Man muss zunächst von den italienischen Fährhäfen Ancona, Triest oder Venedig nach Patras auf dem Peloponnes übersetzen, fährt von dort über eine gut ausgebaute Autobahn nach Piräus und von dort per Fähre oder Katamaran weiter auf die Inseln. Auskünfte über die Fährverbindungen zwischen Italien und Griechenland geben viele Reisebüros und die Automobilclubs. Die meisten Reedereien stellen Fahrpläne und -preise auch im Internet dar:

www.superfast.com
www.minoan.gr
www.bluestarferries.com
www.anek.gr
www.ventouris.gr
www.hml.it

Schiffsverbindungen von Piräus und Rafína auf die Inseln

Täglich fahren mehrere Schiffe von den Festlandshäfen Piräus und Rafína

Reiseinfos von A bis Z

nach Mykonos, Páros und Náxos. Páros und Náxos sind ganzjährig auch untereinander gut miteinander verbunden; Verbindungen von Mykonos nach Páros und Náxos gibt es nur im Sommerhalbjahr.

Die aktuellen Fahrpläne findet man im Internet unter www.gtp.gr. Dort muss man Abfahrts- und Ankunftshafen angeben: ›PIR‹ für Piräus, ›RAF‹ für Rafína, ›MYK‹ für Mykonos, ›PRK‹ für Páros und ›NAX‹ für Náxos. Angezeigt werden Abfahrtstage und -zeiten, die Ankunftszeiten, die Reederei und der Schiffstyp: ›cf‹ steht für Autofähre, ›cc‹ für schnelle Katamarane, die auch Autos transportieren, ›cm‹ für Katamarane, die nur Passagiere transportieren.

Die Fahrtdauer ist vom Schiffstyp und der Zahl der angelaufenen Häfen abhängig. Der Fahrpreis ist ebenfalls vom gewählten Schiffstyp und der gewählten Klasse abhängig.

Schiffstickets kauft man in den Agenturen an den Häfen oder in den Inselhauptorten. An Bord sind keine Tickets erhältlich.

... mit dem Auto

Die Anreise über den Balkan ist nicht empfehlenswert. Man fährt besser mit dem Auto zu einem italienischen Fährhafen und setzt von dort nach Patras über, steuert Piräus über die Schnellstraße an und nimmt ein Schiff auf die Inseln.

Von Frankfurt bis Ancona sind es 1210 km über gut ausgebaute Autobahnen. Die Mautgebühren betragen für einen Mittelklassewagen bis Ancona für Hin- und Rückfahrt etwa 75 €, bis Venedig etwa 55 €.

... mit der Bahn

Eine Bahnfahrt ist strapaziös. Man müsste in Budapest umsteigen und dann über Thessaloníki nach Athen und Piräus fahren. Wer unbedingt das Flugzeug meiden will, kann alternativ mit der Bahn bis zu einem italienischen Fährhafen reisen, mit dem Schiff nach Patras übersetzen, dort die Bahn nach Piräus nehmen und schließlich wieder aufsSchiff steigen.

... mit dem Bus

Europabusse verbinden ganzjährig viele Städte in den deutschsprachigen Ländern mit Athen und den italienischen Fährhäfen. Auskünfte bei:
Deutsche Touring GmbH
Am Römerhof 17
60486 Frankfurt/Main
Tel. 069/790 30, Fax 70 78 52 11
www.deutsche-touring.com

Apotheken

In Apotheken (ΦΑΡΜΑΚΕΙΟΝ, farmakío) erhält man viele Medikamente auch ohne Rezept, z. B. die Pille und sogar Antibiotika. Häufig sind aber nicht die deutschen Medikamente vorrätig, sondern vergleichbare Medikamente französischer oder britisch-amerikanischer Provenienz. Über Nacht- und Wochenenddienste wissen in der Regel die Taxifahrer am besten Bescheid.

Ärztliche Versorgung

Staatliche Gesundheitszentren, die auch über einige Krankenzimmer verfügen, gibt es in den Hauptorten aller drei Inseln. Sie dienen aber nur der

Reiseinfos von A bis Z

Erstversorgung; alle komplizierteren Fälle müssen in Athen behandelt werden. Im Notfall werden bei günstigen Witterungsbedingungen Hubschrauber aus Athen angefordert. Daneben gibt es auf allen drei Inseln mehrere frei praktizierende Ärzte. Sie sind zumeist gut ausgebildet, sprechen aber nicht immer Englisch oder Deutsch und verfügen nur über wenig modernes Gerät.

Autofahren

Die Verkehrsvorschriften in Griechenland entsprechen weitgehend den unseren, das Verkehrsverhalten unterscheidet sich jedoch erheblich. Vor allem dürfen die Griechen als Weltmeister im Kurvenschneiden gelten. Deswegen sollte man auf gebirgigen Straßen langsam und äußerst rechts fahren und vor unübersichtlichen Kurven hupen. Auf sehr gut ausgebauten Festlandsstraßen ist es üblich, auch den Standstreifen zu benutzen. Achten Sie auf Fußgänger oder Traktoren!

Die zulässige Höchstgeschwindigkeit beträgt innerorts 50 km/h, auf Landstraßen 110 km/h und auf den Autobahnen 120 km/h. Für Motorräder gelten 50/70/90 km/h. Die Promillegrenze liegt bei 0,5, Anschnallpflicht besteht auch auf den Rücksitzen. Verkehrskontrollen sind zwar selten, die Bußgelder aber hoch: Fürs Falschparken zahlt man beispielsweise 50 €.

Behinderte

Es gibt nur wenige behindertengerechte Hotels und Restaurants, auch Busse und Museen sind kaum auf Rollstuhlfahrer eingestellt. Ohne Begleiter kommen Rollstuhlfahrer in Griechenland nicht zurecht.

Diplomatische Vertretungen

Deutsche Botschaft
Karaóli & Dimitríou 3, Kolonáki/Athen
Tel. 21 07 28 51 11

Österreichische Botschaft
Leof. Vas. Sofías 4, Athen
Tel. 21 07 25 72 70

Schweizer Botschaft
Odós Jassíou 2, Athen
Tel. 21 07 29 94 74

Griechische Botschaften
Jägerstraße 54/55, D-10117 Berlin
Tel. 030/20 62 60, Fax 20 62 64 44
www.griechische-botschaft.de

Argentinierstraße 14, A-1040 Wien
Tel. 01/506 15, Fax 505 62 17
www.griechischebotschaft.at

Weltpoststr. 4, CH-3000 Bern
Tel. 031/356 14 05, Fax 368 12 72
gremb.brn@mfa.gr

Drogen

Drogenbesitz (auch Haschisch) wird in Griechenland schwer bestraft. In griechischen Gefängnissen herrschen oft noch mittelalterliche Verhältnisse.

Einreisebestimmungen

Zur Einreise genügt für EU-Bürger und Schweizer ein gültiger Personalausweis. Bei Einreise mit dem eigenen Fahrzeug müssen der nationale Führerschein und der Kraftfahrzeugschein mitgeführt werden. Die Internationale Grüne Versicherungskarte ist nicht vorgeschrieben, aber ebenso wie Zusatzversicherungen (Auslandsschutzbrief) empfehlenswert. Für **Hunde** benötigt man einen internationalen Impfpass mit amtstierärztlichem Gesundheitszeugnis (max. 14 Tage alt) und eine Bescheinigung über Tollwutimpfung (max. ein Jahr alt) in Englisch oder Französisch.

Zollbestimmungen: Im Verkehr zwischen den EU-Ländern bestehen keine Mengenbegrenzungen für Waren, die zum persönlichen Verbrauch bestimmt sind. Es gibt jedoch so genannte ›Indikativmengen‹: Wer mehr als 800 Zigaretten, 10 l Spirituosen oder 90 l Wein mit sich führt, muss nachweisen, dass er damit nicht handeln will. Für Schweizer Bürger gelten weiterhin die alten Mengenbegrenzungen: 200 Zigaretten, 1 l Spirituosen, 2 l Wein, 250 g Kaffee und 50 g Parfüm.

Eintrittspreise

Der Eintritt zu Museen beträgt meist 2–4 €. Schüler und Studenten (mit internationalem Studentenausweis) aus EU-Ländern haben freien Eintritt. In staatlichen Museen wird EU-Senioren ab 65 Jahren Ermäßigung gewährt. Der Besuch der archäologischen Stätten (Ausnahme Delos) auf den Inseln ist frei. Zwischen November und März ist sonntags auch der Besuch von Delos sowie aller staatlichen Museen frei.

Elektrizität

220 Volt Wechselstrom. Deutsche Stecker passen fast immer.

Erdbeben

Erdstöße können vorkommen, richten jedoch meist keine Schäden an. Im Falle eines Erdbebens sollte man Schutz unter einem Türsturz oder zumindest unter einem Tisch oder Bett suchen. Ist das Beben, das meist nur einige Sekunden dauert, vorbei, begibt man sich schnellstens ins Freie, benutzt dafür aber auf keinen Fall den Fahrstuhl. Am Verhalten der Einheimischen wird man feststellen, ob man besser für einige Zeit im Freien bleibt.

Feiertage

An den Feiertagen sind Behörden und Geschäfte geschlossen, z.T. auch die Museen. Reisebüros, Auto- und Mopedvermietungen sowie Souvenirgeschäfte sind an sommerlichen Feiertagen dennoch geöffnet.

1.1. Neujahr

6.1. *Epiphanias,* Fest der Wasserweihe und Jesu Taufe

25.3. Nationalfeiertag: Beginn des Befreiungskampfes gegen die Türken im Jahr 1821; gefeiert mit Paraden, an denen neben Priestern und Soldaten auch viele Schüler in Nationaltrachten teilnehmen.

Rosenmontag *(Katharí Deftéra):* Kinder tragen Kostüme, Picknicks im Freien, geschmückte Tavernen, mancherorts gibt es Umzüge: 2007 am 19, März, 2008 am 10. März, 2009 am 2. März.

Reiseinfos von A bis Z

Karfreitag *(Megáli Paraskeví):* 2007 am 6. April, 2008 am 25. April, 2009 am 17. April

Ostern *(Páska):* 2007 am 8./9. April, 2008 am 27./28. April, 2009 am 19./20. April

1. 5. Tag der Arbeit *(Protomajá)*

Pfingstmontag *(Deftéra tis Pendikósti):* 2007 am 28. Mai, 2008 am 16. Juni, 2009 am 8. Juni

15. 8. Mariä Entschlafung *(Kímesis tou Theotókou):* nicht Mariä Himmelfahrt genannt, da die leibliche Himmelfahrt Mariens in der orthodoxen Kirche kein Dogma ist.

28.10. Nationalfeiertag ›Ochi-Tag‹ *(I méra tou óchi);* erinnert wird an das ›Historische Nein‹, das der griechische Diktator Jánnis Metaxás gegenüber Mussolinis Ultimatum 1940 aussprach. Der Einmarsch italienischer Truppen zog Griechenland auf der Seite der Alliierten in den Zweiten Weltkrieg hinein.

24.12. Heiligabend *(Paramoní Christoújennon):* Halbtägiger Feiertag

25.12. Weihnachten *(Christoújenna):* anders als es bei uns üblich ist, gibt es Geschenke erst in der Silvesternacht.

31.12. Silvester *(Vrádi tis Protochronjás):* Halbtägiger Feiertag

Bewegliche Feiertage

Ostern und die anderen an den Ostertermin gebundenen Feiertage werden in Griechenland häufig später als bei uns gefeiert. Das liegt daran, dass in der Ostkirche noch immer der Julianische Kalender gilt. Ostern liegt wie bei uns am ersten dem ersten Frühlingsvollmond folgenden Sonntag. Der Frühlingsanfang verschiebt sich aber nach dem Julianischen Kalender immer weiter in den Sommer hinein, da er in 400 Jahren drei Schalttage mehr als der Gregorianische Kalender kennt. Zur Zeit beträgt die Differenz 13 Tage.

FKK

Unverhüllte Frauenbusen sind den Griechen inzwischen ein gewohnter und allseits akzeptierter Anblick. ›Ganz ohne‹ zu baden wird außer am Paradise und am Super Paradise Beach auf Mykonos sowie am Diapóri Beach auf Antíparos nur an Stränden geduldet, an denen es weder Einheimische noch Tavernen gibt.

Fotografieren

Filme sind in Griechenland teuer, außerdem werden sie oft unsachgerecht gelagert. Man sollte deswegen einen Vorrat von zu Hause mitnehmen. Wer Farbbilder macht und die Ergebnisse nicht abwarten kann, findet in allen Städten und Urlaubszentren Geschäfte, die binnen einer Stunde Farbfilme entwickeln und Abzüge liefern. Wenn der Speicher-Chip der Digitalkamera voll ist, kann man die Bilder in vielen Fotogeschäften und Internet-Cafés auf CD brennen lassen zu Preisen zwischen 3 € und 7 €.

Militärische Objekte dürfen nicht fotografiert werden. Hinweisschilder gelten aber meist nur im Umkreis von wenigen Metern. In den Museen ist das Fotografieren ohne Blitz und Stativ kostenlos; für Aufnahmen mit Stativ ist eine umständlich in Athen zu beantragende Genehmigung erforderlich.

Reiseinfos von A bis Z

Frauen unterwegs

Besondere Probleme für allein reisende Frauen gibt es auf den Inseln nicht. Natürlich sind auch hier die Männer nie einem Flirt abgeneigt, aber dumme Anmache kommt nicht vor. Es genügt jederzeit, seinem Gegenüber Desinteresse zu bekunden, schon wird er sich zurückziehen, ohne sonderlich beleidigt zu sein. Vergewaltigungen von Touristinnen kommen praktisch nie vor.

Geld

s. Umschlaginnenklappe vorne
Kreditkarten werden von vielen Reisebüros, Souvenirgeschäften, Autovermietungen, Hotels und einigen Restaurants akzeptiert.

Zentrale **Sperr-Telefonnummer** für EC- und Kreditkarten: 0049-116 116.

Gesundheitsvorsorge

Besondere Schutzimpfungen sind nicht notwendig. Griechische Apotheken sind in der Regel gut bestückt, führen jedoch nicht alle bei uns bekannten Medikamente. Wer auf ein bestimmtes Mittel angewiesen ist, sollte es besser in den Koffer packen.

Unter Vorlage der von den gesetzlichen Krankenkassen ausgestellten **European Health Card** können sich deutsche und österreichische Urlauber nach dem EU-Sozialversicherungsabkommen in Griechenland kostenlos behandeln lassen. Die Zahl der teilnehmenden Kassenärzte ist jedoch gering, die Wartezeiten sind lang. Viele Ärzte erwarten selbst von griechischen Kassenpatienten eine private Zuzahlung. Darum schließt man besser eine Auslandskrankenversicherung ab, zahlt Arzt- und Arzneikosten selbst und lässt sie sich später erstatten.

Wer privat krankenversichert ist, braucht diese zusätzliche Versicherung nicht, da private Krankenversicherungen europaweit gültig sind.

Informationsstellen

Griechische Zentrale für Fremdenverkehr
In Deutschland
60311 Frankfurt/Main
Neue Mainzer Straße 22
Tel. 069/257 82 70
Fax 25 78 27 29
info@gzf-eot.de

10789 Berlin
Wittenbergplatz 3A
Tel. 030/217 62 62–63
Fax 217 79 65

20354 Hamburg
Neuer Wall 19
Tel. 040/45 44 98
Fax 45 44 04
80333 München
Pacellistraße 5
Tel. 089/22 20 35
Fax 29 70 58

In Österreich
1010 Wien
Opernring 8
Tel. 01/512 53 17
Fax 513 91 89
grect@vienna.at

Reiseinfos von A bis Z

In der Schweiz
8001 Zürich
Löwenstraße 25
Tel. 044/221 01 05
Fax 212 05 16
eot@bluewin.ch

Infos im Internet

www.gtp.gr: Aktuelle Fahrplanauskünfte für alle innergriechischen Fährverbindungen, englisch.

www.ert.gr: Website des griechischen Staatsfernsehens und -rundfunks mit der Möglichkeit, diverse griechische Programme live zu empfangen. Außerdem Tagesnachrichten auf Englisch.

www.ekathimerini.com: Täglich mehrere aktuelle Artikel aus der ›Athener Tageszeitung‹ auf Englisch, außerdem alle griechischen Börsenkurse.

www.gnto.gr: Offizielle Homepage der Griechischen Zentrale für Fremdenverkehr (nur auf Englisch).

www.culture.gr: Ausführliche Informationen über Museen und archäologische Stätten in ganz Griechenland.

www.mykonos.gr: Offizielle Website der Inselgemeinde Mykonos (nur auf Englisch).

www.paroslife.com: englischsprachige Seite einer monatlich auf Páros erscheinenden Zeitung mit aktuellen Veranstaltungshinweisen, ebensolchen Fahrplänen, vielen Links, großem Archiv, Chat-Forum und mehr, englisch.

www.paros-online.de: Homepage einer deutsch-griechischen Pension in Náoussa mit vielen allgemeinen Informationen über die Insel, manchen Links und Chat-Forum, deutschsprachig.

www.paros-sailing.com: Homepage eines Sailing Centers auf Páros mit vielen allgemeinen Informationen und guten Links, auf Englisch.

www.parosurf.gr: Homepage einer Surfschule, die gute Infos für alle Surfer ins Netz stellt.

www.parosweb.com: Die Online-Community der Insel, exzellent gestaltet, immer aktuell und umfassend informierend, besonders gut geeignet für Infos über Unterkünfte aller Art, viele sehr gute Links, englischsprachig.

www.paros.de: Erstklassige Website eines privaten deutschen Inselliebhabers mit einzigartigen Links für Tiefschürfer. Zahlreiche Text- und Bilddokumente zu Geologie, Flora und Fauna, historische Karten u.v.m., überwiegend Deutsch.

www.germanblogs.de: Im Reise-Blog berichtet der Autor dieses Reiseführers unter »Klaus Bötigs Reisetagebuch« über seine Arbeit und gibt viele aktuelle Tipps zu Griechenland.

Internet-Cafés

Internet-Cafes gibt es auf allen Inseln einschließlich Antíparos. Meist zahlt man 4–6 € pro Stunde. Gebräuchlich ist die internationale Tastatur. Es gibt also keine Umlaute und kein ß.

Karten und Pläne

Gute Inselkarten für Páros und Náxos im Maßstab 1:40 000 sind im griechischen Verlag Anávasi (www.mountains.gr) erschienen, die beste Mykonos-Karte im gleichen Maßstab hat der griechische Verlag Road Editions (www.road.gr) herausgebracht.

Reiseinfos von A bis Z

Kioske

Griechische Kioske sind vom Boden bis unter die Decke mit Waren vollgestopft. Hier findet man alles, was man an Kleinigkeiten braucht. Zigaretten und Feuerzeuge gehören ebenso zum Sortiment wie einzelne Aspirin-Tabletten oder Instant-Kaffee in Portionsbeuteln. Die Kioske sind meist bis Mitternacht geöffnet.

Literaturempfehlungen

Mykonos:

Kempff, Martina: Die Rebellin. Historischer Roman um die berühmte Freiheitsheldin Mantó Mavrogénous.

Lause, Rudi: Nix los auf Mykonos? Griechische Inseln – Drei Urlaubsromane für Kinder. Norderstedt (BoD) 2000. Drei kurze Romane für 10–12-jährige, die auf den Inseln Mykonos, Rhodos und Thassos spielen.

Náxos:

Marangou, Lila: Cycladic Culture. Naxos in the 3rd Millenium B. C. Athen (Goulándris Foundation) 1990. Umfassende, reich illustrierte Darstellung, nur noch im Goulándris-Museum für Kykladische Kunst in Athen erhältlich.

Ucke, Christian: Alte Reisebeschreibungen. München (C. & M. Hofbauer) 1989. Gut lesbare Reisebeschreibungen aus dem 15. bis Ende des 19. Jh.

Páros:

Archilóchos: Gedichte. Frankfurt/M. (Insel) 1998. Die erhaltenen Fragmente der Werke des von Páros stammenden ersten großen Lyrikers der Antike. Sehr informatives, ausführliches Vorwort.

Rubensohn, Otto: Das Delion von Paros. Stuttgart (F. Steiner) 1998.

... und andere Lesetipps

Baumann, Hellmut: Die griechische Pflanzenwelt in Mythos, Kunst und Literatur. München (Hirmer) 1982. Als Bestimmungsbuch nur bedingt zu gebrauchen, aber sehr informativ.

Beck, Hans-Georg (Hg.): Lust an der Geschichte: Byzanz. München (Serie Piper) 1992. Darstellung vieler Aspekte des byzantinischen Lebens.

Damianidis, K. A.: Maritime Tradition in the Aegean. Boatyards and wooden vessels. Athen (Ministry of the Aegean) 1997. Das Standardwerk zum traditionellen Bootsbau in der Ägäis.

Ekschmitt, Werner: Die Kykladen – Bronzezeit, Geometrische Zeit und Archaische Zeit. Mainz (Philipp von Zabern) 1993. Ein Klassiker für alle Kunstinteressierten.

Gaudeck, Hans-Juergen: Griechische Inseln. München (Eulen Verlag) 2004. Ein Band mit Aquarellen des bekannten Berliner Malers mit vielen Motiven insbesondere von Naxos.

Milona, Marianthi (Hg.): Culinaria Griechenland. Griechische Spezialitäten. Köln (Könemann) 2001. Nicht nur das beste griechische Kochbuch, sondern auch viele Hintergrundinformationen und eine opulente Bebilderung.

Notfälle

Deutschsprechende Rechtsanwälte: in Athen, Ilias S. Bissias, Tel. 21 03 23 18 76, Fax 21 03 23 23 30, bissias3@ otenet.gr. Auf Sýros – der Hauptinsel der Kykladen: Dr. Giorgios Roubalis, Tel. 22 81 08 69 20, Fax 22 81 08 32 28.

Reiseinfos von A bis Z

Geldtransfer: innerhalb von 24 Std. mit Western Union über alle Postämter in Griechenland und Deutschland.

Kurierdienst: ACS (www.acscourier.gr) auf Mykonos an der alten Umgehungsstraße Ág. Ioannoú, Tel. 22 89 02 81 80. ACS auf Náxos in der Stadt an der nördlichen Ausfallstraße Richtung Engarés, Tel. 22 85 02 32 25. ACS auf Páros am Ortsausgang von Parikiá an der Straße nach Náoussa, Tel. 22 84 02 42 54.

Notruf: Wer kein Griechisch kann, lässt besser einen Einheimischen telefonieren.

Automobilclub ELPA/Abschleppwagen: Tel. 104 00

ADAC-Büro (in Athen): Tel. 21 07 77 56 44

Feuerwehr/Polizei: Tel. 112

Polizei

Die griechische Polizei wirkt unauffällig und zurückhaltend. Verkehrskontrollen sind selten; Strafzettel für falsches Parken werden aber häufig verteilt. Sucht man allerdings ein Polizeirevier auf, um etwa einen Diebstahl anzuzeigen, wird man mit einer Unmenge von Formularen überhäuft, die erst gültig sind, wenn auch die richtige Gebührenmarke gefunden und bezahlt ist. Da die Kriminalitätsrate auf den Inseln jedoch äußerst niedrig ist, erlebt kaum ein Urlauber die bürokratischen Exzesse der griechischen Polizei.

Post

Postämter sind Mo–Fr 7.30–15 Uhr geöffnet. Briefe und Postkarten nach Mitteleuropa werden grundsätzlich per Luftpost befördert; die Laufzeit nach Deutschland beträgt zwischen drei Tagen und zwei Wochen.

Radio und Fernsehen

Viele größere Hotels haben Satellitenantennen, so dass man deutsche Sender empfangen kann. Der griechische Rundfunk strahlt die drei Programme ET1, ET2 und ET3 aus. Außerdem gibt es eine Vielzahl privater Fernsehsender. Rundfunkprogramme werden vom griechischen Rundfunk, aber auch von zahlreichen lokalen und regionalen Privatsendern ausgestrahlt. Der Staatsrundfunk ER sendet tgl. von 7.40–8 Uhr Nachrichten in deutscher Sprache aus. Außerdem ist auf den Inseln das Programm der Deutschen Welle problemlos zu empfangen.

Reisekasse

Die Lebenshaltungskosten sind in Griechenland etwa so hoch wie in Deutschland oder Österreich. Mykonos bildet eine Ausnahme: hier ist vieles um 20–50 % teurer als im übrigen Hellas.

Benzin und öffentliche Verkehrsmittel sind generell preiswerter (ca. 1,05 €/Liter) als bei uns; Lebensmittel teurer.

Die einfachste Art, unterwegs an Bargeld zu kommen, sind Abhebungen mit der EC/Maestro-Karte oder einer Kreditkarte an einem der zahlreichen Geldautomaten. Euroschecks werden in Griechenland nicht mehr angenommen, Reiseschecks aber von allen Banken eingelöst.

Reiseinfos von A bis Z

Preiskategorien der Restaurants
günstig: Hauptgericht im Durchschnitt unter 10 €
moderat: Hauptgericht im Durchschnitt 10–15 €
teuer: Hauptgericht im Durchschnitt über 15 €
Gleiche Kategorien für alle Inseln.

Sicherheit

Die Kriminalitätsrate in Griechenland ist eine der niedrigsten in Europa. Trotzdem empfiehlt es sich, bei größeren Menschenansammlungen vor Taschendieben auf der Hut zu sein – insbesondere in der Athener Metro.

Souvenirs

Auf allen drei Inseln gibt es ausgezeichnete Juweliere, auf Mykonos auch Kunstgalerien. Preiswerter als deren Objekte sind kulinarische Souvenirs wie Wein von Páros und Kítro-Likör von Náxos.

Ein für Náxos typischer Schmuck ist das so genannte Náxos-Auge: wie poliert wirkende, hochglänzende Teile des Gehäusedeckels einer vorderkiemigen Seeschnecke, die durch ihr natürliches Spiralmuster wie ein Auge wirken.

Genauere Hinweise zu Souvenirs bei den jeweiligen Inselbeschreibungen.

Telefonieren

s. auch Umschlaginnenklappe vorne
Telefonate führt man am besten von Kartentelefonen aus. Telefonkarten sind an Kiosken sowie in den Büros der Telefongesellschaft OTE erhältlich (4 €). Außerdem kann man Telefonate auch bei der OTE sowie von vielen Kiosken aus ohne Aufschlag führen. Geschäfte, Reisebüros und Hotels erheben zum Teil erhebliche Aufschläge.

Toiletten

In allen besseren Hotels entsprechen die Toiletten westeuropäischem Standard. Anderswo sind sie zwar meist sauber, aber fast immer unvollständig: Sitzbrillen fehlen.

Außerdem wirft man außerhalb der guten Hotels das benutzte Toilettenpapier grundsätzlich in einen neben der Toilette stehenden Eimer oder Papierkorb, da die Abflussrohre einen zu geringen Durchmesser haben und sehr leicht verstopfen.

Toilettentüren sind entweder durch die Aufschrift ΑΝΔΡΩΝ (Männer) und ΓΥΝΑΙΚΩΝ (Frauen) oder durch mehr oder minder fantasievolle Piktogramme gekennzeichnet.

Trinkgeld

Handhabung wie bei uns. Für einen wirklich guten Service sollte man 5–10% vom Rechungsbetrag geben. In Kafenía und Bars sind Trinkgelder unüblich.
Bei Taxifahrten rundet man den Rechungsbetrag geringfügig auf (maximal um 1 €), Zimmermädchen erhalten 0,50 € pro Person und Tag. Generell gilt: Trinkgeldbeträge unter 0,50 € erfreuen nicht, sondern beleidigen.

Reiseinfos von A bis Z

Umgangsformen

Kirchen und Klöster

Beim Besuch von Kirchen und Klöstern sollten Knie, Schultern und Oberkörper bedeckt sein, der Sonnenhut in der Hand gehalten werden. Man legt weder die Hände auf den Rücken noch kehrt man Ikonen unmittelbar den Rücken zu. Bei vielen Klosterbesuchen ist die Mittagsruhe zwischen etwa 13 und 17 Uhr zu respektieren. In allen Kirchen liegen Kerzen aus, die auch Nicht-Orthodoxe kaufen und entzünden können. Man wundere sich aber nicht, wenn die Kerze von einer Kirchendienerin schon nach wenigen Minuten gelöscht wird: Das geschieht auch mit den Kerzen der Einheimischen, um das Wachs einer Wiederverwertung zuzuführen. Das Entzünden ist wichtig, nicht das Abbrennen.

Unterkunft

Hotels

Alle griechischen Hotels werden staatlicherseits klassifiziert: von der Luxusüber die A- bis zur E-Kategorie. Sauberkeit, Lage des Hauses, Qualität und Freundlichkeit von Inhaber und Personal spielen bei dieser Einstufung keine Rolle, so dass die Kategorisierung nur begrenzte Aussagekraft hat. Sie informiert nur über die offizielle Preisklasse. Für Hotels der Kategorien A bis C werden Mindestpreise festgesetzt. Die vom Hotelier nach dieser Richtlinie gestalteten Preise müssen einmal jährlich vom Staat genehmigt und dann eigentlich die ganze Saison über eingehalten werden. Doch kaum ein Hotelier hält sich daran: Oft offerieren sie in der Vor- und Nachsaison erhebliche Preisnachlässe auf die Tarife, die in der Vor- und Nachsaison ohnehin um bis zu 50 % unter den Hauptsaisontarifen liegen. Hotels der Kategorien D und E sind meist nur geringfügig billiger als einfache Häuser der C-Kategorie. Die in die Kategorie ›Luxus‹ eingestuften Häuser sind oft doppelt so teuer wie Hotels der A-Kategorie, entsprechen im internationalen Vergleich aber nur First-Class-Häusern.

Für ein Zusatzbett können 20 % Aufschlag verlangt werden. Bei einem Aufenthalt von weniger als drei Nächten darf der Preis um 10 % erhöht werden.

Pensionen und Privatzimmer

Pensionen und Privatzimmer gibt es auf allen Inseln. Schwierigkeiten, ein freies Zimmer zu finden, hat man höchstens zwischen Mitte Juli und Ende August, wenn Griechen, Italiener und Franzosen scharenweise auf den Inseln Urlaub machen. Ausgerechnet in dieser Zeit werden auch kurzfristige Vorausbuchungen nur ungern oder gar nicht angenommen, so dass die Zimmersuche vor Ort gelegentlich Stunden in Anspruch nehmen kann. Helfen können dabei manchmal Taxifahrer oder abreisende Individualurlauber, die man fragt, wo sie gewohnt haben.

In der übrigen Zeit des Jahres sind Vorausbuchungen nur dann notwendig, wenn man ein bestimmtes Quartier im Auge hat. Ansonsten warten meist schon einige Zimmervermieter am Hafen und bieten Zimmer, Studios und Apartments an. Manche haben Hausprospekte oder Fotos ihres Quar-

Reiseinfos von A bis Z

tiers dabei, einige kommen sogar mit Kleinbussen an den Anleger und bringen Interessenten oder zumindest deren Gepäck kostenlos in ihr Haus.

Pensionen und Privatzimmer werden offiziell klassifiziert. Am besten ist die A-Kategorie, außerdem gibt es noch eine B- und eine C-Kategorie.

Ferienhäuser

Freistehende Ferienhäuser sucht man in den meisten Reisekatalogen vergeblich. Auch vor Ort sind sie nur schwer zu bekommen. Ein Spezialist hat jedoch solche Mietobjekte im Angebot: domizile
Planegger Str. 9A, 81241 München, Tel. 089/83 30 84, Fax 834 17 60, www.domizile.de

Urlaub auf dem Lande

Guest Inn, s. S. 201.

Jugendherbergen

Gibt es auf den drei Inseln nicht.

Camping

Das freie Zelten ist in Griechenland offiziell verboten, wird an sehr entlegenen Stränden aber vor allem von Griechen praktiziert. Es gibt auf allen drei Inseln offizielle und gut gepflegte Campingplätze, die man der Umwelt zuliebe benutzen sollte. Man zahlt im Durchschnitt jeweils etwa 4 € pro Person, pro Zelt und pro Auto.

Verkehrsmittel

Linienbusverkehr

Linienbusse verkehren auf allen drei Inseln das ganze Jahr über. Im Sommer sind die Fahrpläne auf Mykonos und Páros stark auf die Bedürfnisse von Urlaubern abgestellt, auf Náxos wird auf Urlauberbedürfnisse nur auf den Hauptstrecken Rücksicht genommen. Die Tarife sind niedrig. Auf Páros, Mykonos und Antíparos kauft man die Fahrkarten generell im Bus. Auf Náxos gibt es im Bus keine Fahrkarten; man erhält sie nur am Busbahnhof und in ausgewählten Supermärkten oder Kiosken. 2006 herrschte durch diese Neuerung ein ziemliches Chaos – am besten kauft man gleich einige Tickets auf Vorrat, wenn man eine Verkaufsstelle gefunden hat.

Mietfahrzeuge

Pkw, Jeeps, Mopeds und Motorroller kann man auf allen drei Inseln mieten. Das Mindestalter des Mieters beträgt für Pkw und Motorräder 21 Jahre, für Mopeds 16 Jahre. Der nationale Führerschein genügt. Mopeds und Motorräder (ab 125 ccm Motorradführerschein nötig) sollten bei der Übernahme auf den Zustand der Bremsen, Autos auch auf den Zustand der Reservereifen untersucht werden.

Wer mit dem Mietfahrzeug die Inseln ganz kennen lernen möchte, braucht auf Mykonos für einen Tag einen Jeep und für einen weiteren Tag eine Vespa. Páros kann man in zwei Tagen mit dem Pkw kennenlernen. Um ganz Náxos zu erkunden, empfiehlt sich ein Mietwagen für mindestens drei Tage und zusätzlich ein Jeep für einen Tag.

Mykonos und Páros lernt man bei genügend Zeit auch mit dem Linienbus gut kennen. Nur auf Náxos gibt es viele Orte, die mit dem Bus nur schlecht

Reiseinfos von A bis Z

oder gar nicht zu erreichen sind.

Kleine Autos (Opel Corsa o.ä.) kosten in der Hochsaison ab 40 €/Tag, in der Vor- und Nebensaison ab 25 €/Tag. Jeeps sind mindestens 50 % teurer. Für eine Vespa zahlt man je nach Saison und Nachfrage ab etwa 10 €/Tag.

Taxifahren

Taxis fahren auf allen drei Inseln. Sie tragen jedoch nicht die Aufschrift ›Taxi‹, sondern ›Agoraion‹. Der Unterschied zwischen beiden ist folgender: Taxis sind mit einem Taxameter ausgerüstet, *agoréa* nicht. Die Fahrpreise sind jedoch identisch und sehr viel niedriger als bei uns. Reist man zu viert, zahlt man für ein Taxi kaum mehr, manchmal sogar weniger als für vier Busfahrscheine. Da die Tarife staatlich festgesetzt und die Taxifahrer in der Regel ehrlich sind, sind Preisverhandlungen nur dann üblich, wenn man ein *agoréon* für einen ganztägigen Ausflug anmieten will.

Weil die Taxitarife kaum zum Überleben reichen, nehmen die Fahrer gern noch weitere Fahrgäste mit, die in etwa das gleiche Ziel haben. Dabei zahlt jeder Fahrgast den vollen Fahrpreis. Machen die Fahrgäste jedoch den Eindruck, dass sie zusammengehören, ist nur der einfache Fahrpreis fällig. Taxis können an Warteständen bestiegen, am Straßenrand angehalten oder telefonisch bestellt werden. In den Dörfern erkundige man sich am besten in einem Kaffeehaus nach dem Taxi.

Eine Quelle häufiger Missverständnisse sind die zulässigen Aufschläge. In der Oster- und Weihnachtszeit sind etwa 0,80–1 € als Festtagszuschläge zu zahlen; festgelegte Zuschläge sind auch für Nachtfahrten zwischen 0 und 5 Uhr, für Gepäck und für Fahrten von und zu Häfen und Flughäfen fällig. Die für ganz Griechenland einheitlichen Tariftabellen müssen in allen Taxis und *agoréa* zur Einsicht ausliegen.

Schiffsverbindungen zwischen den Inseln

s. bei den jeweiligen Inselkapiteln. Wegen der Kürze der Fahrzeiten fährt man in der Economy Class. Fahrkarten kauft man in den Agenturen der Reedereien an den jeweiligen Häfen.

Badeboote

Insbesondere auf Mykonos und Páros fahren während der Saison täglich kleine Motor- und umgebaute Fischerboote von den Hauptbadeorten zu verschiedenen Inselstränden. Solche Badeboote nehmen einen relativ hohen Fahrpreis. Näheres bei den einzelnen Inselbeschreibungen.

Zeitungen und Zeitschriften

Deutschsprachige Presse ist in den Inselhauptorten und den Urlaubszentren im Sommerhalbjahr am Tag nach ihrem Erscheinen erhältlich. Außerdem bekommt man häufig die ›Athens News‹, eine Wochenzeitung in englischer Sprache. Mancherorts ist auch die wöchentlich erscheinende, deutschsprachige ›Griechenland-Zeitung‹ erhältlich.

Zeitunterschied

In Griechenland ist es ganzjährig eine Stunde später als bei uns.

GLOSSAR

Agía/Ágios: Griechisch für Heilige/Heiliger
Ágii: Griechisch für Heilige (Plural)
Agorá: Wirtschaftlicher und politischer Versammlungsplatz der antiken Stadt
Akathist-Hymnus: Marienhymnus der ortohodoxen Kirche, der ›nicht im Sitzen‹ (so die Wortbedeutung), sondern im Stehen gesungen wird. Der Hymnus hat 24 Strophen, die in der Reihenfolge des Alphabets mit je einem seiner Buchstaben beginnen.
Apsis: Halbrunder Raum, besonders in Kirchen, der sich zum Hauptraum hin öffnet
Architrav: Meist steinerner Balken, der waagerecht auf Säulen oder Pfeilern aufliegt und den Oberbau trägt
Archontikó: Herrenhaus wohlhabender christlicher Bürger im Osmanischen Reich
Basilika: Meist langgestreckte Halle, die durch Säulen- oder Pfeilerstellungen in drei oder fünf Schiffe unterteilt wird
Bouzoúki: Griechisches Saiteninstrument; Tanzlokal mit griechischer Live-Musik
Cella: Hauptraum des antiken Tempels, der das Kultbild birgt
Evangeliar: Liturgische Handschrift des Mittelalters, welche die vier Evangelien enthält
Evangelismós: Verkündigung Mariä (zwölf Kirchenfeste)
Exedra: Halbrunde Nische ohne Dach
Fresko: Wandmalerei, auf feuchten Putz aufgetragen
Ikone: Geweihtes Tafelbild in der orthodoxen Sakralmalerei
Ikonostase: Im Westen übliche Bezeichnung für das Templon, also die Bilderwand zwischen dem Altar- und Gemeinderaum der orthodoxen Kirche
Isthmos: Landenge
Kaïki: Griechischer Bootstyp
Kapitell: Das Kopfstück eines Pfeilers oder einer Säule
Kímesis tis Theotókou: Entschlafung der Gottesmutter (zwölf Kirchenfeste). Die leibliche Himmelfahrt Mariens ist in der orthodoxen Kirche kein Dogma.
Kirchenväter: Für die Herausbildung der christlichen Lehre bedeutende kirchliche Schriftsteller der ersten sieben nachchristlichen Jahrhunderte. In der orthodoxen Kirche sind das insbesondere Basilius der Große, Gregor der Theologe, Johannes Chrisostomos (alle aus Antiochia) sowie Athanasius und Kirillos (beide aus Alexandria).
Klientelismus: Soziologische Bezeichnung für ein politisches System, in dem der Politiker sich die Gunst seiner Wähler durch Gefälligkeiten erkauft
Kline: Liege, auf der Griechen und Römer im Liegen das Essen einnahmen
Konche: Halbkreisförmige Nische mit Halbkuppel als oberem Abschluss
Koúros: Statue eines Jünglings aus archaischer Zeit, die bis zu 10 m hoch sein

Glossar

konnte. Koúroi waren meist aus Marmor gearbeitet, manchmal aber auch aus Bronze (Beispiele dafür im Archäologischen Museum von Piräus).

Leofóros: Griechisch für ›Boulevard‹

Levante: Bezeichnung für die Mittelmeerländer östlich Italiens

Metamorfósis: Christi Verklärung auf dem Berg Tabor (zwölf Kirchenfeste)

Mitrópolis: Orthodoxe Bischofskirche

Moní (auch Monastíri): Griechisch für ›Kloster‹

Mythologie: Der gesamte Stoffkomplex überlieferter antiker Götter- und Heldensagen

Naos: Gemeinderaum in der orthodoxen Kirche

Narthex: Vorhalle; besitzt die Kirche zwei solcher Vorhallen, spricht man vom Exonarthex (äußerer Narthex) und Esonarthex (innerer Narthex)

Odós: Griechisch für ›Gasse‹, ›Straße‹

Oklad: Verkleidung von Ikonen aus ziseliertem, oft auch vergoldetem Silberblech, die die Darstellung der Ikone reliefartig wiederholt und nur die unbekleideten Teile der Figuren, also Gesicht und Hände, freilässt

Panagía: Die Allheilige, also Maria

Pantókrator: Der Allesbeherrscher, also Christus. Meist als Brustbild mit Evangelienbuch und erhobener Rechten dargestellt, vor allem in der Kuppel der Kirche

Platía: Griechisch für ›Platz‹

Relief: Halbplastisch aus einer Fläche herausgearbeitetes Bild aus Stein, Metall, Gips oder Ton

Reliquie: Körperliche Überreste von Heiligen oder Gegenstände, die in naher Beziehung zu ihnen standen

Ringhalle: Um die Cella eines Tempels umlaufende Säulenstellung

Sarkophag: Prunksarg

Spolien: Wiederverwendete Bauteile aus älteren Gebäuden, z.B. Säulentrommeln, Quader, Statuenfragmente oder Grabplatten

Stele: Frei stehende, mit einem Relief oder einer Inschrift versehene Säule oder Platte als Votivstein oder Grabmal

Stylobat: Die oberste Stufe des mehrstufigen Tempelunterbaus, auf der die Säulen stehen

Tambour: Zylindrischer Unterbau einer Kuppel

Taxiarchen: Erzengel

Tonnengewölbe: Gewölbe mit halbkreisförmigem Querschnitt; einfachste Gewölbeform

Tympanon: Giebelfeld eines antiken Tempels; Fläche über einem Portal innerhalb eines Bogenfeldes, z. B. bei Kirchen

SPRACHFÜHRER

In Griechenland kommt man auch ohne griechische Sprachkenntnisse gut zurecht. In der Schule und durch die vielen angloamerikanischen Filme im Fernsehen sowie durch die mancherorts zahlreichen britischen Touristen ist Englisch die Fremdsprache Nummer Eins. Man spricht aber auch Deutsch. Viele ältere Insulaner haben einmal in Deutschland gearbeitet, manche waren dort auch in Kriegsgefangenschaft, die jüngeren lernen es auf einer Abendschule, in Hotels, Restaurants und Diskotheken.

Fast alle Hinweisschilder sind in griechischer und in lateinischer Schrift abgefasst, so dass auch die Orientierung keinerlei Schwierigkeiten bereitet. Vor Abzweigungen und Kreuzungen folgt die lateinische Umschrift allerdings oft erst dann auf die griechischen Hinweise, wenn es schon fast zu spät ist. Daher lohnt es sich, das griechische Alphabet ein wenig zu üben. Man fühlt sich dann auch nicht mehr als völliger Analphabet. Außerdem macht es Spaß, ein paar griechische Wörter und Sätze zu sprechen, denn gerade die Landbevölkerung freut sich über Besucher, die auf diese Weise Interesse für ihre Gastgeber bekunden.

Doch bietet gerade die Umschrift der griechischen Buchstaben einige Schwierigkeiten. Für die internationalen Organisationen der Vereinten Nationen und der Europäischen Union existiert zwar ein verbindliches Umschriftsystem, doch in Griechenland selbst scheint diese Regelung unbekannt zu sein. Sie hat zudem den Nachteil, deutschsprachige Besucher zu einer falschen Aussprache griechischer Wörter zu animieren.

Diesem Buch liegt eine Umschrift zugrunde, die sowohl der Aussprache wie der Orientierung vor Ort Rechnung tragen soll. Um das Entziffern griechischer Ortsschilder und Karten zu erleichtern, werden im Routenteil Ortsangaben möglichst nah an der griechischen Schreibweise umschrieben; die im praktischen Teil gegebenen Sprachhilfen orientieren sich hingegen an der möglichst korrekten Aussprache, Akzente markieren die betonte Silbe.

Das griechische Alphabet

	Aussprache	Umschrift
A/α	**a**	a
B/β	**w**	v (w)
Γ/γ	**j** vor I/E, sonst weiches **g**	g (gh)
Δ/δ	wie engl. ›the‹	d (dh)
E/ε	**ä**	e (ä)
Z/ζ	**s**	z (s)
H/η	**i**	i
Θ/θ	wie engl. ›thanks‹	th
I/ι	**i**, vor A wie **j**	i (j)
K/κ	**k**	k
Λ/λ	**l**	l
M/μ	**m**	m
N/ν	**n**	n
Ξ/ξ	**x**	x (ks)
O/o	wie in ›**oft**‹	o
Π/π	**p**	p
P/ρ	**r** gerollt wie im Ital.	r

Sprachführer

Σ/σ	wie in ›Ta**ss**e‹	ss (s)
Τ/τ	**t**	t
Υ/υ	**i;** nach A/E	y (i)
	wie **w** vor	f (v)
	stimmhaftem	
	Konsonant, wie	
	f vor stimmlosem	
Φ/φ	**f**	f
Χ/χ	wie in ›i**ch**‹	ch
	vor Konsonan-	
	ten und dunklen	
	Vokalen, wie in	
	›a**ch**‹ vor hellen	
	Vokalen	
Ψ/ψ	ps	ps
Ω/ω	wie in ›**o**ft‹	o

Buchstabenkombinationen

ΑΙ/αι	**ä**	e (ä)
ΓΓ/γγ	**ng**	ng
ΕΙ/ει	**ie**	i
ΜΠ/μπ	**b** im Anlaut,	mb
	mb im Wort	
ΝΤ/ντ	**d** im Anlaut,	d
	nd im Wort	
ΟΙ/οι	**i**	i
ΟΥ/ου	**u**	ou (u)
ΤΖ/τζ	**ds**	tz (ds)

Die wichtigsten Redewendungen

Ausspracheorientierte Umschrift; die richtige Betonung ist sehr wichtig, um verstanden zu werden.

Begrüßungsformeln

Guten Tag (bis etwa 17 Uhr)
 káli méra
Guten Abend (ab etwa 17 Uhr)
 káli spéra
Gute Nacht (ab 22 Uhr, nur beim Abschied zu verwenden)
 káli níchta
Hallo, Tschüss, Prost (einem einzelnen gegenüber, Du-Form)
 jássu
Hallo, Tschüss, Prost (mehreren gegenüber, zugleich Sie-Form)
 jássas
Prost (wörtlich: auf unsere Gesundheit)
 jámmas
Seien Sie gegrüßt (nur auf dem Lande üblich) chérete
Wie geht es Dir/Ihnen?
 ti kánis/ti kánete?
Auf Wiedersehen (gegenüber einem/mehreren) adío/adíosas

Höflichkeitsformeln

Bitte/Danke
 parakaló/efcharistó
Ja/Nein nä/óchi
Nichts típota
Entschuldigung
 singnómi
Macht nichts
 den pirási
In Ordnung, okay
 endáxi
Gut (männlich/weiblich)
 kaló/kalí
Schlecht (männlich/weiblich)
 kakó/kakí
Ich habe nicht verstanden
 den katálawa

Nationalitäten

Deutscher, Deutsche, Deutschland
 jermanós, jermanída, jermanía
Österreicher, Österreicherin, Österreich
 afstriakós, afstriakí (afstria

221

Sprachführer

kiá), afstría
Schweizer, Schweizerin, Schweiz
elwetós, elwetída,
elwetía
Woher kommst Du?
apó pú ísse

Reisen

Hafen/Schiff
limáni/karáwi
Station/Bus
stathmós/leoforío
Flughafen/Flugzeug
aerodrómio/aeropláno
Fahrkarte/Fahrkartenverkäufer
isitírio/ispráktoros
Motorrad/Fahrrad
motosikléta/podílato
Wann fährt er/es ab?
póte thá féwji?
Wann kommt er/es an?
póte thá ftáni?
Wieviel Kilometer bis …?
póssa chiliómetra sto …?
Wo fährt der Bus nach …?
pú féwji tó leoforío já …?
Wann fährt der letzte Bus nach …?
póte féwji tó teleftéo leoforío
já …?
Ist das der Weg nach …?
íne aftós ó drómos já …?
Gute Reise!
kaló taxídi!

Bank, Post, Arzt

Bank/Geldwechsel
trápesa/sinállagma
Post/Briefmarken
tachidromío/grammatósima
(Pl.)
Ich möchte telefonieren
thélo ná tilefonísso

Arzt/Praxis/Krankenhaus
jatrós/jatrío/nosokomío
Ich suche eine Apotheke
thélo na wró éna farmakío

Einkaufen/Essen

Kiosk/Laden
períptero/magasí
Gemischtwarenhandel/Bäckerei
pandopolío/fúrnos
Restaurant/Taverne
estiatório/tawérna
Kaffeehaus/Konditorei
kafenío/sacharoplastío
Fleisch/Fisch
kréas/psári
Milch/Käse/Eier
gála/tirí/awgá
Brot/Obst/Gemüse
psomí/frúta/lachaniká
Was wünschen Sie?
tí thélete?
Bitte, ich möchte …
parakaló thélo …
Wieviel kostet das?
pósso káni aftó?
Es ist teuer!
íne akriwós!
Die Rechnung, bitte!
to logarjasmó parakaló!

Auskünfte, Adjektive

Wo ist …? pú íne …?
Wie spät ist es?
tí óra íne?
Ich suche eine …
thélo ná wró éna …
Wo finde ich die Toilette, bitte?
pú íne í tualéta parakaló?
groß/klein megálos/mikrós
neu/alt néos/paliós
mit/ohne mé/chorís

Sprachführer

Wochentage
Montag/Dienstag/Mittwoch
    deftéra/tríti/tetárti
Donnerstag/Freitag
    pémpti/paraskewí
Samstag/Sonntag
    sáwato/kiriakí

Tageszeiten
Der Vormittag/Der Mittag
    to proí/to mesiméri
Der Nachmittag
    to apógewma
Der Abend
    to wrádi
Die Nacht
    i níchta

Zahlen

1	éna, mía (w.)
2	dío
3	tría, tris
4	téssera, tésseris
5	pénde
6	éxi
7	eftá
8	októ
9	enéa
10	déka
11	éndeka
12	dódeka
13	dekatría
14	dekatéssera, usw.
20	íkossi
21	íkossi éna, usw.
30	triánda
40	saránda
50	penínda
60	exínda
70	eftomínda
80	októnda
90	enenínda
100	ekató
200	diakósja
300	triakósja
400	tetrakósja
500	pendakósja
600	exakósja
700	eptakósja
800	oktakósja
900	enjakósja
1000	chílja
2000	dio chiljádes

Speiselexikon

Suppen
Domatósoupa – Tomatensuppe
Fasoláda – Bohnensuppe
Kakavjá – Eine Art Bouillabaisse mit Fisch nach Wahl, der auf einem getrennten Teller zur Suppe serviert wird
Kreatósoupa – Eine trübe Fleischbrühe
Patsá – Deftige Kuttelsuppe mit Innereien, besonders beliebt nach kräftigen Zechgelagen und als Frühstück für Marktbeschicker und -besucher
Psarósoupa – Eine fischarme Fischbrühe

Salate
Angoúri saláta – Gurkensalat
Domáto saláta – Tomatensalat
Hórta saláta – Mangoldsalat
Koriátiki saláta – Gemischter Salat mit Schafskäse
Láchano saláta – Krautsalat
Maroúli saláta – Endiviensalat
Patsárja saláta – Rote-Bete-Salat

Sprachführer

Fisch und Meeresfrüchte

Astakós – Languste

Bakaljáros – Kabeljau

Barboúnja – Rotbarbe, ein kleiner und grätenreicher, aber feiner und bei Griechen besonders beliebter Seefisch der besten Kategorie

Garídes – Scampi

Glóssa – Scholle, Seezunge

Kalamarákja – Tintenfisch, meist fritiert oder in der Pfanne gebraten serviert (häufig in Ringform)

Kolljós – Makrele

Ksifías – Schwertfisch

Lavráki – Barsch

Mídja – Muscheln

Oktapódi – Krake (erhältlich als köstlicher Salat, gegrillt oder mit Gemüse gekocht)

Soupjés – Den *kalamáres* ähnlicher Tintenfisch, der meist im Ganzen und manchmal auch gefüllt serviert wird

Strithjá – Austern

Tónnos – Thunfisch

Fleischgerichte

Arnáki, arní – Lammfleisch

Biftéki – Frikadelle

Brisóla – Kotelett (vom Rind oder vom Schwein)

Dolmádes – Warm in einer Ei-Zitronen-Soße servierte, mit Reis und Hackfleisch gefüllte Weinblätter

Gourounópoulo – Spanferkel

Jemistés – Mit Reis und Hackfleisch gefüllte Tomaten und/oder Paprikaschoten

Katsíki – Zicklein

Kefaláki – Gegrillter Lammkopf

Keftédes – Hackfleischbällchen

Kirinó – Schweinefleisch

Kokorétsi – Innereien am Spieß

Kounélli – Kaninchen

Láchano dolmádes – Dolmádes, für die Kohl- statt Weinblätter genommen werden

Kreatópitta – Blätterteigtasche mit Fleischfüllung

Loukániko – Wurst

Makarónja karbonára – Spaghetti mit einer Sahne-Schinken-Pilz-Soße

Makarónja me kimá – Spaghetti mit Hackfleischsoße

Moskári – Rindfleisch

Moussaká – Auberginenauflauf

Paidákja – Lammkoteletts

Pastítsio – Nudelauflauf mit Hackfleisch

Sikóti – Gebratene Leber

Souvláki – Fleischspieß (vom Rind oder Schwein)

Stífado – Rindfleisch (manchmal auch Kaninchenfleisch) mit Zwiebelgemüse in einer Tomaten-Zimt-Soße

Vegetarische Gerichte

Anthoús – gefüllte Zucchiniblüten

Bamjés – Okraschoten

Fassólja – Grüne Bohnen

Kolokithákja – Zucchini

Melindsánes – Auberginen

Tirópitta – Blätterteigtaschen mit Käsefüllung

Obst

Achládi – Birne

Fráules – Erdbeeren

Karpoúsi – Wassermelone

Mílo – Apfel

Peppóni – Honigmelone

Portokáli – Orange

Síka – Feigen

Stafílja - Weintrauben

REGISTER

Aegean Wildlife Hospital (P)   124
Agiá (N)   200
Agía Ánna (N)   176f.
Agía Ánna Beach (bei Kalafáti) (M)
   90f.
Agía Ánna Beach (bei Plátis Gialós)
   (M)   86f.
Agía Iríni (P)   45, 151
Agiassós (N)   183
Ágii Pándes (P)   s. Profítis Ilías
Ágios Anárgiri Beach (P)   132
Ágios Antónios (P)   143
Ágios Chrisóstomos (N)   169f.
Ágios Geórgios (A)   153, **156f.**
Ágios Geórgios (P)   139f.
Ágios Geórgios Thalassítes, Kapelle
   (P)   144
Ágios Ioánnis Káparos, Kloster (P)
   139, 141, **142**
Ágios Ioánnis (M)   82ff.
Ágios Ioánnis, Tropfsteinhöhle (A)
   47, 153, **156f.**
Ágios Mámas (N)   181f.
Ágios Mínas (P)   134f.
Ágios Nikólaos, Kap und Kapelle (N)
   176f.
Ágios Nikólaos, Kirche (N)   182
Ágios Pandeleímonas, Kloster (M)
   80
Ágios Prokópios (N)   175f.
Ágios Sóstis (M)   80f.
Ágios Stéfanos (M)   **79,** 80
Agrári Beach (M)   89f.
Alexander II., der Große, von Makedoni-
   en   21f.
Alikí (P)   106, 133, 148ff.
Almirá, Strand (A)   157
Ambelás (P)   134
Ambrám (N)   199f.
Amítis Beach (N)   201

Áno Merá (M)   57, **92f.**
– Ergastírio Kopanistís Míkonou,
   Käserei   92
– Panagía Tourlianí   92
Áno Potamiá (N)   s. Potamiá
Áno Sangrí (N)   182
Antíparos   150, 151, **153ff.**
Antíparos-Ort (A)   s. Kástro 153
Apáno Kástro (N)   184f., 189
Aperáthos (N)   s. Apíranthos
Apíranthos (N)   18, 194f.
– Archäologisches Museum   194
– Geologisches Museum   194f.
– Naturhistorisches Museum   194f.
– Volkskundliches Museum   194
Apóllonas (N)   198f.
Archilóchos, Dichter   114, 123, **142**
Aristófanes Beach (P)   133
Armenistís, Kap (M)   69, 77, **79f.**
Atsipápi (N)   197

Bazeos Tower (N)   183

Chalkí (N)   **183ff.,** 188
– Ágios Geórgios Diasorítis, byzantini-
   sche Kirche   184, 188
– Panagía i Protóthronos   183
– Pírgos Gratsía   184
– Pírgos Papadáki   184
Chóra (N)   s. Náxos-Stadt
Choulákia (M)   79
Chrissí Akti (P)   s. Golden Beach
Christoú Dásous, Kloster (P)   47, **152**

Damalás (N)   183
Damariónas (N)   183
Danakós (N)   192f.
Delion (P)   113, **122**
Delos   21f., 34, 59, **96ff.**
Demeter-Tempel (N)   182f.

Register

Diakófti-Halbinsel (M) 82ff.
Diapóri Beach (A) 156
Dinoúvia (M) 91
Driós (P) 106, 141f., **146f.**

Eliá Beach (M) 45, 90
Engarés (N) 201

Fanári Lípsana (M) 80
Faneroménis, Kloster (N) 200f.
Fáranga Beach (P) 45, 148
Filítzi Beach (P) 133
Filóti (N) **188,** 191ff.
Fokós Beach (M) 94f.
Fotodótis, Kloster (N) 193
Fteliá (M) 81f.

Galanádo (N) 181
Galíni (N) 199ff.
Garínou Spring (N) 187
Ghyzi, Adelsgeschlecht 22, 63, 93
Giacomo IV., Herzog von Náxos 22
Glífa Beach (A) 157
Glifá Beach (P) 148
Glifáda Beach (N) 45, 180
Glifáda Beach (P) 134
Golden Beach (P) 106, 139, **146**

Haireddin Barbarossa 22
Herakles 114

International Women's Organisation 117

Kaladós (N) 191
Kalafáti, Strand (M) 90f.
Kalámi (P) 124
Kaló Livádi Beach (M) 90
Kamári (P) 139
Kámbos Komiatís (N) 201
Kápari (M) 83
Karolina 64

Kastráki (N) 180
Kástro (A) 153ff.
– Kástro-Viertel 153, **154**
– Platía Agíou Nikoláou 153, 154
Káto Firá 156
Káto Potamiá (N) s. Potamiá
Káto Sangrí (N) 182
Káto Tigáni, Strand (M) 45, **94**
Kazantzákis, Níkos 164
Kéfalos, Berg (P) 139, **143**
Kinídaros (N) 187
Kítro 184
Klidós, Strände (N) 196
Kolimbíthres Beach (P) 45, 106, **131**
Kórakas, Kap (P) 132
Koronída (N) 198
Kóronos (N) 196ff.
Kóstos (P) 135f.
Koúros von Flério (N) 187ff., 191
Kourounochóri (N) 187

Lángeri Beach (P) 132
Lázaros, Kirche (M) 84
Léfkes (P) **137f.,** 139f., 140
– Museum der Ägäischen Volkskultur 137
– Volkskundliche Sammlung 137
Liá Beach (M) 91
Límnes Beach (P) 130f.
Linó, Rundturm (M) 86
Liónas (N) 197
Livádia Strand (P) 122
Lolandóni Beach (P) 148
Longovárdas (P) 106, **123f.**
Lygdámis, Tyrann 169, 182

Mantó Mavrogénous 23, 108
Márangas (N) 176f.
Maráthi (M) 80
Maráthi (P) 134f.
Mármara (P) 143

Register

Márpissa (P)   134, 143
Megáli Ámmos, Strand (M)   70
Merchiás Beach (M)   94
Mersíni Beach (M)   94f.
Mésa Potamiá (N)   s. Potamiá
Mesáda Beach (P)   45, 145f.
Mikrí Vígla (N)   175, **178ff.**
Mithridiates VI. von Pontos   22
Mólos Beach (P)   134
Monastíri, Beach Club (P)   132
Moní (N)   185ff.
Moraitis, Kellerei (P)   41
Moutsoúna (N)   **195ff., 198**
Museum Benétos Skiádas (P)   149
Mykenische Akropolis (P)   130
Mykonos   54ff.
Mykonos-Stadt (M)   58ff.
– Agía Ánna, Strand   63
– Agía Eléni, Kirche   65
– Agía Kiriakí   69
– Alefkándra-Viertel   66
– Archäologisches Museum   59ff.
– Bonis Windmühle   70
– Cine Mantó   68
– Haus der Léna   69
– Kástro-Viertel   58, 63ff.
– Káto Míli   68
– Kulturzentrum   69
– Matogiánni   58
– Mávro Scholío   63
– Mitrópolis   66
– Niochóri   58
– Panachroú   69
– Panagía Paraportianí   65f.
– Panagía Rosario   66
– Páno Míli   70
– Platía Agía Moní   65
– Platía Mantó Mavrogénous   63
– Rathaus   63
– Seefahrts-Museum   69
– Ta Tría Pigádia   69
– Traditional Mykonian Bakery   69

– Venétia-Viertel   66
– Volkskundliches Museum   65

Náoussa (P)   106f., 123, **125ff.**
– Ágios Ioánnis Theológos, Kirche   125
– Folklore Sammlung   125
– Museum der byzantinischen und
   nachbyzantinischen Kunst   125
– Pantánassa, Kirche   125
– Volkskundliches Museum   125
Nassi, Joseph   22
Náxos-Stadt (N)   162ff.
– Archäologisches Museum   164f.
– Boúrgos-Viertel   163, **167f.**
– Byzantinisches Museum   167
– Crispi-Turm   163
– Domus della Rocca Barozzi   163
– Epitópio Museum s. Mítropolis Muse-
   um
– Kástro-Viertel   163
– Mítropolis Museum   33, 167f.
– Mitrópolis Zoodóchou Pigís, Kathedra-
   le   167
– Palatía   162, **169**
– Parapórti   163
– Röm.-kath. Bischofspalast 163, **167**
– Röm.-kath. Kathedrale   163
– Tráni Pórta   163, 167
– Uferpromenade   162
– Ursulinen-Kloster   165
New Golden Beach (P)   s. Tserdákia
   Beach
Nointel, Marquis de   151, **157**

Orkós (N)   177f.
Orlow, Alexej Grigorjewitsch   23
Ornós (M)   82ff
Otto I., König von Griechenland   23, 157

Paleókastro, Kloster (M)   93f.
Panagía Damiótissa (N)   186
Panagía Drossianí (N)   186f.

227

Register

Panagía i Agrokiliótissa (N)   196f.
Panagía Parthená (N)   178
Pánermos, Strand (N)   197
Páno Tigáni (M)   94
Pánormos Bucht (M)   45, 77, **80f.**
Papandréou, Andréas   **23,** 30
Paradise Beach (M)   86, **88f.**
Paránga Beach (M)   86ff.
Parásporos (P)   151
Parikiá (P)   106f., **108ff.**
– Agiá Triáda und Agía Paraskeví, Kapelle   115
– Ágios Konstantínos und Evangelístrias, Doppelkapelle   115f.
– Antiker Friedhof   116
– Archäologisches Museum   **113f.,** 123
– Asklipiíon   117
– Ekatontapiliani   34, 106, 108, **109ff.**
– Kástro-Viertel   108, **115f.**
– Market Street   115f.
Páros   104ff.
Páros-Stadt (P)   s. Parikiá
Petaloúdes (P)   152
Philipp II. von Makedonien   21
Pipéri Beach (M)   130
Pirgáki (N)   45, 160, 180
Pírgos Belonías (N)   181
Pírgos Chimárrou (N)   191
Pírgos Timíou Stavroú (N)   183
Píso Livádi (P)   106, 134, 139, **144f.**
Pláka Beach (N)   177f.
Platiá Ámmos Beach (P)   133
Plátis Gialós (M)   84ff.
Pórtes (M)   85
Potamiá (N)   184f., 188f., 191
Poúnda (P)   145, 150
Pródromos (P)   138f., **143**
Profítis Ilías (P)   140, 141, **142**
Profítis Ilías Aneromítis (M)   94
Profítis Ilías Vorniótis (M)   80

Psaroú (M)   84f.
Psilí Ámmos (N, bei Pirgáki)   **180,** 183
Psilí Ámmos (N, bei Kanáki)   196

Sahara Beach (N)   180
Sáliagos   21, **156**
Sangrí (N)   182
Santa María Beach (P)   133
Santa María, Halbinsel (P)   132
Sanudo, Adelsgeschlecht   161
Sanudo, Marco   22, 163, 165, **166**
Schmetterlingstal   s. Petaloúdes
Selim I., Sultan   22
Sifnéiko Beach (A)   156
Simítis, Kóstas   23
Skepóni (N)   201
Sorós (A)   153, 157
Sunset Beach (A)   s. Bónos Beach
Super Paradise Beach (M)   89

Taxiárchis, Kloster (P)   124
Toúrlos (M)   77
Tragéa-Ebene (N)   17, 160, 183, 186
Tris Ekklisíes, Basilika (P)   123
Tserdákia Beach (P)   145f.
Tsikalarió (N)   185, 189
Tsoukaliá Beach (P)   134

Vallindrás, Destillerie (N)   184f.
Vorná, Kastell (M)   80
Voutákos Beach (P)   150

Xifarás Beach (P)   132, 133

Yría (N)   181

Zas (N)   160, 188, **191ff.**
Zeus-Höhle (N)   21, 191ff.
Zoodóchos Pigí, Kapelle (P)   132

REISEATLAS

LEGENDE

1 : 110.000

0   4 km

—————— Fernstraße	★ Sehenswürdigkeit
—————— Straße, geteert	⁂ Archäologische Stätte
—————— Straße, schmal	Burg, Schloss
—————— Piste	Ruine
— — — — Fähre	Kloster
Flughafen (international)	Kirche, Kapelle
Flughafen (national)	Höhle
Windmühle	Badestrand
Tankstelle	Jachthafen
Berggipfel	Windsurfing
	Wasserski

MYKONOS

Akr. Armenistís
Άκρ. Αρμενιστής

Prof. Íl
Προφ. Ηλ

π

Órmos Choulákia
Όρμος Χουλάκια

Akr. Vourvoúlakas
Άκρ. Βουρβούλακας

Ágios Stéfanos
Άγιος Στέφανος

Taúrl
Ταύρ

Neuer Hafen

Órmos Toúrlos
Όρμος Τούρλος

Alter Hafen

**MYKONOS
ΜΥΚΟΝΟΣ**

Nísi Kavourás
Νήσι Καβουράς

Nísi Ágios Geórgios
Νήσι Άγιος Γεώργιος

Órmos Kórfos
Ό. Κόρφος

Akr. Kalógiros
Άκρ. Καλόγηρος

Órmos Kórfos Ámmos
Όρμος Κορφοί Άμμος

Diakoftís
Διακόφτης
135 m

Ágios Nikólaos
Άγιος Νικόλαος

Ágios Geórgios
Άγιος Γεώργιος

Kápari Beach
Π. Κάπαρη

Ornós
Ορνός

Agrélou
Άγρέλου
136 m

Kounelonísi
Κουνελονήσι

Ágios Ioánnis
Άγιος Ιωάννης

Pór
Πόρ

Pírgos
Πύργος
120 m

Ágios Geórgios
Άγιος Γεώργιος

Akr. Mórti
Άκρ. Μόρτη

Ágios Lá
Άγιος Λά

Órmos Ag. Triáda
Όρμος Αγία Τριάδα

Ágios Kiriakí
Άγιος Κυριακή

Órmos Schíno
Όρμος Σχίνο

53 m

Akr. Alogómandra
Άκρ. Αλογόμανδρα

Akr. Glosída
Άκρ. Γλωσίδα

Délos
Δήλος

Ambelión Kávos
Αμπελιών Κάβος

Órmos Ligiás
Όρμος Λιγιάς

Nísi Remmati
Ν. Ρεμματι

Kinthos
Κύνθος
112m

Órmos Míso
Όρμος Μίσο

Órmos Natáliou
Όρμος Ναταλίου

Nísi Práso
Νήσι Πράσο

Nísi Kromidi
Νήσι Κρομυδι

Órmos
Foúrni
Όρμος
Φούρνι

Nísi Sfondili
Νήσι Σφοντήλι

Rínia
Ρήνεια

Choulakás
Χουλακάς
136 m

Káto Varóia
Κάτω Βαρδία

Délos
Δήλος

Órmos Skinós
Όρμος Σκινός

Akr. Choulakás
Άκρ. Χουλακάς

Chironísi
Χοιρονήσι

230

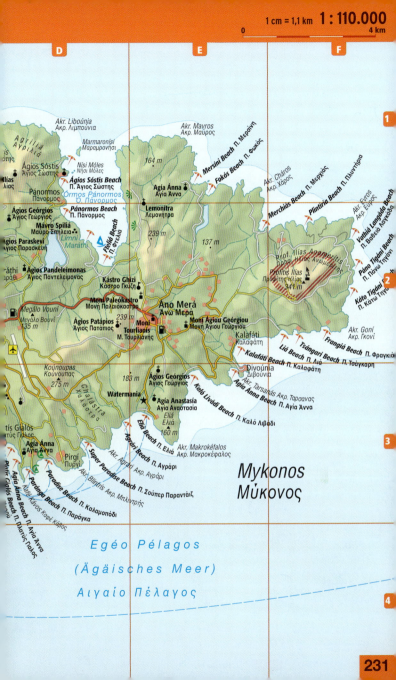

PAROS

A   **B**   **C**

1

Egéo Pélagos

(Ägäisches Meer)

Αιγαίο Πέλαγος

Akr. Maístros
Akr. Μαΐστρος

Ágios Ioán
Άγιος Ιωάν

Chochlakás
Χοχλακάς

2

Delion
Δήλιον

Ágios Charálan
Άγιος Χαράλα

Krotíri
Κρωτήρι

Kríos
Κριός

Agia Foká
Αγία Φωκά

Kríós
Beach

Tris Ekklisíes
Τρείς Εκκλησίες

Akr. Agía Foká Akr. Αγία Φωκά

Livádia Beach
Π. Λιβάδια

Panagía Ekatontapíliar
Παναγία Καταπολιανή

Agia Foká Beach

Órmos Parikiás Ο. Παροικιας

**PARIKIÁ ΠΑΡΟΙΚΙΑ
(PÁROS-STADT)**

Moní Agii Ana
Μονή Άγιοι Αν

Nísi Ágios Spíridonas
Νήσι Άγιος Σπυρίδωνας

Delfíni Beach

Asklipión

Parásporos Beach
Π. Παράσπορος

Kakápetra
Κακάπετρα

Koukoumaléfs
Κουκουμαλιάς

Vouni
Βουνί

3

Moní Tháps
Μονή Θαψά

Nísi Epáno Fíra
Νήσι Επάνω Φύρα

Agía Iríni
Αγία Ειρήνη

Mirsíni
Μυρσίνη

Peristéri
Περιστέρι
458 m

Nísi Káto Fíra
Νήσι Κάτω Φύρα

Agía Irini Beach
Π. Αγία Ειρήνη

Moní Christoú Dásous
Μονή Χριστού Δάσους
210 m.

Ágios Konstantínos
Άγιος Κωνσταντίνος

Diapóri Beach
Π. Διαπόρι

Rafnídia
Ραφνήδια

Agii Pánc
Άγιοι Πανι

Ágios Theológos
Άγιος Θεολόγος

Nísi Sáliagos
Νήσι Σάλιαγκος

Petaloúdes
Schmetterlingstal
★ Πεταλούδες

Moní Ágios
Μονή Άγιος

Sifnéiko Beach
Π. Σιφνέικο

Stavrós
Σταυρός

Ágios Charálambos
Άγιος Χαράλαμπος

Dáf
Δάφ

S. 234

Kástro (Antíparos)
Αντίπαρος

Fanári
Beach
Π. Φανάρι

Roúnda
Πούντα

Glisídiá
Γλυσιδιά
102 m.

Ágios Dimítrios
Άγιος Δημήτριος

Aneratzá
Ανερατζά

Ágios Dimítrios
Άγιος Δημήτριος
137 m

Singos

Kámbos
Κάμπος

Ágios Paraskeví
Άγιος Παρασκευή

Panagía
Παναγία

Kámbos
Κάμπος

Ágios Geórgios
Άγιος Γεώργιος

4

Ágios Andónios
Άγιος Αντώνιος
133 m

Akr.
Nikólaos
Ακρ. Νικόλαος

Voutákos
Βουτάκος

Kamári
Καμάρι

Moní Agii Theodó
Μονή Άγιοι Θεοδ

ονúλια
αοθούνα

Glífa Beach
Π. Γλύφα
Akr. Glífa

Museum
Béneto Skiádas

Angeriá
Αγκαιριά
404 n

Ágios Geórgios
Άγιος Γεώργιος

Voutákos Beach
Π. Βουτάκος

S. 234

232

PAROS

S. 234

Nísi Ágios Spíridonas
Νήσι Άγιος Σπύριδωνας

Nísi Epáno Fíra
Νήσι Επάνω Φύρα

Agia
Αγία Ει

Agia Irini Bea
Π. Αγία Ειρή

Nísi Káto Fíra
Νήσι Κάτω Φύρα

Diapóri Beach
Π. Διαπόρι

Nísi Sá
Νήσι Σά

Ágios Theológos
Άγιος Θεολόγος

Sifnéiko Beach
Π. Σιφνέικο

Stavrós
Σταυρός

Kástro (Antíparos)
Αντίπαρος

**Fanári
Beach**
Π. Φανάρι

Roúnda
Πούντα

Ágios Dimítrios
Άγιος Δημήτριος

137 m

Panagia
Παναγία

Kámi
Κάμ

Ágios Paraskeví
Άγιος Παρασκευή

Ágios Andónios
Άγιος Αντώνιος

Antíparos
Αντίπαρος

133 m

Akr.
Nikólaos
Ακρ. Νικ

Koutsouliés
Κουτσουλιές
238 m

Glífa Beach
Π. Γλύφα

*Akr. Glífa
Ακρ. Γλύφα*

Ágios Zóni
Άγιος Ζώνι

Ágios Geórgios
Άγιος Γεώργιος

Vouták
Π. Β

Prasonoúnia
Πρασονούνια

Órmos Monastíria
Όρμος Μοναστήρια

Ágios Ioánnis Pródromos
Άγιος Ιωάννης Πρόδρομος

*Profítis Ilías
Προφήτης Ηλίας*

Ágios Ioánnis
Άγιος Ιωάννης

Nísi Toúrna
Νήσι Τούρνα

Al
Ακρ

301 m

Kampiá
Καμπιά

Plák a Beach
Π. Πλάκα

Nísi Pre
Νήσι Πρ

Akr. Tráchilos
Ακρ. Τράχηλος

Ágios Ioánnis
Άγιος Ιωάννης

Akrotíri Beach
Π. Ακρωτήρι

Matarágka
Ματαράγκα

*Akr. Ákako
Ακρ. Άκακο*

Ágios Geórgios
Άγιος Γεώργιος

Apándima Beach
Π. Απάντημα

Nísi Kimitíri
Νήσι Κοιμητήρι

Órmos Xilobátia
Όρμος Ξυλομπάτια

Órmos Peramatáki
Όρμος Περαματάκι

47 m

Almirá Beach
Π. Αλμυρά

Sorós
Σωρός

Órmos
Όρμος

Órmos Sóstis
Όρμος Σώστης

Roúnda
ο. Πούντα

Panagiá
Παναγία

Despotikó
Δεσποτικό

213 m

*Vigla
Βίγλα
180 m*

Órmos Sóstis
Όρμος Σώστης

Chondró Vounó
Χοντρό Βουνό
189 m

*Akr. Mastíchias
Ακρ. Μαστίχιας*

Petalída
Πεταλίδα

Órmos Faneroméni
Όρμος φανερωμένη

Órmos Livádi
Όρμος Λιβάδι

Lívadi Beach
Π. Λίβαδι

Despotikó
Δεσποτικό

*Akr. Petalída
Ακρ. Πεταλίδα*

234

1 cm = 1,1 km   **1 : 110.000**

0   4 km

D   **E**   **F**

Fóka Ákr. Agía Foká
Agía Foká Bea
Agía Foká Bea

Livádia Beach
Π. Λιβάδια

Tris Ekklisiés
Τρεις Εκκλησιές

Elítas
Ελήτας

Matzóró
Ματζορώ

S. 235

Pana... Salatiani
Παναγ... Σαλατιανή

**PARIKIÁ ΠΑΡΟΙΚΙΑ
(PÁROS-STADT)**

tos Parikiás Ø. Παροικίας

Panagía Ekatontapiliani
Παναγία Καταπολιανή

**Maráthi
Μαράθι**

Ráches
Ράχες
276 m

Kóstos
Κώστος

Delfíni Beach

Asklipión

Moní Agii Anargíri
Μονή Άγιοι Αναργύρη

Choridáki
Χωριδάκι

**Ágios Minás
Άγιος Μηνάς**

**Ágios Vlási
Άγιος Βλάση**

oros Beach
Ταράσπορος

Koukoumaléfs
Κουκουμαλευς

Kakápetra
Κακάπετρα

Vouniá
Βουνιά

Goúrles
Γούρλες
399 m

Agía Para
Αγία Παρα

Mirsíni
Μυρσίνη

Peristéri
Περιστέρι
458 m

Moní Thápsanis
Μονή Θαψάνης

**Léfkes
Λεύκες**

Pródromos
Πρόδρομος

S. 235

Moní Christoú Dásous
Μονή Χριστού Δάσους
210 m

Ágios Konstandínos
Άγιος Κωνσταντίνος

Ágios Stéfanos
Άγιος Στέφανος

Ráchi Páchi
Ράχη Πάχη
725 m

Rafnídia
Ραφνίδια

Ágios Ilías
Άγιος Ηλίας
776 m

Moní Ágios Kiriakís
Μονή Άγ. Κυριακής

Ag. Artémios
Άγ. Αρτέμιος

Márpi
Μάρπη

**Petaloúdes
Schmetterlingstal**
Πεταλούδες

Ø Agii Pándes
Άγιοι Πάντες

Moní Ágios Ioánnou Káparos
Μονή Άγιος Ιωάννου Κάπαρος

Ágios Nikítas
Άγιος Νικήτας

Toúrlos
Τούρλος

Ágios
Άγιος

Glisídia
Γλυσίδια
102 m

Ágios Charálambos
Άγιος Χαράλαμπος

Dáfnes
Δάφνες

Stroúmboulas
Στρούμπουλας
725 m

Ágii Akíndini
Άγιοι Ακίνδυνοι

Ágios Arsénios
Άγιος Αρσένιος

Ágios Dimítrios
Άγιος Δημήτριος

Aneratzá
Ανερατζά

Tsoukalás
Τσουκαλάς

Kámbos
Κάμπος

Ágios Geórgios
Άγιος Γεώργιος

Agrioloúka
Αγριολούκα
625 m

Várdia
Βάρδια
478 m

Moní Ágios Georgíou
Μονή Άγιος Γεωργίου

Kamári
Καμάρι

Análipsi
Ανάληψη

Langáda
Λαγκάδα

Tzánes
Τζάνες

Moní Ágii Theodóri
Μονή Άγιοι Θεοδώρι

Voútakos
Βούτακος

**Museum
Béneto Skiádas**

Angeriá
Αγκεριά

404 m

Áspro Chorió
Άσπρο Χωριό

Zoodóchou Pigí
Ζωοδόχου Πηγή

Driós
Δρυός

Chrissí B
Golden B
Π. Χρυσού

Kanallétos
Καναλλέτος

Kostellovoúni
Κοστελλοβούνι

Glifá
Γλυφά

Boutári Beach
Π. Μπουτάρι

**Alikí
Αλυκή**

99 m

Drioú Beach
Π. Δρυού

Míti
τη

Órmos Alikís
Όρμος Αλυκής

Ágios Miron
Άγιος Μύρων

Ágios Efthímios
Άγιος Ευθύμιος

Ágios Geórgios
Άγιος Γεώργιος

Kámbos
Κάμπος

Zolandóni Beach
Π. Ζωλαντώνη

Ákr. Pírgos
Άκρ. Πύργος

Drionísi
Δρυονήσι

si Glarombi
σι Γλαρομπι

Ákr. Mírona
Άκρ. Μύρωνα

Ákr. Mávros Kános
Άκρ. Μάυρος Κάβος

*Fáranga
Beach*
Π. Φάραγγα

Tripití
Τρυπητή
140 m

Glifá Beach
Π. Γλυφά

Nísi Tígani
Νήσοι Τήγανι

Ákr. Fanós
Άκρ. Φανός

Ákr. Mávros
Άκρ. Μάυρος

54 m

Panderonísi
Παντερονήσι

**Páros
Πάρος**

Egéo Pélagos

(Ägäisches Meer)

Αιγαίο Πέλαγος

235

NAXOS

A **B** **C**

1

Egéo Pélagos
(Ägäisches Meer)
Αιγαίο Πέλαγος

2

Νάxos
Νάξος

Moní Faneroménis
Μονή Φανερωμένης

Amítis Beach
Π. Αμίτης

Ágios Geórgios
Άγιος Γεώργιος

Moní Ypsiló
Μονή Ψηλά

Agía Sofía
Αγία Σοφία

Galíni
Γαλήνη

Engarés
Εγγαρές

36

S. 233

Akr. Vákchos
Ακρ. Βάκχος

Tempeltor Palatía
Πόρταρα

Xilókastro
Ξυλόκαστρο
336 m

Korakiá
Κορακιά
292 m

Vourlá
Βουρλ
436 τ

NÁXOS-STADT (CHÓRA)
ΝΑΞΟΣ (ΧΩΡΑ)

Kastró

Ágios Chrisóstomos
Άγ. Χρυσόστομος

Angídia
Αγκίδια

Ágios Thaléleos
Άγιος Θαλέλαιος

3

Órmos Agíou Georgíou
Όρμος Αγίου Γεωργίου

Ágios Geórgios Beach
Π. Άγιος Γεώργιος

Akr. Mougrí
Ακρ. Μουγκρί

Stelída
Στελίδα
150 m

Ágios Nikólaos
Άγιος Νικόλαος

Ágios Isídoros
Άγιος Ισίδωρος

Mélanes
Μέλανες

Míli
Μύλο

Koúros von F
Κούρος

Kourounochóri
Κουρουνοχώρι

Yría
Υρία

Ágios Prokópios
Άγιος Προκόπιος

Galanádo
Γαλανάδο

Agíi Anárgiri
Άγιοι Ανάργυ

Ormos Prokópios Beach
Π. Άγιος Προκόπιος

Ormos Agía Anna
Όρμος Αγία Άννα

Agía Ánna Beach
Π. Αγία Άννα

Akr. Ágios Nikólaos
Ακρ. Άγιος Νικόλαος

Ágios Nikólaos

Agía Ánna
Αγία Άννα

Ágios Geórgios
Άγιος Γεώργιος

Glinádo
Γλινάδο

Pírgos Belonías

Ágios Ioánnis

Áno Potam
Άνω Ποταμι

Ápano Kástro
Απάνω Κάστρο

Káto Potamiá
Κάτω Ποταμ

Ágios Mámas

Mésa Potamiá
Μέσα Ποταμιά

Tsíka
Τσικαλ

Chím
Χεψ

4

Márangas Beach
Π. Μάραγκας

Ágios Arsénios
Άγιος Αρσένιος

Paleópirgos
Παλαιόπυργος

Vívlos
Βίβλος
356 m

Pláka Beach
Π. Πλάκα

Aspronísi
Ασπρονήσι

Káto Sangrí
Κάτω Σαγκρί

Dar
Δα

236

Órmos Kyráges
Όρμος Κυράδες

Orkós Beach

S. 238

Áno Sangrí

Pírgos Timi
Πύργος Τιμ

1 cm = 1,1 km   1 : 110.000

0   4 km

D   **E**   **F**

Órmos Kirás Limenári
Όρμος Κυράς Λιμενάρι

Akr. Stavrí
Ακρ. Σταυρί

1

Ágios Theodóros
Άγιος Θεόδωρος

Moní Panagiás
Μονή Παναγιάς

Órmos Skíras
Όρμος Σκίρας

Ágios Theodóros
γιος Θεόδωρος

Pirgos Agía
Πύργος Αγιά

Agiá
Αγιά

Ágios Ioánnis
Άγιος Ιωάννης

Apóllonas
Απόλλωνας

Akr. Venétiko
Ακρ. Βενέτικο

μos
ράμ

Ambram
Αμπράμ

Spiliá
Σπηλιά

Anathematístra
Αναθεματίστρα

Kouros
Κούρος

Kalógiros
Καλόγηρος
355 m

Ágios Geórgios
Άγιος Γεώργιος

Vouno
Βουνό
778 m

Σικαλά
Σικαλά

Kámbos Komiatís
Κάμπος Κομιατής

Mirisis
Μυρίσης

Galáti
Γαλάτι

Chília Vríssi
Χίλια Βρύση

2

Skepóni
Σκεπόνι

Koronída
Κορωνίδα

Méssi
Μέση

Liónas
Λιώνας

Liónas Beach
Π. Λιώνας

όunδα
ούντα

Koulourés
Κουλουρές

Spiliá Kakó
Σπηλειά Κακό

Mavro Vouni
Μαύρο Βουνί
997 m

458 m

Skadó
Σκαδό

Angaliásmata
Αγγαλιάσματα

Kóronos
Κόρωνος
865 m

Ágios Artémios
Άγιος Αρτέμιος

Kóronos
Κόρωνος

Panagiá Argokiliótissa
Παναγία Αργοκοιλιώτισσα

Atsipápi
Ατσιπάπι

476 m

Keramotí
Κεραμωτή

Garinoú Spring
Γαρινού

Agios Stavrós
Άγιος Σταυρός

Alonístres
Αλωνίστρες
815 m

Bitsa
Μπίτσα

Panagiá i Kerá
Παναγία η Κερά

3

δaros
δαρος

Sífones
Σίφωνες

Pastellás
Παστελλάς
869 m

Agía Kiriakí
Αγία Κυριακή

Ágios Dimítrio
Άγιος Δημήτριος

4 m

Agía Varvára
Αγία Βαρβάρα
574 m

Moní
Μονή

Stavrós
Σταυρός

Azalá Beach
Π. Αζαλά

Stavromenós
Σταυρομένης

ás

Panagiá Drossianí
Παναγία Δροσσιανή

Ágios Theológos
Άγιος Θεολόγος

Plevriés
Πλευριές

Moutsoúna
Μουτσούνα

α Damiótissa
ία Δαμιώτισσα

Fanári Fanári
Φανάρι Φανάρι

Órmos Moutsoúna
Όρμος Μουτσούνα

Ráchi
Ράχη

Apíranthos (Aperáthos)
Απείρανθος (Απεράθος)

Korakiá
Κορακιά
693 m

Monópetra
Μονόπετρα
439 m

Ágios Theódoros
Άγιος Θεόδωρος

Kalóxylos
Καλόξυλος

halki
αλκεί

Akádimi
Ακάδημοι

Liarídia
Λιαρίδια

Keramío
Κεραμείο

4

nouriá

Damariónas
Δαμαριώνας

Moní Fotodótis
Μονή Φωτοδότης

606 m

Filóti
Φιλότι

Danakós
Δανακός

y

Agía Marína
Αγία Μαρίνα

S. 239

Spiliá Argiá
Σπηλιά Αργιά

NAXOS

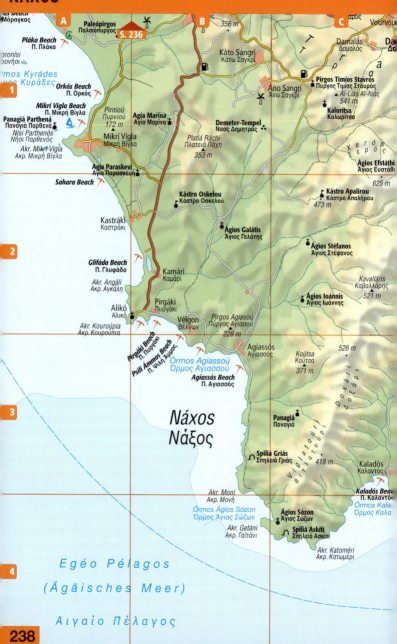

238

Abbildungsnachweis/Impressum

Abbildungsnachweis

Klaus Bötig, Bremen: S. 38, 138, 147, 182, 186/187

Christian Dehnicke, Schweinfurt: Umschlagklappe vorne und hinten, S. 19, 33, 50/51, 76, 100, 161, 178/179, 189

Laif Fotoagentur, Köln/On Location, Athen: S. 2/3, 48/49, 52 (A. Rodopoulos), 10 (T. Labropoulos), 54, 109 (T. Spyropoulos), 62/63 (V. Voutsas), 59, 158 (V. Constantineas), Titelbild, 172 (M. Pizzocaro), 107 (L. Hapsis)

Thomas Stankiewicz, München: S. 26/27, 104, 115

Marion Steinhoff, Krefeld: Vignette, S. 12, 16, 24, 29, 35, 37, 42, 56, 64, 66/67, 68, 73, 78, 81, 83, 88/89, 95, 112, 120/121, 128/129, 136/137, 149, 168/169, 190, 198/199, 202

Abbildungen

Titelbild: Náoussa

Umschlagklappe vorne: Auf der Platía von Chalkí, Náxos

Umschlagklappe hinten: Strand bei Alikí/Páros

S. 2/3: Esel in Mykonos-Stadt

Kartografie

DuMont Reisekartografie, Puchheim
© MAIRDUMONT, Ostfildern

Sämtliche Wanderbeschreibungen stammen von Hubert Brumberger.

3., aktualisierte Auflage 2007
© DuMont Reiseverlag, Ostfildern
Alle Rechte vorbehalten
Grafisches Konzept: Groschwitz, Hamburg
Druck: Rasch, Bramsche
Buchbinderische Verarbeitung: Bramscher Buchbinder Betriebe